高等院校国际经济与贸易专业系列教材

进出口贸易实务

主 编 高 茜 马兆良 班苑苑

微信扫码
查看更多资源

南京大学出版社

图书在版编目(CIP)数据

进出口贸易实务 / 高茜,马兆良,班苑苑. 一南
京:南京大学出版社,2020.1
ISBN 978 - 7 - 305 - 22777 - 6

Ⅰ. ①进… Ⅱ. ①高… ②马… ③班… Ⅲ. ①进出口
贸易—贸易实务 Ⅳ. ①F740.4

中国版本图书馆 CIP 数据核字(2019)第 286082 号

出版发行　南京大学出版社
社　　址　南京市汉口路 22 号　　　邮　　编　210093
出 版 人　金鑫荣

书　　名　**进出口贸易实务**
主　　编　高 茜　马兆良　班苑苑
责任编辑　李素梅　武 坦　　　　编辑热线　025 - 83592315
照　　排　南京理工大学资产经营有限公司
印　　刷　盐城市华光印刷厂
开　　本　787×1092　1/16　印张 13.25　字数 322 千
版　　次　2020 年 1 月第 1 版　2020 年 1 月第 1 次印刷
ISBN 978 - 7 - 305 - 22777 - 6
定　　价　39.80 元

网　　址:http://www.njupco.com
官方微博:http://weibo.com/njupco
微信服务号:njuyuexue
销售咨询热线:(025)83594756

前　言

伴随着新一轮对外开放和"一带一路"合作共赢倡议的稳步推进，我国的对外经济贸易发展迅速，越来越多的中国企业加快了走向世界市场的步伐。企业对涉外经贸人才的需求大幅上升，同时对人才的要求也在不断提高。为了适应我国对外贸易发展新形势的需要，满足涉外企业对人才的实际需求，培养具有扎实的国际贸易基础知识、掌握进出口业务的各个环节、熟悉国际贸易规则及惯例的应用型、复合型和创新型的对外经贸专业人才是高校和企业的共同需要。

根据有关国际贸易的法律和惯例，本书结合我国对外贸易发展实际和趋势，详细阐述了国际货物贸易的基本理论和基本知识，包括国际货物买卖合同条款、国际贸易术语、国际货物买卖合同的商订与履行以及与国际货物买卖相关的国际规则、国际贸易方式等内容，具有理论性、知识性和应用性统一的特点。为了方便读者学习，每一章的开头专门编写了学习目标，章尾列出了本章小结和关键词汇，并附有本章习题。教材内容以国际贸易基本业务程序为主线，共分为九章内容：第一章，导论；第二章，国际贸易货物合同的交易磋商；第三章，商品的品质、数量和包装；第四章，国际贸易术语与价格核算；第五章，国际贸易货物运输；第六章，国际货物运输保险；第七章，国际贸易货款的结算；第八章，国际贸易争议的预防与处理；第九章，国际货物贸易合同的履行。

本书由安徽大学高茜教授、马兆良副教授和安徽职业技术学院班苑苑副教授担任主编，安徽外国语学院李翠梅、刘莹担任副主编，具体分工为：第一章由李翠梅执笔；第二章由高茜执笔；第三、第四章由马兆良执笔；第五、第六章由韦燕执笔；第七、第八章由班苑苑执笔，第九章由刘莹执笔。全书由高茜统稿和定稿。

本书的编写参阅了大量的国内外文献和资料，大部分参考资料已在书后的参考文献中列出，由于篇幅有限，还有一些参考资料不能逐一列举，在此对相关作者的辛勤劳动表示感谢。由于编者水平有限，书中难免存在错误与缺憾，恳请广大读者和专家们提出宝贵意见，以便今后进一步完善与修订。

编　者
2019 年 12 月

目　录

第一章 导 论

学习目标

1. 理解国际贸易实务的含义与国际贸易的特征;
2. 掌握国际货物贸易合同适用的法律;
3. 了解国际贸易的基本方式;
4. 理解进出口货物贸易的业务流程与步骤。

开篇导入

2011年5月,美国某贸易公司(以下简称"进口方")与中国江西某进出口公司(以下简称"出口方")签订合同购买一批日用瓷具,价格条件为 CIF LOS – ANGELES,支付条件为不可撤销的跟单信用证。出口方随后又与宁波某运输公司(以下简称"承运人")签订运输合同。运输途中由于驾驶员的过失发生了车祸,错过了信用证规定的装船日期,两箱瓷具受损。出口方要求美国进口方延长信用证有效期,对方则要求货价降5%。出口方回电,同意受震荡的两箱瓷具降价1%,但认为其余货物并未损坏,不能降价,而进口方坚持要求全部降价。最终出口方还是做出让步,受震荡的两箱降价2.5%,其余降价1.5%,为此受到货价、利息等有关损失共计15万美元。

出口方认为造成货物降价及利息损失的根本原因在于承运人的过失,坚持要求其全部赔偿。3个月后经多方协商,承运人最终赔偿各方面损失共计5.5万美元。出口方实际损失9.5万美元。

分析:《联合国国际货物销售公约》第50条规定,如果货物不符合合同,不论价款是否已付,买方都可以减低价格,减价按实际交付的货物在交货时的价值与符合合同的货物在当时的价值两者之间的比例计算。

第一节 国际贸易概述

一、国际贸易实务的含义

国际贸易实务,又称进出口贸易实务,主要是研究不同国家或地区间货物或服务交易的基本操作过程,包括进出口货物或服务买卖的基本原理、实际业务流程,以及在进出口交易过程中交易双方应遵循的法律法规等行为规范。除了货物进出口业务,国际贸易实务还包括国际技术贸易、国际服务贸易,以及与贸易有关的资本等要素国际移动的具体实践与运用。

二、国际贸易的特征

国际贸易在交易过程、交易条件、贸易环境等方面所涉及的问题，都远比国内贸易复杂。国际贸易的线更长、面更广、中间环节更多，具体表现在以下几个方面。

（一）国际贸易交易主体具有异国性，适用的法律规范更为广泛

在国际贸易中，由于交易双方处在不同国家和地区，在洽商交易和履约的过程中，涉及各自不同的制度、政策措施、法律、惯例和习惯做法，情况错综复杂。根据双方当事人的意愿，所使用的法律可以是某一方当事人所在国的法律，也可以是其他国家的法律，还包括国际贸易条约、国际贸易惯例。而国内贸易所使用的法律只能是该国国内的法律。

（二）国际贸易涉及面广，中间环节多

由于国际贸易的业务环节多、涉及面广，需要办理的手续也较多，如进出口审批申请、商检、运输、保险、报关、外汇核销、退税、获取产地证等。此外，还要制作各种单据，解决语言不通、度量衡制度不同等问题，以及适应不同的风俗习惯和商业惯例等。

（三）国际贸易面临的风险大，具有不稳定性

国际贸易是跨越国界进行的，容易受到国际政治经济形势、国别政策以及其他客观条件变化的影响，遇到的问题既多且复杂，比如信用风险、汇率风险、政治风险等。交易的货物通常需要经过长途运输，在运输途中可能遭遇人们无法预料的灾害性天气或盗窃、丢失、损坏、锈蚀等外来风险，再加上国际市场情况复杂，变化多端，国际贸易的风险程度较国内贸易明显增加。

（四）国际贸易中市场竞争激烈，人才竞争是根本

国际贸易中一直存在着争夺市场的激烈竞争，有时甚至达到白热化的程度。竞争的形式虽表现为商品竞争、市场竞争、技术竞争、服务质量竞争，但归根到底，竞争的实质还是人才的竞争。因此，进出口企业必须增强竞争意识，提高国际贸易从业人员的整体素质和竞争能力，才能在国际市场竞争中立于不败之地。

三、本课程的研究对象

国际贸易实务是以国际贸易实务操作技能为核心，研究整个贸易过程的操作方法，以及防范与处理贸易纠纷的国际贸易技术。在这里，国际贸易技术是指在经营和从事国际商品买卖中所必须具备的专门知识与实际应用技能，包括对国际买卖条件的把握与运用，如品质、数量、包装、价格、交货、运输、保险、支付及检验等合同要素；整个贸易过程的操作方法，包括调研、交易洽商、签约及履约等技术技能与方法；防范与处理贸易纠纷的能力，主要包括洽商和签约过程中对贸易规则及相关法律约束的把握，以及履约时对贸易纠纷及索赔的恰当处理。

（一）国际贸易有关法律与惯例的运用

国际贸易必须按照国际货物买卖的有关法律与惯例进行,在洽商交易、订立合同、履行合同和处理货物贸易争议时,都离不开国际货物买卖的相关法律和惯例。对于完成的每笔交易,不仅需要销售合同,而且还需要运输合同、保险合同和融资合同,而INCOTERMS(International Chamber of Commerce Terms,国际商会国际贸易术语解释通则)专门对销售合同中买卖双方所承担的责任、风险和费用做了具体解释。这些相关的法律与惯例,是本课程所要阐释的主要内容。

（二）国际货物买卖合同条款的约定

合同条款是交易双方当事人在交换货物、收付货款和解决争议等方面的权利与义务的具体体现,也是交易双方履行合同的依据和调整双方经济关系的法律文件。按照各国法律规定,买卖双方可以根据"契约自主"的原则,在不违反法律的前提下,确定符合双方意愿的条款,这就必然导致合同内容的多样性。因此,研究合同中各项条款的法律含义及其所体现的权利与义务关系,是本课程所要研究的最基本的内容。

在国际货物买卖合同中,除明确采用何种贸易术语成交外,应就成交商品的名称、品质、数量、包装、价格、运输、保险、支付、检验、索赔、不可抗力和仲裁等交易条件做出明确具体的规定。由于这些交易条件的内涵及其在法律上的地位和作用互不相同,故了解各种合同条款的基本内容及其规定办法,有着重要的法律和实践意义。

（三）国际货物买卖合同的商订与履行

在国际贸易中,交易双方通过函电洽商和当面谈判就各项交易条件达成一致后,交易即告达成。一般来说,合同一旦成立,买卖双方当事人就存在合同关系,彼此就应重合同、守信用,各自履行约定的义务。

合同的履行,是实现货物和资金按约定方式转移的过程。在履约过程中,环节很多,程序繁杂,情况多变,如稍有不慎,或某些环节出问题,或合同当事人违约,都会影响合同的履行,甚至可能引起争议或法律纠纷。因此,外经贸人员不仅要了解合同订立的法律步骤和履行合同的基本程序,还应了解如何处理履约过程中产生的争议,并掌握违约的救济方法,以保障合同当事人的合法权益。

鉴于订立、履行合同和处理合同争议,都涉及合同当事人的正当权益,故研究如何依法订立合同、正确履行合同和妥善处理合同争议,就成为本课程必不可少的一项重要内容。

（四）国际贸易方式的运用

随着国际经济关系的日益密切和国际贸易的进一步发展,国际贸易方式、渠道日益多样化和综合化。除传统的贸易方式外,还出现了融货物、技术、劳务和资本移动为一体的新型国际贸易方式。在国际贸易方式中,除单边进口和单边出口外,还包括包销、代理、寄售、展卖、商品期货交易、对销贸易、加工贸易、无纸贸易和电子商务等。介绍和阐述各种贸易方式的性质、特点、作用、基本做法与选用时的注意事项,也是本课程必须研究的一个重要方面。

第二节　国际贸易方式

一、经销与代理

（一）经销

1. 经销的含义

经销（Distribution）是指进口商（即经销商，Distributor）与国外出口商（即供货商，Supplier）订立经销协议（Distributorship Agreement），承担在规定的期限和地域内销售指定商品义务的一种贸易方式。经销业务中的经销商是买方，供货商是卖方，二者是买卖关系。在这种关系下，供货人按照协议规定向经销人供应指定的商品，经销人以自己的名义买进商品，自行销售，自负盈亏。即使经销人在协议规定的区域内转售此类商品，也是以自己的名义进行，接受转售商品的客户与国外供货商不构成合同关系。

2. 经销的方式

（1）独家经销。

独家经销也称包销（Exclusive Sale），指经销商在协议规定的期限和地域内，对指定的商品享有独家专营权的经销方式。

（2）一般经销。

一般经销也称定销，指经销商不享有独家专营权，供货商可在同一时间、同一地区内，确定几个商家经销同类商品。这种经销，供货商（或者厂家）和经销商之间的关系和一般的进出口之间的关系没有本质的区别，就是一种买卖关系，只不过是关系相对稳定，时间比较长。

3. 经销协议

经销协议是供货人与经销商之间签订的确定双方权利义务关系的协议。在协议中规定关于经销的时间、地区、是否独家经销、付款时间和方式、订货确认、投诉处理等事项。在签订经销协议后，一般再对不同的商品分批次地签订买卖合同。经销协议一般包括如下内容：

（1）经销商品的范围。

经销商品可以是供货人经营的全部商品，也可以是其中的一部分。因此，在协议中要明确规定商品的范围，以及同一类商品的不同牌号和规格。

（2）经销地区。

经销地区是经销人行使独家经营权的地理范围。在独家经销方式下，供货人在经销区域内不得再指定其他经销商经营同类商品，独家经销商也不得将经销商品超越区域销售。

（3）经销数量或金额。

经销协议中对经销数量和金额的规定，对协议双方有同等的约束力。经销数额一般采用规定最低承购额的做法，这也是卖方要保证供应的数额。最低承购额一般以实际装运数为准。

（4）作价方法。

经销商品可以在规定的期限内一次作价，结算时以协议规定的固定价格为准。但在大多数经销协议中是采用分批作价的方法,或由双方根据市场情况定期加以商定。

(5) 经销商的其他义务。

在经销协议中还可规定经销商承担其他义务,如做好广告宣传、市场调研和维护供货人权益等。

(6) 经销期限。

经销期限即协议的有效期,可规定为签字生效起一年或若干年。一般还要规定延期条款和终止条款,明确协议到期时如何继续延长以及在什么情况下可以解除协议。

除上述主要内容外,还应规定不可抗力及仲裁条款等一般交易条件,其规定方法与一般买卖合同大致相同。

(二) 代理

1. 代理的含义

代理(Agency)是指代理人按照本人(委托人)的授权(Authorization),代表本人(Principal)与第三人订立合同或者从事其他法律行为,而由本人直接负责由此所产生的权利与义务。在国际经济贸易中代理的形式繁多、种类各异,如商业代理、银行代理、运输代理、保险代理、广告宣传代理、委托代理、法定代理和指定代理等。在国际经贸往来中的代理大都是委托代理或商业代理。

在国际贸易中的代理方式中,双方当事人是委托人与代理人的关系,这与经销方式中经销商与供货商之间的买卖关系有着本质的区别。代理人是接受委托人的指定,并根据其指示行事的;代理人有积极推销指定商品的义务,但没有必须购买指定商品的责任;代理人只居间介绍,所获得的酬劳是佣金,并非赚取差价,其对经营上的盈亏不负任何责任。

2. 代理的种类

国际贸易中的代理按委托人授权的大小分为总代理、独家代理和一般代理。

(1) 总代理(General Agency)。

总代理是指在指定地区委托人的全权代理。总代理不仅有权代表委托人与第三者签订买卖合同、销售商品、处理货物,还有权代表委托人在一般货物买卖范围外从事一些非商业性活动的代理。其有权指派地区内的分代理,并可分享代理的佣金。

(2) 独家代理(Sole Agent;Exclusive Agent)。

独家代理是指在规定地区或国家内,对特定商品由独家代理人单独代表委托人在授权范围内进行代理业务。换言之,只要代理协议中规定,在一定时期和指定地区内,代理人对限定商品享有独家专营权,这种代理就是独家代理。

(3) 一般代理(Agency)。

一般代理又称佣金代理(Commission Agent),是指在同一代理地区、时间及期限内,委托人同时委派几个代理人为其推销商品服务。委托人按照代理协议和经营额付给一定比率的佣金作为报酬,委托人也可以直接与该地区的实际买主成交,无须向代理人支付佣金。

3. 代理中应注意的问题

(1) 要明确代理的性质。

在实际业务中,有两种代理方式:一是代理商负责推销货物,只为买卖双方的交易服务,合同由买卖双方签订,代理商收取佣金;二是委托人与代理商签订买卖合同或确认代理商的订单,在合同或订单上注明买主名称。这种代理商既为买主,又为代理人。

(2) 要明确代理人的义务。

国际上对代理人的要求,一般解释是要求代理人履行代理职责,代售货物的代理人未经委托人的授权对销售的货物不得给顾客以保证或其他允诺;代理人必须向委托人公开一切重要过程和事实。

(3) 要明确规定独家代理的权限。

对权限的规定一般不宜过大。否则,代理商有可能以委托人的名义进行不利于委托方的活动。

二、国际招投标

(一) 招投标的含义

招标与投标是相互关联的两个概念,是一种贸易方式的两个方面。

招标(Invitation to Tender)是指招标人在规定的时间、地点,以某种特定的方式发布招标公告,表明自己对特定的商品、工程或服务采购的规格、条件和要求,同时邀请相关的投标人参加投标并按照规定程序从中选择交易对象的一种市场交易行为。

投标(Submission of Tender)是指投标人按照招标人的邀请,根据招标人发布的招标公告所列明的具体条件和要求,在规定时间内向招标人提交自己报价的过程。它是对招标人的一种响应。

从以上的定义我们可以清楚地看到,招标和投标是同一交易方式的两个最基本的环节,也是同一过程的两个方面,前者是招标人以一定的方式邀请不特定或一定数量的自然人、法人或其他组织投标,供自己选出最合理的报价或者是最优惠的贸易条件的过程;而后者则是投标人响应招标人的要求参加投标竞争,争取获得该项商品、服务或者工程的供应权的过程。

(二) 招投标的特点

1. 规范的操作程序

招投标方式中,投标人按照招标人规定的时间、地点和程序规则进行报价。在公开招标的情况下,投标具有全开放、透明度高的特点。按照规则,严格禁止招标人和投标人就招投标的实质内容单独谈判。通过这样的操作,招标投标活动就完全置于公开的社会监督之下,可以防止不正当的交易行为。而在传统的交易中,价格的磋商过程和价格本身都属于商业机密,买方没有义务向其他方通报。

2. 交易一次性完成

一般情况下,双方没有反复磋商的过程,投标人发出的投标书是一次性报盘。这样交易的主动权掌握在招标人手中,投标者只能应邀进行一次性递价,并以合理的价格定标。招标人最终选定供货商是通过对报价及其他交易条件的筛选结果决定的。所以,投标人报价后是否能够同招标人达成交易完全取决于其递交的投标书的质量和可信程度。只有投标人的报价符合招标方的要求并具有竞争力,招标人才会与之成交。在传统贸易方式中,合同的订立是通过双方当事人之间的反复博弈和妥协来达成的,任何一方都可以提出自己的交易条件并讨价还价,但是在投标时,投标人只能一次性投标,在递标后一般不能做出修改,这也是为了保证招投标程序的公平性。

鉴于招投标是一种竞卖方式,卖方之间的竞争使买方在价格及其他条件上有较多的比较和选择,因此,在大宗物资的采购中,这一方式被广泛运用。

(三)招投标的一般程序

国际招投标业务一般包括四个步骤:招标、投标、开标评标和签约。

1. 招标

(1)公开招标。

公开招标是指招标人在国内外报纸杂志上发布招标通告,将招标的意图公布于众,邀请有关企业和组织参加投标。招标通告一般只简要地介绍招标机构、所采购物资的名称、数量、投标期限、索取招标文件的地点和方式等。这在法律上是一种要约的邀请行为。凡有意投标者均可按照招标通告的规定索取招标文件,详细考虑后办理各项投标手续。

招标文件的内容可归纳为两大部分。其一是"投标人须知",主要是制定规则,使投标人投标时能有所遵循。这些规则大致包括三个内容:① 一般情况,如资金来源,所需设备或货物的简要说明,投标资格及货物来源地,投标费用的负担等;② 程序性规定,如投标的时间、地点,投标格式、投标保证金的规定,投标有效期,标书修改或撤销的规定等;③ 实质性的规定,如是否可投标供应一部分,是否可提出代替性方案,分包以及投标报价的规定等。其二是列明商品采购的合同条件,与买卖合同的内容类似,还包括双方的责任义务。

招标文件中往往要求对投标人进行资格预审,以确保投标人在各方面具有投标能力。资格预审主要集中在下列方面(一般限于过去5年内的情况即可):投标人的经验及过去完成类似合同的成绩、财务状况、生产能力、经营作风等。在利用国际金融机构或国外政府贷款进行物资采购或工程承包的招投标业务中,资格预审更是必不可少。

(2)非公开招标。

非公开招标又称选择性招标。招标人不公开发布招标通告,只是根据以往的业务关系和情报资料,向少数客户发出招标通知。非公开招标多用于购买技术要求高的专业性设备或成套设备,应邀参加投标的企业通常是经验丰富、技术装备优良、在该行业中享有一定声誉的企业。

(3)两阶段招标。

两阶段招标是指根据该程序,招标活动明显地分为两个阶段:第一阶段,招标机构就拟采购的目标货物或工程的技术、质量或其他特点以及就合同条款和供货条件等广泛地征求意见,并同招标商进行谈判以确定目标货物或工程的技术规范。在第一阶段结束后,招标机构可最后确定技术规范。第二阶段,招标机构根据第一阶段所确定的技术规范进行正常的公开招标程序,邀请合格的投标商就包含合同价款在内的所有条件进行投标。

(4)谈判招标。

这种方式不是通过一次的招标和开标来确定合同,而是由招标机构在开标后,和任何一个投标人通过谈判的方式磋商合同的具体条款,然后再来确定中标人。谈判招标通常应用在金额巨大,投标人实力相当的项目中。通过谈判可以使得双方在磋商过程中逐步地达成妥协,避免了其他招投标方式一锤定音带来的合作机会的减少。

2.投标

投标人首先要取得招标文件,认真分析研究之后,编制投标书。投标书实质上是一项有效期至规定开标日期的发盘,内容必须十分明确,中标后与招标人签订合同所要包含的重要内容应全部列入投标书内。因此,投标人必须结合各种因素慎重考虑。

为防止投标人在投标后撤标或在中标后拒不签订合同,招标人通常都要求投标人在投标时提供一定比例或金额的投标保证金。招标人决定中标人之后,未中标的投标人已缴纳的保证金即予退还。现今国际招投标业务中一般都以银行保函或备用信用证代替保证金。

投标书应在投标截止日期之前送达招标人或其指定的收件人,逾期无效。投标书一般采用密封挂号邮寄,也可派专人送达。随着网络和信息技术的普及,采用电子招标的方式越来越多,投标方只要在规定的截止时间前上传投标书即可。按照一般的惯例,投标人在投标截止日期之前,可以书面提出修改或撤回标书。撤回的标书在开标时不予宣读,所缴纳的投标保证金也不没收。采用电子招标方式的,以投标人最后上传的投标书为准。

3.开标评标

开标有公开开标和不公开开标两种方式,招标人应在招标通告中对开标方式做出规定。

公开开标是指招标人在规定的时间和地点当众启封投标书,宣读内容,投标人都可参加,监视开标。不公开开标则是由开标人自行开标和评标,选定中标人,投标人不参加。

开标后,招标人进行权衡比较,也就是所谓的评标。通过评标,选择最有利者为中标人。在现代国际招标业务中,中标与否不完全取决于报价的高低。如果招标人认为所有的投标均不理想,可宣布招标失败。造成招标失败的可能性有三:一是所有报价与国际市场平均价格差距过大;二是所有的投标在内容上都与招标要求不符;三是投标人太少,缺乏竞争性。

4.签约

招标人选定中标人之后,要向其发出中标通知书,约定双方签约的时间和地点。中标人签约时要提交履约保证金,取代原投标保证金,用以担保中标人将遵照合同、履行义务。

三、加工贸易

加工贸易是指一国境内企业从境外保税(即经海关批准并同时办理相关手续,准予暂时免交进口环节关税、增值税及相关许可证件)进口全部或部分原辅材料、零部件、元器件、配套件、包装物料等,经加工或装配后,将成品或半成品重新出口的交易形式。该项业务主要包括来料加工和进料加工两种贸易方式。

(一)来料加工

1.来料加工的含义与特点

来料加工(Processing with Customer's Materials)是指委托方免费提供全部或部分原材料、零部件、元器件、配套件,由加工方企业按委托方的要求加工装配,加工方只收取一定的工缴费,而成品交由委托方销售的一种交易形式。来料加工贸易是一种委托加工的方式,其特点是:来料加工虽有料件进口和成品出口,但实质上是一笔交易,故必须同时签订进出口协议,交易对加工方来说,目的在于赚取加工费;来料加工业务系代委托方完成产品的生产,故加工方无须具备购买料件的外汇资金,也不负责料件的采购和成品的销售;加工方对料件及加工后的成品并无所有权。因此,如果加工方管理不善使料件损毁,或在加工装配时超出规定损耗,都将承担经济责任。

2. 来料加工的做法

(1) 国外委托方提供加工装配所需的原材料、辅料、零部件、元器件,我国承接加工方利用现有的厂房、设备水电、劳动力等,按外商的要求进行加工装配,成品交外委托方运出我国境外,由其自行销售,我方只收取工缴费。

(2) 国外委托方除提供加工装配所需的原材料、辅料、零部件、元器件外,还免费提供加工装配时所必需的全部或部分机器、设备,我方按国外委托方的要求进行加工装配,成品交委托方自行销售。待来料加工合同到期后,国外委托方免费提供的全部或部分机器、设备或全部归还给委托方,或按双方合同规定解决。

(3) 在来料加工业务中,我方可用赚取的工缴费分期分批偿还国外委托方所提供的机器设备价款,在机器设备的价款偿还完毕后,赚取的工缴费归我方所有。这是一种将来料加工和补偿贸易结合起来的做法,有利于提高加工效率和质量,在我国沿海乡镇企业中用得比较普遍。

(二) 进料加工

1. 进料加工的含义与特点

进料加工(Processing with Imported Materials)是指一国境内有进出口经营权的单位用外汇购买进口的原料、材料、辅料、元器件、零部件、配套件和包装物料,加工或装配成成品或半成品后再外销出口的贸易形式。目前我国的进料加工业务就是经海关批准保税进口料件,然后在我国境内生产加工成成品后出口到国外,在这个过程中进口料件和出口成品都是暂时不缴纳税费的,这种做法在我国又称为"以进养出"。其业务特征有:进料加工的料件多为本国不能生产或生产能力有限的品种,动用外汇购买进口的目的是为加工或装配成适合外销的成品再行出口,并以此创汇;进料加工业务从料件采购、生产到产品销售均由加工方经营,盈亏自负;进料加工业务的料件是进口的,因而经营者拥有所有权。但实际处置仍受到进出口国家管制制度及海关通关制度的限制。

2. 进料加工的具体做法

(1) 先签进口原料的合同,加工出成品后再寻找市场和买主。这种做法的好处是进料时可选择适当时机,低价时购进,而且一签订出口合同,就可交货,交货期短。但采取这种做法时,要随时了解国外市场动向,以保证产品能适销对路,避免产品积压。

(2) 先签订出口合同,再根据国外买方的订货要求从国外购进原料,加工生产。这种做法包括来样进料加工,其优点是产品销路有保障,但要注意所需的原料来源必须落实,否则会影响成品质量或导致无法按时交货。

(3) 对口合同方式,即与对方签订进口原料合同的同时签订出口成品的合同。两个合同相互独立,分别结算。这样做原料来源和成品销路均有保证,但适用面较窄,所以,有时原料提供者与成品购买者可以是不同的人。

(三)开展加工贸易应注意的问题

1. 注意国外商标的合法性

为了避免因第三者控告侵权造成被动,可以在加工贸易合同中规定:"乙方(委托方)提供的商标保证具有合法性,如果有第三者控告加工装配产品的商标侵权,概由乙方与第三者交涉,与甲方(我方)无关,同时应承担由此给甲方造成的损失"。

2. 防止国外委托方拒绝返销现象

对国外厂商只来料、来件,不购买成品,或借故产品质量不合格等拒绝返销现象,可以采取由国外厂商出具银行保函或者采取"先收后付"的方法来加以防范。

3. 加工装配的成品要保证全部返销国外

对承接国外委托加工装配的成品,除国家政策允许,否则不能在国内销售。

4. 选择加工装配项目要适当

加工装配项目不能与我国正常向返销国家出口货物品种相冲突,更不能以加工装配的产品顶替正常销售的配额。

四、跨境电子商务

(一)跨境电商的概念及特点

跨境电子商务(简称跨境电商)是指分属不同关境的交易主体,通过电子商务平台达成交易,进行支付结算,并通过跨境物流送达商品、完成交易的一种国际商业活动。

跨境电商的特点如下。

1. 贸易过程多边化

跨境电商贸易过程涉及信息流、商流、物流、资金流,相对于传统国际贸易体现的两国双边贸易,跨境电子商务可以借助 A 国的交易平台、B 国的支付结算平台和 C 国的物流平台完成贸易过程,充分体现了跨境电商贸易过程的多边化。比如,中国卖家借助速卖通平台销售给俄罗斯买家一件童装,物流选择美国 UPS 配送,现金结算选择 VISA 支付,那么本次跨境贸易虽然是中国与俄罗斯的双边贸易,但其物流配送和支付结算却选择的是美国平台。

2. 交易过程直接化

跨境电商借助交易平台可以实现企业之间(B2B)、企业与消费者之间(B2C)的直接交易。相对于传统国际贸易的多级分销过程,跨境电商交易过程更直接,减少了贸易环节,节省了时间与资金成本。

3. 贸易订单小批量、高频度

自 2007 年美国次贷危机、2008 年欧债危机以来,国际市场消费疲软,一些企业为了降低风险逐渐倾向于多批次、小批量的采购模式。相对于传统贸易而言,跨境电商交易环节和交易时间的缩减以及交易成本的降低,促使更多企业选择跨境电商的方式按需采购。

（二）跨境电商的分类

从交易模式的角度,跨境电商主要分为 B2B 跨境电商、B2C 跨境电商和 C2C 跨境电商。

1. B2B 跨境电商

B2B 是英文 Business-to-Business 的缩写。跨境 B2B 是指分属不同关境的企业,通过电商平台达成交易,进行支付结算,并通过跨境物流送达商品、完成交易的一种国际商业活动。B2B 跨境电商的交易量级较大,且订单较为稳定,未来跨境电商交易中 B2B 交易仍然是主流。目前,B2B 跨境电商平台的代表企业主要有敦煌网、中国制造、阿里巴巴国际站、环球资源网等。

2. B2C 跨境电商

B2C 是英文 Business-to-Customer 的缩写。跨境 B2C 是指分属不同关境的企业直接面向消费者个人开展在线销售产品和服务,通过电商平台达成交易、进行支付结算,并通过跨境物流送达商品、完成交易的一种国际商业活动。尽管目前中国跨境电子商务 B2C 的交易额在跨境电商交易总额中占比较少,但随着跨境交易订单趋向于碎片化和小额化,未来 B2C 交易占比可能有更高比例的提升。目前国内 B2C 跨境电商平台的代表企业主要有速卖通、DX、兰亭集势、米兰网、大龙网等。

3. C2C 跨境电商

C2C 是英文 Customer-to-Customer 的缩写,指分属不同关境的个人卖方对个人买方开展在线销售产品和服务,主要通过第三方交易平台实现个人对个人的电子交易活动。C2C 的平台效应可以满足碎片化的用户个性化需求,并形成一定规模。但 C2C 模式还是有它固有的痛点,如 C2C 平台销售商品真假难辨,在获取消费者信任方面还有很长的路要走。另外,服务体验的掌控度差,个人代购存在法律政策风险,买手制平台的转化率目前普遍只有 2% 左右。具有代表性的 C2C 跨境电商平台有淘宝全球购、洋码头扫货神器、海蜜等。

（三）跨境电商的未来发展趋势

如果说 2012 年以前,即跨境电商 2.0 时代,跨境电商参与者主要以小微草根企业、个体商户及网商为主,那么 2013 年以后,即跨境电商 3.0 时代,传统贸易中的主流参与者(如外贸企业、工厂和品牌商家)开始进入跨境电商领域,并将逐渐走向规模化运作。

1. 传统外贸企业加入,产品品牌化运营开启

早期跨境电商借助中国制造大国的优势,以销售物美价廉的产品及 OEM 代工为主。近两年来,大量企业开始考虑走品牌化运营之路,通过建立自己的平台,把品牌引向海外市场,通过品牌来提升自身在跨境电商中的价值。

2. 大外贸时代到来,B2B、B2C 协同发展

B2B 作为全球贸易的主流,未来仍然会是中国企业开拓海外市场的最重要模式;而 B2C 作为拉近与消费者距离的有效手段,对中国企业打响品牌,也将起到非常重要的作用。但 B2C 存在订单量小且不稳定的缺点,无法满足制造企业规模化生产的要求。另

外,相对于其他贸易模式,跨境电商 B2C 类企业与境外本土购物网站的竞争导致其营销推广费用较高,用户获取难度较大,但随着物流、互联网技术的发展及利好政策的陆续发布,阻碍跨境电商 B2C 发展的一些因素正在消减,未来 B2C 在跨境电商市场中的份额将进一步提升,B2B 和 B2C 将会协同发展。

3. 移动跨境电商潜力巨大

移动技术的进步使线上与线下商务之间的界限逐渐模糊,移动购物使消费者能够随时随地购物,卖家可以随时随地做生意,基于移动端,买卖双方的沟通将更加便捷。目前来看,跨境电商企业移动端发展迅速。移动端成为敦煌网、兰亭集势等跨境电商企业拉动营收的主要动力,一些新型跨境电商平台甚至只有移动端,比如 Wish。

对于欧美等发达国家市场,跨境电商从 PC 到移动端的发展有很大的存量空间。而在一些新兴市场,比如俄罗斯、东南亚和非洲国家,大量用户将不需要进入 PC 端跨境电商市场,而是直接进入移动跨境电商市场,这是未来移动跨境电商发展的巨大增量市场。

4. 产业生态系统日趋成熟

随着跨境电子商务的不断发展,跨境电商企业生态系统已逐渐形成。未来,整个行业生态体系将越来越健全,分工更清晰,并逐渐呈现出生态化的特征。

(1) 从物流方面看,大量提供一体化服务的物流整合商开始出现,如以海外仓储为核心的跨境电子商务全程物流服务商已经出现,海外仓储建设的逐步完善,将进一步提升中国卖家在国际贸易中的竞争地位。

(2) 从互联网金融方面看,跨境支付结算方式将更加多元化,一些金融机构将为众多符合条件的跨境电商企业提供无抵押的信用贷款,中小企业融资难的问题在一定程度上会得到解决。

(3) 代运营服务、营销服务等公司的大量涌现,将使跨境电商行业的产业系统日趋完善,配套服务设施更为健全。

5. 跨境电商本地化平台运作布局加快

本地化运营主要包括本土化服务和本土化营销。跨境电商要想做大做强,最终必须走出国门,提供本土化服务。2015 年以来,中国跨境电商企业先后尝试开展本土化运营,通过靠近消费者,做好"最后一公里"服务,赢得竞争优势。深圳众多卖家在海外建仓,如米兰网、兰亭集势在国外开设体验店,甚至有的企业借助本土跨境电商平台开展业务。未来,跨境电商企业实现本地化是跨境电商实现可持续发展的关键。

第三节 国际贸易法律、惯例及公约的适用

一、《联合国国际货物销售合同公约》

《联合国国际货物销售合同公约》(*The United Nations Convention on Contracts for the International Sale of Goods*,CISG,简称《公约》)是由联合国国际贸易法委员会主持制定的,1980 年在维也纳举行的外交会议上获得通过。《公约》于 1988 年 1 月 1 日正式生效。截至 2015 年 12 月 29 日,核准和参加该公约的共有 84 个国家。《公约》的宗旨是:

以建立国际经济新秩序为目标,减少国际贸易的法律障碍,在平等互利的基础上发展国际贸易,促进各国间的友好关系。

《公约》全文共 101 条,分为四部分:① 适用范围和总则,共 13 条,主要是对《公约》的适用范围和适用《公约》的一般原则做出规定;② 合同的订立,共 11 条,主要对合同成立的程序和规则做了详细的规定;③ 货物销售,共 64 条,主要对买卖双方的义务、违约后的救济措施以及风险转移做出了详尽的规定;④ 最后条款,共 13 条,主要就《公约》的生效、缔约国的加入与退出、声明保留等内容做出规定。《公约》较好地适应了现代国际货物买卖的一般做法,是目前世界上关于国际货物买卖的一项最为重要的国际公约。

(一)基本原则

建立国际经济新秩序的原则、平等互利原则与兼顾不同社会、经济和法律制度的原则。这些基本原则是执行、解释和修订《公约》的依据,也是处理国际货物买卖关系和发展国际贸易关系的准绳。

(二)适用范围

第一,《公约》只适用于国际货物买卖合同,即营业地在不同国家的双方当事人之间所订立的货物买卖合同,但对某些货物的国际买卖不能适用该《公约》做了明确规定。第二,《公约》适用于当事人在缔约国内有营业地的合同,但如果根据适用于"合同"的冲突规范,该"合同"应适用某一缔约国的法律,在这种情况下也应适用"销售合同公约",而不管合同当事人在该缔约国有无营业所。对此规定,缔约国在批准或者加入时可以声明保留。第三,双方当事人可以在合同中明确规定不适用该《公约》。(适用范围不允许缔约国保留)

(三)合同的订立

包括合同的形式和发盘(要约)与接受(承诺)的法律效力。

(四)买方和卖方的权利义务

第一,卖方责任主要表现为三项义务:交付货物;移交一切与货物有关的单据;移转货物的所有权。第二,买方的责任主要表现为两项义务:支付货物价款;收取货物。第三,详细规定卖方和买方违反合同时的补救办法。第四,规定了风险转移的几种情况。第五,明确了根本违反合同和预期违反合同的含义以及当这种情况发生时,当事人双方所应履行的义务。第六,对免责根据的条件做了明确的规定。

二、国际贸易惯例

国际贸易惯例,是指在国际贸易的长期实践中,在某一地区或某一行业逐渐形成的为该地区或该行业所普遍认知、适用的商业做法或贸易习惯,作为确立当事人权利义务的规则对适用的当事人有约束力。国际贸易惯例一般来说是"不成文"的,长期以来,国际贸易惯例缺乏足够的明确性,各国对其解释也存在着不少差异,这不仅容易引起当事人的争议,也影响了国际贸易的正常秩序。因此,为了便于商人们理解、掌握或选择适用,促进国际贸易的发展,一些民间国际组织和学术团体对某些重要的、常用的国际贸易惯例加以收集整理,编纂成文,使其内容统一化、规范化。目前,这类调整国际货物买卖关系的国际贸易惯例主要有以下几个。

(一)《1932 年华沙—牛津规则》

国际法协会于 1928 年在华沙会议上制订了 CIF 合同的统一规则,又于 1932 年在牛津会议上修订,故定名为《1932 年华沙—牛津规则》。该规则全文 21 条,对 CIF 合同的性质以及买卖双方的责任、风险、费用的划分等做了较为详尽的规定,反映了各国对 CIF 合同中买卖双方权利义务的一般解释,在国际上有一定影响。

(二)《1941 年美国对外贸易定义修订本》

1919 年,美国商会、美国进口商全国协会等商业团体制订了有关对外贸易的定义,后于 1941 年在美国第二十七届全国对外贸易会议上对该定义做了修订,定名为《1941 年美国对外贸易定义修订本》。它对 6 种贸易术语做了解释,这 6 种贸易术语为:Ex Point of Origin、FOB、FAS、C&F、CIF 和 Ex Dock。但应当注意,它将 FOB 分为六种类型,仅第五种 FOB Vessel 与一般通用的 FOB 术语类似。自《1980 年国际贸易术语解释通则》公布后,美国全国对外贸易协会等大商业团体也向美国商界推荐使用 INCOTERMS,因此该定义的使用范围逐渐缩小。

(三)《2010 年国际贸易术语解释通则》

国际商会于 1936 年制订了《1936 年国际贸易术语解释通则》,为了适用国际贸易的发展,先后于 1953 年、1967 年、1976 年、1980 年、1990 年和 2000 年分别对它进行了修改和补充,将原来的 9 种贸易术语增加到 13 种。随着电子数据交换的广泛运用、运输技术的变化、安全清关及信息协助的要求和自由关税区的发展,国际商会又于 2010 年对该通则做了修订,定名为"INCOTERMS® 2010",对 11 种贸易术语做了详尽的解释。该通则在国际上得到广泛的承认和采用,是目前国际货物买卖中最重要的贸易惯例。

三、我国有关国际货物贸易的法律

我国没有制定专门的货物买卖法和商法典,有关货物买卖关系的法律调整在《民法通则》中有原则性的规定。

在总结我国对外贸易改革开放经验和教训的基础上,根据国际贸易发展的状况和趋势,我国于 1994 年制订了《中华人民共和国对外贸易法》(简称《对外贸易法》),以立法形式确立了对外贸易经营秩序的基础和原则。2004 年 4 月 6 日,第十届全国人大常委会第八次会议审议并通过了修订后的《中华人民共和国对外贸易法》,自同年 7 月 1 日起施行。修订后的《对外贸易法》共分 11 章 70 条,修订的内容主要包括三方面:对原外贸法与我国入世承诺及世贸组织规则不相符的内容进行了修改;根据我国入世承诺和世贸组织规则,对我国享受世贸组织成员权利的实施机制和程序做了规定;根据外贸法实施以来出现的新情况和促进对外贸易健康发展的要求,对现行外贸法做出修改。它对于扩大对外开放,发展对外贸易,维护对外贸易秩序,保护对外贸易经营者的合法权益,促进社会主义市场经济的健康发展,具有重要意义。为了更好地保护合同当事人的合法权益,维护社会主义经济秩序,促进社会主义现代化建设,1999 年 3 月 15 日,第九届全国人民代表大会第二次会议通过了《中华人民共和国合同法》(简称《合同法》),自同年 10 月 1 日起施行,同时废止《经济合同法》《涉外经济合同法》和《技术合同法》。《合同法》既适用于国内货物买卖,也适用于国际货物买卖。

《对外贸易法》和《合同法》除了一般性的规定外,对涉外货物买卖都做了专门的规定,是我国调整国际货物买卖关系的重要法律规范。

第四节　进出口业务的基本流程

国际货物贸易从一个国家的角度来看,可分为进口贸易和出口贸易。尽管进口贸易和出口贸易的程序相反,业务运作的侧重点也各不相同,但都分别包括交易前的准备、商订合同、履行合同和交易善后四个阶段。

一、出口贸易的流程

(一) 交易前的准备

出口交易前的准备工作主要包括落实货源和做好备货工作;加强对国外市场与客户的调查研究,选择适销的目标市场和资信好的客户;制定出口商品经营方案或价格方案,以在对外洽商交易时胸有成竹;开展多种形式的广告宣传和促销活动。

(二) 商订出口合同

在做好上述准备工作之后,即通过函电联系或当面洽谈等方式,同国外客户磋商交易,当一方的发盘被另一方接受后,交易即告达成,买卖双方就构成了合同关系,接下来就是订立书面合同。

(三) 出口合同的履行

出口合同订立后,交易双方就要根据重合同、守信用的原则,履行各自承担的义务。如按 CIF 条件和信用证付款方式达成的交易,就卖方履行出口合同而言,主要包括下列各环节的工作:认真备货,按时、按质、按量交付约定的货物;落实信用证,做好催证、审证、改证工作;及时租船订舱,安排运输、保险,并办理出口报关手续;缮制、备妥有关单据,及时向银行交单结汇和收取货款。

(四) 交易善后阶段

正常的交易善后工作包括听取意见和做好售后服务等涉及客户关系管理工作,还包括进行外汇核销和出口退税等善后业务工作。如果发生争议和纠纷,就需要进行索赔或处理理赔,甚至可能需要申请仲裁或诉讼。出口贸易的业务程序见图 1-1。

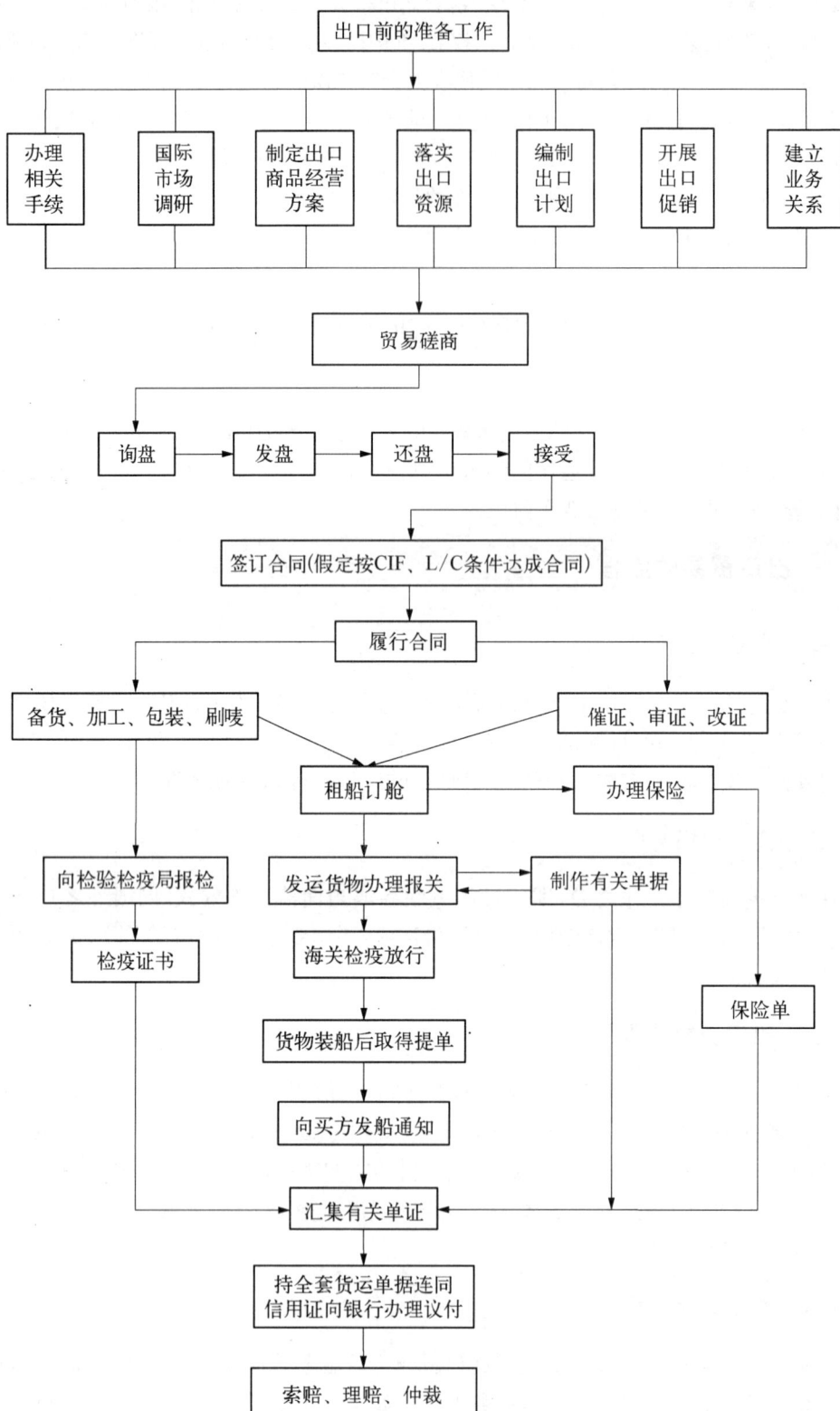

图 1-1 出口贸易业务流程

二、进口贸易的流程

（一）交易前的准备

进口交易前的准备工作，主要包括制定进口商品经营方案或价格方案，以便在对外洽商交易和采购商品时，做到心中有数，避免盲目行事；在对国外市场和外商资信情况调查研究的基础上，货比三家，选择适当的采购市场和供货对象。

（二）商订进口合同

商订进口合同与商订出口合同的程序和做法基本相同，但应强调指出的是，如属购买高新技术、成套设备或进行大宗交易，更应注意选配好洽谈人员，组织一个包括有各种专长的专业人员的精明能干的谈判班子，并切实做好比价工作。

（三）进口合同的履行

履行进口合同与履行出口合同的程序相反，工作侧重点也不一样。如按 FOB 条件和信用证付款方式成交，买方履行合同的程序，一般包括下列事项：按合同规定向银行申请开立信用证；及时派船到对方口岸接运货物，并催促卖方备货装船；审核有关单据，在单证相符时付款赎单，办理进口报关手续，并验收货物。

（四）交易善后阶段

在合同履行完毕后，还有可能发生违约索赔的问题。处理索赔和理赔工作，涉及责任认定、举证等法律事务，解决争议要依据合同、法律及国际惯例，可通过协商、调节、仲裁或诉讼等途径解决。进口贸易的业务流程见图 1－2。

```
                        ┌─────────────────┐
                        │  进口前的准备工作  │
                        └────────┬────────┘
                                 │
   ┌─────────┬─────────┬─────────┼─────────────┬─────────┐
┌──────┐ ┌──────┐ ┌──────────┐ ┌──────────┐ ┌──────┐
│进口市场│ │建立业务│ │取得经营权和办理│ │申请进口配额和│ │制定进口│
│ 调研 │ │ 关系 │ │海关登记注册│ │进口许可证│ │经营方案│
└──────┘ └──────┘ └──────────┘ └──────────┘ └──────┘
                                 │
                        ┌─────────────────┐
                        │     贸易磋商      │
                        └────────┬────────┘
```

┌──────┐ → ┌──────┐ → ┌──────┐ → ┌──────┐
│ 询盘 │   │ 发盘 │   │ 还盘 │   │ 接受 │
└──────┘   └──────┘   └──────┘   └──────┘

┌───────────────────────────────────────┐
│签订合同(假定按FOB、即期L/C条件达成合同)│
└───────────────────────────────────────┘

┌──────┐
│履行合同│
└──────┘
┌──────┐   ┌──────────┐ ← 国外寄来单据
│申请开证│   │银行审单付款│
└──────┘   └──────────┘
┌──────┐   ┌──────────┐
│租船订舱│   │付款、赎单│
└──────┘   └──────────┘
┌──────────┐   ┌──────────────┐
│发催装通知│   │报关纳税、检验检疫│
└──────────┘   └──────────────┘
┌──────┐   ┌──────────┐
│办理保险│   │海关放行│
└──────┘   └──────────┘
                    ┌──────────┐
                    │提货、销售│
                    └──────────┘
                    ┌──────────┐
                    │索赔、仲裁│
                    └──────────┘

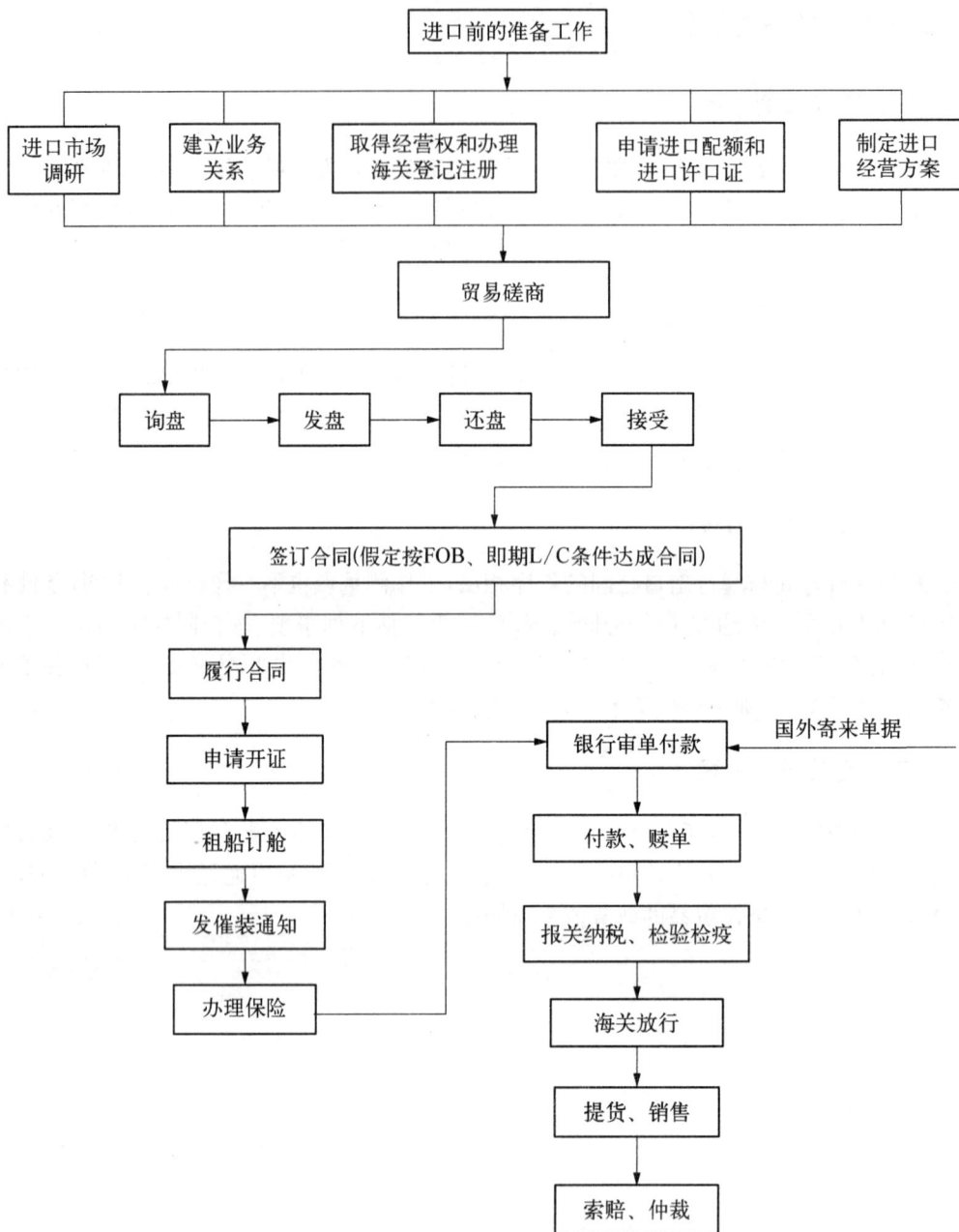

图1-2 进口贸易业务流程

本章小结

　　国际贸易实务是国际间货物交换的作业活动,包括进口贸易和出口贸易两个方面。国际贸易与国内贸易相较,有交易主体的异国性、涉及面广、风险大和竞争激烈等特征。

为了使国际贸易能够顺利进行,了解国际贸易的基本流程是非常必要的,进出口贸易的基本流程通常可以分为交易前的准备、商订合同、履行合同和交易善后四个阶段。为了保证国际贸易活动的顺利进行,使国际贸易得到法律的承认与保护,国际贸易业务必须符合法律规范。概括起来,国际贸易所适用的法律法规主要有国际条约、国际贸易惯例和国内法等。

关键词汇

国际贸易 国际贸易实务 国内贸易 国际条约或公约 国际贸易协定
国际贸易惯例 国内法 跨境电子商务

本章习题

一、术语翻译

1. Contract 2. Obligation 3. Seller and Buyer 4. Deliver 5. Accept
6. INCOTERMS 7. Proper Law 8. Choice of Law 9. Conflict of Laws
10. International Practice and Customs 11. Sales Contract of Goods
12. General Terms and Conditions

二、简答题

1. 国际贸易实务的研究对象是什么? 它主要包括哪些内容?

2. 国际贸易和国内贸易有什么区别?

3. 国际贸易适用的法律和惯例有何区别? 了解国际贸易法律与国际贸易惯例的意义何在?

4. 进出口业务的基本流程是什么?

三、案例分析题

1. 有一份 CIF 合同在美国订立,由美国商人 A 出售一批 IBM 计算机给我国上海商人 B,货运目的港是我国上海,即按 CIF 贸易术语达成交易。双方在执行合同过程中,对合同的形式和合同的解释发生了争议。请问:此项合同纠纷应当适用什么法律? 为什么?

2. 如果甲国的 A 公司在乙国设立了一个分公司 B,乙国的 C 公司与 A 公司签订了一份来料加工合同,合同规定:乙国 C 公司购买 A 公司的机器设备,购买 B 公司的原材料加工成成品;加工后的成品由 B 公司回购再转卖给 A 公司,由 A 公司在国际市场上销售。请问:这一系列对外经贸活动中包括的货物贸易是否具有国际性?

第二章　国际货物买卖合同的交易磋商

学习目标

1. 了解国际市场调研及制定进出口经营方案的主要内容；
2. 了解贸易磋商的形式、内容和程序；
3. 掌握发盘与接受的有关规定；
4. 掌握国际货物买卖合同的结构和形式。

开篇导入

某进出口公司向国外某客商询售某商品，不久我方接到外商发盘，有效期至7月22日。我方于7月24日用电传表示接受对方发盘，对方一直没有音讯。因该商品供求关系发生变化，市价上涨，8月26日对方突然来电要求我方必须在8月28日前将货发出，否则，我方将要承担违约的法律责任。

请问：我方是否应该发货？为什么？

第一节　洽商前的准备

一、国际市场调研

国际市场是世界各国之间商品流通与交换的场所。由于它与国内商品市场在构成、变动规律、市场环境和交换方式等方面存在差异，任何企业若要参与国际商品市场营销活动并期望取得成功，就必须要先进行国际市场调研。国际市场调研的内容主要包括国际市场环境、国际市场商品供求状况、国际市场营销状况、国外客户状况。

（一）国际市场环境调研

一个国家或地区的市场环境是客观存在的，要进入该市场并得到发展，就必须要适应它，而不能改变它。市场环境通常包括政治环境、经济环境、文化环境以及竞争环境。

1. 政治环境

政治环境包括一个国家的社会制度，执政党的性质，政府的方针、政策、法令等。政治环境是市场环境的重要因素，不同的国家因社会制度、资源配置和发展目标的不同而对组织活动有着各自的限制和要求。即使是同一国家,在不同时期,由于执政党的更迭,其政府的方针特点、政策倾向对组织活动的态度和影响也是在不断变化的。因而在国外从事营销活动的方式方法必须因国而异。

2. 经济环境

经济环境的调研应该包括宏观和微观两个方面。宏观经济环境主要指一个国家的人口数量及其增长趋势、国民收入、国民生产总值及其变化情况,以及通过这些指标能够反映的国民经济发展水平和发展速度。微观经济环境主要指企业所在地区或所服务地区的消费者的收入水平、消费偏好、储蓄情况、就业程度等因素。这些因素直接决定着出口企业目前及未来的市场规模。

3. 社会文化环境

社会文化环境是指一个国家或地区的社会结构、社会行为、居民教育程度和文化水平、宗教信仰、风俗习惯、审美观点和价值观念等的综合。物质文化会影响消费者的需求层次;宗教信仰和风俗习惯会影响当地居民对生活的看法并可能对某些活动进行禁止或抵制;价值观念会影响居民对组织目标、组织活动以及组织存在本身是否认可;审美观点则会影响人们对产品的不同需求与喜好。

4. 竞争环境

竞争环境是指企业所在行业及其竞争的程度,它代表企业市场成本和进入壁垒的高低。竞争环境是一个企业在决定开拓国外市场之前必须考虑的重要问题,因为任何商品在任何市场都会面临竞争。能否正确认识和利用竞争,是企业市场营销能否成功的关键。

(二)国际市场商品供求状况调研

企业要把产品打入国际市场或从国外进口产品,除需了解国外市场环境外,还需了解国际市场的行情,相对准确地掌握国际市场商品供求关系情况,出口商品的生产与消费情况以及出口企业可能获得的预期收益。该调研主要内容包括:

(1)国际市场商品供给情况,包括商品供应的渠道、来源,国外生产厂家、生产能力、数量及库存情况等。

(2)国际市场商品需求情况,包括国际市场对商品需求的品种、数量、质量要求等。

(3)国际市场商品价格情况,包括国际市场商品的价格、价格与供求变动的关系等。

(三)国际市场营销情况调研

国际市场营销情况调研是对国际市场营销组合情况的调研,除上述已经提到的商品供需及价格外,一般还应包括以下几个方面:

(1)商品销售渠道,包括销售网络设立、批零商的经营能力、经营利润、消费者对产品的印象、售后服务等。

(2)广告宣传,包括消费者购买动机、广告内容,广告时间、方式、效果等。

(3)竞争分析,包括竞争者产品质量、价格、政策、广告、分配路线、占有率等。

（四）国外客户状况调研

在交易前,应对客户的资信情况进行全面调查,主要包括以下几个方面:

（1）支付能力,主要是了解客户的财力,其中包括注册资本的大小、融资渠道、营业额的大小、潜在资本、资本负债和借贷能力等。

（2）经营范围,主要是指企业的经营性质、经营业务范围、合资还是独资等。

（3）客户背景,主要是指客户的政治经济背景、政治态度以及对我方的态度等。

（4）经营能力,主要是指客户的活动能力、购销渠道、联系网络、贸易关系和经营做法等。

（5）经营作风,主要是指客户的商业信誉、商业道德、服务态度等。

二、制定进出口经营方案

（一）制定出口商品经营方案

出口商品经营方案的内容主要包括以下几个方面:

（1）国内货源情况,主要包括国内生产能力、可供出口的数量,以及商品的品质规格和包装等情况。

（2）国外市场情况,主要包括国外市场需求、供求和价格变动情况。

（3）出口经济效益,包括出口成本、出口盈亏率和出口换汇成本等。

（4）销售计划和措施,包括分国别和地区、按品种数量与金额列明销售的计划进度,以及按销售计划采取的措施,如对贸易方式、收汇方式的应用,对价格佣金和折扣的掌握等。

（二）制定进口商品经营方案

进口商品经营方案的内容主要包括以下几个方面:

（1）订货数量,根据国内需要的轻重缓急和国外市场的具体情况,适当安排订货数量和进度。

（2）采购市场,根据国别（或地区）政策和国外市场条件,合理安排进口国别（或地区）的商品,既要选择对我方有利的市场,又不宜过分集中在某一市场,力争使采购市场的布局合理。

（3）交易对象,要选择资信好、经营能力强并对我国友好的客户作为交易对象。

（4）交易价格,根据国际市场近期价格,并结合采购意图,拟定出所能接受价格的幅度区间,以作为谈判交易的依据。同时,在初步确定交易价格时,还要充分考虑融资成本以及汇率变动的因素,尽量计算出不同报价对应的实际本币价格。

（5）贸易方式,贸易方式有很多种,可以采用招标方式采购,也可以按补偿贸易方式,同时可采用一般的单边进口方式订购。具体如何选择,应根据采购的数量、品种、贸易习惯做法等酌情掌握。

（6）交易条件的掌握,应当注意的是,有些商品是受国家进口管制的,进口商必须先从有关国家机构办理进口许可证,然后才能办理进口手续。

　　通常,进出口企业只在经营大宗商品或重要工业品时才逐个制定商品进出口方案。对其他商品可只按商品大类制定。对零散类的中小商品可制定内容简单的价格方案,仅对市场和价格提出分析意见,规定对各个地区的进出口价格以及掌握进出口价格的原则和幅度。完成经营方案的制定只是进出口业务诸多环节中的一项,要将方案付诸实施仍需要大量的工作,尤其在方案的执行过程中,应针对方案细节的变化密切观察、跟踪,及时发现计划与实际间的差异。若能预先发现并及时调整方案,可以避免问题的发生;若未能及时调整,应认真分析,查找原因,作为经验加以积累,对日后工作将会大有裨益。

三、制定国际商务谈判方案

(一)确定谈判目标

　　谈判目标是通过谈判要解决的问题。如前所述,商务谈判目标可以划分为最优期望目标、实际需求目标、可接受目标和最低目标四个层次。对此,谈判者事先要有所准备,做到心中有数。对于谈判目标底数要严格保密,绝不能透露给他人。谈判目标如有重大修改,要经过商定。没有授权的谈判者要向有关领导请示,即使是有决定权的谈判者,也应当与参加谈判的有关人员协商,取得一致意见后再加以改动。

(二)规定谈判期限

　　在谈判开始以前,应当对谈判的期限有所计划和安排。由于谈判的效率问题是评价现代谈判成功与否的一个重要标准,而谈判的期限直接涉及谈判的效率,因此,谈判方案的制定应将谈判期限的规定包括进去。谈判的期限是指从谈判的准备阶段到谈判的终局阶段之间的时长。在国际贸易中,谈判的期限通常指从谈判者着手准备谈判到报价的有效期结束之时为止。买卖双方都规定了一定的期限,超过这个期限后即使履行了协议,也可能带来一定的损失,如圣诞礼品在圣诞节后市价将会大跌,因此必须赶在圣诞节之前销售。除去时间限制的影响,谈判的时间拖得越久,谈判双方耗费的人力、物力和财力也越多。因而,应在谈判之前对谈判的时间做出精确计算和适当安排,最后规定一个谈判期限。

　　谈判期限的规定,可长可短,但要具体、明确,同时又要有伸缩性,能够适应谈判过程中的情况变化。例如,某公司对谈判期限做了如下安排:此报价的有效期为1个月。延长有效期的费用,第一个月增加1%,以后每个月增加1.5%。如果超过了3个月,就应重新报价。因为交货等许多交易条件都有可能发生变化,此谈判的最长宽限期应在2个月内达成交易。这是一个较为简明、灵活又能保证卖方总体目标不受影响的时间方案。

(三)拟定谈判议程

　　在拟定谈判议程时,要注意两点:一是要有互助性,即不仅要符合我方的需要,也要兼顾对方的实际利益和习惯做法;二是简洁性,在一次谈判过程中,过多的谈判事项往往会形成人们的思想负担。典型的谈判议程至少要包括下列四项内容。

1. 时间安排

即确定谈判在何时举行，为时多久。倘若是分阶段的谈判还需确定分为几个阶段，每个阶段所花的时间大约是多少等。① 对于双方意见分歧不会太大的议题应尽量在较短的时间内解决，以避免无谓的争辩。② 对于主要的议题或争执较大的焦点问题，可将其安排在整个谈判进行到总时间 3/5 之时加以讨论。若把焦点性问题放在谈判进行到总时间 3/5 的前两个小时之内提出来，更有利于问题的解决。③ 文娱活动的安排要恰到好处。在枯燥的谈判过程中适当安排一些文娱活动，既可活跃双方气氛，增进友谊，又可松弛神经，消除疲劳，是非常必要的。但是文娱活动的安排也不能过多。如果谈判进行一周的话，安排一两次文娱活动就可以了，且最好安排在谈判的第二天以及商谈焦点问题的当天。此外，安排的活动内容不要重复，要尽量丰富一些，要注意不能使文娱活动成为谈判对方借此疲劳己方，实现其谈判目标或达到其他目的的手段。④ 在进行时间安排时要考虑到意外情况的发生，适当安排机动时间，当然机动时间的安排也不可太多，否则会使谈判的进程过于松散，节奏过于缓慢。

在确定谈判的时间时，要考虑以下几个因素：谈判准备的充分程度；谈判人员的身体和情绪状况；谈判的紧张程度；谈判议题的需要；谈判对手的情况。

2. 确定谈判议题

谈判议题是双方讨论的对象，凡是与谈判有关的并需要双方展开讨论的问题，就是谈判的议题。

确定谈判议题时，首先要将与本次谈判有关的问题罗列出来；其次，将罗列出的各种问题进行分类，确定问题重要与否，与己方的利弊关系；最后，将对己方有利的问题列为重点问题加以讨论，对己方不利的问题尽量回避，这将有助于己方在谈判中处于主动地位。但回避并不等于问题不存在，因此还要考虑到当对方提出这类问题时，己方采取的应对策略。

3. 谈判议题的顺序安排

谈判议题的顺序有先易后难、先难后易和混合型等几种安排方式，可根据具体情况加以选择。

所谓先易后难，即先讨论容易解决的问题，以创造良好的洽谈气氛，为讨论困难的问题打好基础；所谓先难后易，是指先集中精力和时间讨论重要的问题，待重要的问题得以解决之后，再以主带次，推动其他问题的解决；所谓混合型，即不分主次先后，把所有要解决的问题都提出来进行讨论，经过一段时间以后，再把所有要讨论的问题归纳起来，先以统一的意见予以明确，再对尚未解决的问题进行讨论，以求取得一致的意见。

有经验的谈判者在谈判前便能估计到，哪些问题双方不会产生意见分歧，较容易达成协议，哪些问题可能有争议。有争议的问题最好不要放在开头，这样会影响谈判进程，也可能会影响双方的情绪。有争议的问题也不要放到最后，放在最后可能时间不充分，而且在谈判结束前可能会给双方都留下一个不好的印象。有争议的问题最好放在谈成几个问题之后，在谈最后一两个问题之前，也就是说放在谈判的中间阶段。谈判结束之前最好谈一两个双方都满意的问题，以便在谈判结束时创造良好的气氛，给双方留下良好印象。

4. 通则议程与细则议程的内容

通则议程是谈判双方共同遵照使用的日程安排,在通则议程中,通常应解决以下问题:双方谈判讨论的中心问题,尤其是第一阶段谈判的安排;列入谈判范围的有哪些事项,哪些问题不讨论,问题讨论的顺序是什么;讨论中心问题及细节问题的人员安排;总体及各阶段谈判的时间安排。通则议程可由一方提出,或双方同时提出,经双方审议同意后方能正式生效。细则议程具有保密性,它是对己方审议同意后具体策略的具体安排,供己方使用。其内容一般有:对外口径的统一,包括文件、资料、证据和观点等;谈判过程中各种可能性的估计及其对策安排;谈判的顺序,何时提出问题,提什么问题,向何人提出这些问题,由谁提出,谁来补充,何时打岔,谁来打岔,在什么时候要求暂停讨论等;谈判人员更换的预先安排。

第二节 进出口交易磋商

一、进出口交易磋商的形式

所谓交易磋商,通常也称为谈判,是指交易双方当事人就贸易合同的各项条件进行协商,以期达成一致意见的过程。它是签订合同不可缺少的前期基础性工作,而签订合同则是交易磋商的主要目的和圆满结果。交易磋商工作的好坏,直接关系将来买卖双方之间的权利、义务和经济利益,是买卖合同签订的基础和做好交易的关键所在。因此,必须认真做好这项工作。

交易磋商的内容涉及拟签订的买卖合同的各项条款,包括品名、品质、数量、包装、价格、装运、支付、保险以及商品检验、索赔、仲裁和不可抗力等。这些条款不仅包括商务和技术方面的问题,还包括法律和政策问题,因此,交易磋商是一项政策性、策略性、技术性和专业性很强的工作。国际货物买卖过程中的交易双方,分属于不同国家和地区,有着不同的贸易习惯、文化背景和价值观念,加之语言和文字沟通存在一定困难,因此国际贸易中的交易磋商往往要比国内贸易困难和复杂得多。

交易磋商在形式上可分为口头和书面两种。

(一)口头磋商

口头磋商的主要形式是在谈判桌上面对面谈判,如参加各种交易会、洽谈会,以及贸易小组出访、邀请客户来华洽谈交易等。此外,双方通过国际长途电话进行的交易磋商也是口头磋商的一种重要形式。口头磋商方式的好处是双方谈判人员直接交流,便于了解对方的诚意和态度,随着接触的加深,双方由"生人"变为"熟人",产生一种所谓的"互惠要求";也可在磋商的过程中,根据进展情况及时调整策略,达到预期的目的。口头磋商比较适合谈判内容复杂、涉及问题较多的业务,如大型成套设备交易的谈判。

（二）书面磋商

国际贸易中,买卖双方通常采用书面方式磋商交易。书面磋商是指磋商双方不直接见面,而是通过信件、电报、电传、互联网等通信方式来洽谈交易。目前,多数企业使用传真和电子邮件磋商交易。随着现代通信技术的发展,书面洽谈越来越简便易行,成本费用越来越低廉,缺点是所传递的信息量有限,不利于磋商双方相互了解。

采用书面方式磋商时,写作往来函件一般需注意遵循以下三个原则:

原则一:简明扼要。商务函电讲究实效,应以简单明了的语言直接说明主要观点。

原则二:清晰正确。商务函电的目的是为了达成合同(交易),函件内容不可模棱两可,所表达的意思必须清晰正确。

原则三:用语礼貌。在商务函电的写作过程中尤其是在向对方索赔或申诉时,采用正式而礼貌的用语是必要的,这将有助于与客户建立长远的业务联系。

二、进出口交易磋商前的准备

凡事预则立,不预则废。国际贸易中交易磋商是一项艰难复杂而又十分重要的工作,事前要做好充分的准备工作,主要包括以下几项。

（一）选配合适的洽谈人员

在国际贸易交易磋商过程中,双方有时充满尖锐复杂的利益冲突,需要双方不断地讨价还价方可达成一致。交易磋商的过程,是双方谈判人员不断交流沟通、斗智斗勇的过程,因此选配政治素质高、业务能力强的洽谈人员关系重大。从事交易磋商的人员要有忠于职守、廉洁奉公的思想素质,有认真负责的工作态度,有集体主义精神和团队作战意识;交易磋商人员不仅要熟练掌握国际贸易合同条款内容、订立方法,而且还要熟练掌握交易磋商谈判的策略技巧,熟练掌握国际贸易方面的政策、法规和惯例;交易磋商人员的知识结构需要互补,谈判班子应熟悉商务、技术、法律、财务等方面的知识,并应当熟练掌握外语;交易磋商人员应该年富力强,善于应战,善于应变,具有敏锐的洞察力和高度的预见能力。

（二）确定目标市场

广泛收集谈判信息是确定目标市场的前提,洽谈前需要收集的信息包括市场分布状况、消费需求形式、市场竞争状况、产品销售渠道等市场信息;贸易客商类型、资信状况、谈判实力、对己方的信任程度等谈判对手信息;产品的基本状况、生命周期、竞争能力、售后服务、产品性能鉴定等科技信息;有关国家地区的政治状况、法律法规、关税政策、外汇管制政策、进出口配额等政策法规信息;有关国家地区汇率浮动现状及趋势、银行运营状况及对进出口各环节的规定与费用等金融信息。

在广泛收集谈判信息的基础上,可进行国际市场细分。首先决定在世界市场上应选择哪个国家或地区作为拟进入的市场,然后将其细分成若干子市场,选择其中之一或几个子市场为目标市场。在选择国外目标市场时,既要考虑企业实际利益,也要考虑贯彻国家对外贸易方针政策、国别地区政策以及整个国家的贸易平衡;同时还应该分清主次,用发展的眼光看问题,在安排好主销市场的同时也要考虑辅销市场,在注重市场当前实际情况的同时也要考虑其将来的发展趋势和潜力。

(三)选择交易对象

在正式交易磋商之前,应通过各种途径对客户的资信状况、经营范围、经营能力、商业信誉等方面的情况进行调查和分析。在选择交易对象时不能谁先接触就只和谁谈,或谁开出的条件最优惠就只和谁谈,应该建立健全客户档案,对不同类型的客户进行分类排队,做到心中有数,区别对待。在选择交易对象时,做到知己知彼,从经营的总体利益出发,以己方较小的代价获取较大的收益作为标准,慎重选择交易对象。

(四)制定磋商交易方案

磋商方案是磋商人员在磋商前,预先对磋商需要达到的目标以及为达到该目标所采取的策略、步骤和做法等具体内容所做的安排,是对外洽谈人员行动的指针和方向。交易磋商方案一般要求简明扼要,以便己方磋商人员能牢记其主要内容和基本原则;有些关键内容也需具体,以便己方磋商人员正确把握;磋商方案要具有一定的可行性,以便己方磋商人员能切实遵循;磋商方案还要具有一定的灵活性,以便己方人员在磋商过程中灵活运用。

三、进出口交易磋商的一般程序

交易磋商一般包括四个环节:询盘、发盘、还盘和接受。其中,发盘和接受是达成交易的决定性环节,也是合同成立的要件。

(一)询盘

询盘(Enquiry/Inquiry),是指交易一方预购买或出售某种商品向另一方询问买卖商品的相关交易条件。业务中,询盘内容主要是价格,因此,询盘又被称作询价。

询盘既可以由买方向卖方发出,也可以由卖方向买方发出。在我国外贸业务中,前者一般称为邀请发盘(Invitation to Make An Offer),后者称为邀请递价(Invitation to Make A Bid)。

例如:

Please cable offer soybean oil most favorable price.

请报豆油最惠价格。

Can supply northeast soybean May shipment please bid if interested.

可供中国东北大豆,五月份装运,如有兴趣请递价。

Please quote lowest price CFR Singapore for 500 pcs Flying Pigeon Brand bicycles May shipment cable promptly.

请报500辆"飞鸽"牌自行车成本加运费价格,目的港新加坡。五月份装运,尽速电告。

询盘对于买卖双方来说,都不具有法律上的约束力,即买方询价后无购买货物的义务和卖方递价后无出售货物的责任。询盘虽是交易磋商的第一步,但并不是每笔交易磋商中必不可少的环节,有时可以未经对方询盘而直接向对方发盘。但是它属于调查研究,是探询市场动态的重要手段,因此,也不应忽视。

(二) 发盘

发盘(Offer)又称报盘、发价,是指交易的一方向另一方提出购买或出售某种商品的各项交易条件,并表示愿意按照这些条件与对方达成交易、订立合同的行为。发盘的内容不是一项或几项交易条件,而必须是足以构成合同成立的主要交易条件。发盘一经受盘人接受,合同即告成立。因此,对于发盘人来说,发盘是一种具有法律约束力的行为。

发盘通常由卖方做出,也可以由买方做出,前者称为售货发盘(Selling Offer),后者称为购货发盘(Buying Offer)或递盘(Bid)。

例如:

Offer 5,000 dozen sport shirts sampled March 15th USD 84. 50 dozen CIF New York export standard packing May/June shipment irrevocable sight L/C subject reply here 20th.

兹发盘 5 000 打运动衫,规格按 3 月 15 日样品,每打 CIF 纽约价 84.50 美元,标准出口包装,5~6 月份装运,不可撤销即期信用证付款,20 日复到有效。

Order 50 M/T dried yeast powder content 30 percent, packing 80 kg glass fiber packages Aug/Sept. shipment USD 500 per M/T CIF Guinea irrevocable sight L/C reply here 30/5 our time.

订购 50 公吨干酵母粉,含量约 30%,80 公斤纤维包装,8~9 月装船,每公吨 CIF 几内亚价 500 美元,不可撤销即期信用证付款,5 月 30 日以我方时间复到有效。

1. 构成发盘的条件

一项发盘的构成必须具备以下四个条件:

(1) 发盘必须有订立合同的意思表示。

发盘必须明确该发盘一旦被受盘人接受,发盘人就按发盘中的交易条件与受盘人订立合同,承受这些交易条件的约束,这时的发盘一般称为实盘(Firm Offer)。订立合同的意思表示,既可以是明示的,也可以是暗示的。明示的方法一般在发盘中使用有关术语,如发盘(Offer)、订购(Order)、发实盘(Firm Offer)、递盘(Bid)或明确规定发盘有效期等;暗示的表示一般根据其他有关情况、双方已确立的习惯做法、惯例和当事人随后的行为来进行判定。

如果发盘中没有表明订立合同的意思,或表示发盘人不受其发盘的约束,或者附有保留或限制性条件,该项发盘就不是真正的发盘,而只能看作是发盘的邀请(Invitation to Offer)或虚盘(Non-firm Offer)。如"以我方最后确认为准"(Subject to Our Final Confirmation)、"以货物未售出为准"(Subject to Prior Sale)、"以我方认可样品为准"(Subject to Our Approval of Sample)、"不受约束"(Without Engagement/Obligation)。

(2) 发盘必须是向一个或一个以上特定的人发出的订约建议。

发盘是一项订约的建议,只有被指定的受盘人才有权做出接受订约的表示。因此,发盘必须指定特定的受盘人,即在发盘中要注明受盘人的名称,且发盘不得转让。如无特定受盘人名称,只能是一种发盘邀请,如出口方向国外大批客户寄发的商品目录、报价单、价目表,或在报刊上登载的广告等。因此,在实际业务中,为了防止误解,出口人在寄发商品目录和价目表时,最好注明"价格仅供参考"(The prices stated are for reference only)、"价格须经我方确认为准"(The prices shall be subject to our confirmation)、"价格不经事先通知可予变动"(The prices may be altered without prior notice)。

(3) 发盘内容必须十分明确。

发盘内容是否明确体现在所列的条件是否完整、明确而且是终局性的。完整指具备主要交易条件;明确指内容清楚、不含糊、不模棱两可;终局性指无前提或保留条件。《公约》规定,一项发盘只要列明货物的品名与品质、数量、价格三项条件,即可认为内容"十分确定",构成一项有效的发盘。其他内容如包装、交货、支付条件等,则可以在合同成立后,按双方之间已确立的习惯做法、惯例以及《公约》的有关规定解释。但是,上述"十分确定"的三个条件只是最低要求,在实际业务中,一项交易如果只按照这三个条件而不提及其他,很容易给合同的履行带来困难,容易产生纠纷。为了慎重起见,我们在对外报价时,应该将货物品名、规格、数量、价格、包装、交货期和支付方式等列明。

(4) 发盘必须送达受盘人方能生效。

发盘是一种意思表示,受盘人只有在收到发盘后才能决定是否予以接受。因此,发盘于送达受盘人时生效。例如,发盘人用信件或电报向受盘人发盘,如果该信件或电报在传递中遗失,或者受盘人在收到发盘之前,已经通过其他途径了解到对方发盘的内容,没有收到发盘就主动做出接受的表示,则该发盘和接受无效,合同不成立,而只能被看作是双方的交叉发盘(Cross Order)。

2. 发盘的有效期

凡是发盘都有有效期。发盘人对发盘有效期可以做明确规定,也可以不明确规定。明确规定有效期的发盘,从发盘送达受盘人开始生效,到规定的有效期届满为止。未明确规定的,按惯例在合理时间内有效。

在实务中,发盘有效期的具体规定方法如下:

(1) 规定最迟接受期限。

例如,"发盘限 10 日复到"(Offer subject reply here tenth)。

(2) 规定一段时间。

例如,"发盘有效期三天"(Offer valid for three days)。对于这种规定方法,存在如何计算"一段时间"的起讫时间问题。根据《公约》第 20 条的解释,发盘人在电报或信件中订立一段接受时间,从发盘人电报交发时刻或信上载明的发信日期起算,如信上未载明发信日期,则从信封上所载日期起算。发盘人以电话、电传或其他快速通信方法规定的接受期间,从发盘送达受盘人时起算。

在规定发盘有效期时,应将发盘有效期的长短和货物情况、交易的数量、市场情况、双方的距离以及通信方式等结合起来。如买卖的商品属于小商品,市场稳定且成交额不大,有效期可规定较长些,如 5~7 天;如买卖商品属于大宗商品,国际市场波动频繁,则可将有效期规定短些,如 2~3 天;如果以电报、电传等方式联系,有效期可规定短些;如果采用航空信件方式,有效期则应稍长一些,至少应包括邮程的时间。

如果发盘未规定有效期,则应理解为在合理时间内有效。但"合理时间"在国际上并无统一规定,有的国家有效期为 8 天,有的国家为 2 周。因此,为避免产生争议,我们在发盘时应规定一个适当的有效期,并明确以收到接受通知的时间为准,如"限 10 日我方复到时间有效"。

3. 发盘的撤回与撤销

发盘的撤回(Withdrawal)指在发盘生效之前,采用某种方式阻止它生效;发盘的撤销(Revocation)则指在发盘生效后,发盘人采用某种手段解除其权利的一种行为。对发盘的撤回,各国法律都认为是可以的。《公约》第 15 条第 2 款也规定,发盘是可以撤回的,只要撤回的通知在到达受盘人之前或与发盘同时到达受盘人。因为发盘的有效条件之一是发盘必须送达受盘人。发盘没有送达受盘人,发盘就没生效,对发盘人就没有约束力。

对于发盘的撤销,各国的法律规定则存在较大的差异。大陆法(Civil Law)中的德国法认为,发盘原则上对发盘人有约束力,除非他在发盘中已表明不受其约束;法国法律虽然允许发盘人在有效期内撤销其发盘,但判例表明,其须承担损害赔偿的责任;普通法(Common Law)认为在发盘被接受之前,发盘人可以随时撤销或更改发盘内容。但是,当受盘人给予了"对价"(Consideration)或者发盘人以签字蜡封的特殊形式发盘时,发盘人不可撤销此发盘。美国《统一商法典》对此原则又做了修改,承认在一定条件下(发盘是商人以书面形式发盘,有效期不超过 3 个月),无对价的发盘也不得撤销。

各国法律对于发盘在有效期内能否撤销的不同解释,极大地阻碍了国际贸易的发展。为了解决这个法律冲突,《公约》第 16 条规定:"① 在未订立合同之前,发盘可以撤销,如撤销的通知于受盘人发出接受通知之前送达受盘人。② 但在下列情况下,发盘不得撤销:第一,发盘中写明了发盘的有效期或以其他方式表明发盘是不可撤销的;第二,受盘人有理由信赖该发盘是不可撤销的,而且受盘人已本着对该发盘的信赖行事。"这也就是说,当发盘中明确规定接受的有效期限,或者虽未明确规定,但在发盘中使用"不可撤销"(Irrevocable)或"发实盘"(Firm Offer)字眼,则此发盘在合理时间内不得撤销;当受盘人从主观上相信该发盘是不可撤销的,并且在客观上采取了与交易有关的行动,如寻找客户、组织货源等,发盘人也不得撤销其发盘。

4. 发盘的终止或失效

发盘的终止或失效(Termination)是指发盘失去了法律效力,即发盘人不再受发盘的约束,受盘人也失去接受该发盘的权利。发盘失效的情形主要有以下几种:

(1) 发盘有效期满。在发盘规定的有效期内,发盘没有被接受,过了有效期,发盘就终止。对于口头发盘,受盘人在当场未予接受,离开现场,发盘即终止。

(2) 发盘被成功撤回或撤销。一项发盘,一旦被宣布撤回或撤销,如果再对该项发盘表示接受,则是无效的。

(3) 人力不可抗拒的意外事故造成发盘的失效,如政府禁令、战争或罢工等。

(4) 在发盘被接受前,发盘人死亡、失去行为能力或破产等。

(5) 发盘被受盘人拒绝或还盘。如果受盘人在表示不接受发盘后的一段时间,对拒绝反悔又表示接受,则该接受无效,因为发盘已经终止了;还盘则是对原发盘的拒绝,因而还盘后,又表示对原发盘接受也是无效的。

（三）还盘

受盘人接到发盘后,如果不同意或不完全同意发盘的内容而提出修改或添加附加条件,就是所谓的还盘(Counter-offer)。还盘就是对发盘的拒绝。一经还盘,发盘即告失效,受盘人不得在日后再要求接受原来的发盘。所以,还盘等于是受盘人以发盘人的身份向原来的发盘人做出的一项新的发盘,如果原发盘人对还盘表示接受,合同即告成立,还盘人受其还盘内容的约束;如果原发盘人对其内容不同意,也可以再进行还盘。有时,一笔交易要经过多次相互还盘才能达成交易。

还盘与询盘一样,也不是交易磋商中必不可少的步骤。有时,发盘后没有还盘,直接被受盘人表示接受。

例如:

Your cable tenth counter-offer till 26th our time USD 70.00 per dozen CIF New York.

你 10 日电收悉,还盘每打 70 美元 CIF 纽约,26 日我方时间复到有效。

Your cable tenth May shipment D/P 30 days.

你 10 日电收悉,装运期 5 月份,D/P 远期 30 天。

（四）接受

接受(Acceptance)是指受盘人收到对方的发盘或还盘后,在其有效期内,无条件同意对方提出的各项交易条件,愿意与对方达成交易,订立合同。这在法律上称为“承诺”。发盘一经受盘人接受,交易即告达成,合同即告成立,发盘就对发盘人和受盘人都构成法律约束力。在交易磋商中,表示接受时,一般用“接受”(Accept)、“同意”(Agree)、“确认”(Confirm)等。

1. 接受的构成条件

一个有效的接受,必须具备以下四个要素:

(1) 接受必须由特定的受盘人做出。

由于发盘必须向特定的人发出,所以只有受盘人做出的接受才是有效的接受,任何第三者对发盘做出的接受不具有法律效力,对原发盘人没有约束力。如果原发盘人愿意按照原定的条件与第三方进行交易,其也必须向对方表示同意才能订立合同,因为受盘人之外的第三方做出的所谓“接受”只是一个发盘,必须经原发盘人即新盘的受盘人表示同意或接受后,方能表示合同成立。

(2) 受盘人必须采用声明或行为方式表示接受。

《公约》规定,缄默或不行动本身不等于接受。也就是说,接受必须由受盘人以一定的方式表示出来。表示方式可以采用口头、书面的方式,也可以根据发盘的要求或双方当事人之间已经确立的习惯做法做出行动,如卖方用备货、买方用开立信用证的行动表示出来。

(3) 接受必须是无条件的。

如果在接受时对发盘内容附加了条件,则变成有条件的接受(Conditional Acceptance)。有条件的接受既可以是一个无效的接受(如还盘),也可以是一个有效的接受,有下列两种情况。

情况一:一方在接受另一方发盘的前提下,提出某种希望或建议。例如,要求在可能情况下提前装运,这是一种期望,不是对发盘提出的更改条件。因为这种期望无论发盘人同意与否,都不影响交易的成立。

情况二:接受通知增减或修改了某些交易条件,但这些更改不变更发盘的条件,只要发盘人没有及时表示异议,仍能构成有效的接受而成立合同。按照《公约》的规定,凡接受中载有关于价格、支付、商品的数量和品质、交货地点和时间、赔偿责任范围或解决争端等方面的更改条件均视为在实质上变更了发盘的条件,即实质性变更,为无效接受;如果在接受中仅增加重量单、装箱单、原产地证书等单据或更改某些单据的份数以及改变包装等,均属于非实质性变更,仍是一种有效的接受。

(4)接受必须在有效期内做出。

如果发盘中规定了具体的有效期限,受盘人只有在此期限内表示接受才有效。如发盘中未规定有效期,则应在合理时间内接受才有效。对于口头要约,必须立即接受才能有效。"迟到的接受"本身不具有法律效力。但在《公约》第21条规定的两种情况下,逾期接受仍可以是有效接受,其决定权在发盘人。一种情况是,"如果发盘人毫不延迟地用口头或书面形式,将表示同意的意思通知受盘人,愿意承受逾期接受的约束,合同仍可于接受通知送达发盘人时订立";另一种情况是,"如果载有逾期接受的信件或其他书面文件表明,它在传递正常的情况下是能够及时送达受盘人的,那么这项逾期接受仍具效力,合同于接受通知送达发盘人时成立,除非发盘人毫不延迟地用口头或书面形式通知受盘人,他认为发盘已经失效"。

例如:

Yours 22nd accepted.

接受你方22日电。

Yours 22nd we accept Chinese rosin WW grade iron drum 100 m/t USD 89.00 per m/t CFR Singapore August shipment irrevocable L/C at sight.

接受你方22日电,中国松香WW级铁桶装,每公吨89美元CFR新加坡,8月份装船,不可撤销即期信用证付款。

2. 逾期接受

在口头谈判或通过电话谈判,或用电传磋商交易时,由于一方做出的接受可以立即传达给对方,所以在发盘有效期内做出的接受在发盘有效期内传达给发盘人是不成问题的。但是,当采用信件或电报通知接受时,由于接受通知不能立即被送达发盘人,就产生了接受何时生效的问题。《公约》和大陆法均采用"到达生效"的原则,即接受于送达发盘人时生效;但普通法的国家采用"投递生效"的原则,它认为,接受一旦递交邮电局,就立即生效,生效时间以邮戳或电报局印章中的时间为准。因此,为了避免发生误解,我方在发盘中最好明确规定接受到达我方的具体时间。

3. 接受的撤回

接受的撤回指受盘人表示接受的通知在未生效前能否收回。《公约》和大陆法均规定,接受是可以撤回的,只要撤回通知先于接受通知或与接受通知同时到达发盘人即可。

普通法的国家认为,接受的通知一旦投递发出就立即生效,合同即告成立。撤销一项已生效的接受,无异于撤销一项已成立的合同,也就构成毁约,必须承担法律责任。

第三节　国际货物买卖合同的订立

一、国际货物买卖合同的含义

国际货物买卖合同,也称为国际货物销售合同(Contract of the International Sale of Goods)或国际贸易合同,是指营业地处于不同国家获取的当事人之间所达成的以买卖货物为目的的协议。

国际贸易合同是具有国际因素的买卖合同,《联合国国际货物销售合同公约》以当事人的营业地处于不同的国家或地区作为国际标准。《国际商事合同通则》虽然没有具体确定标准,但却对"国际"给予尽可能广义的解释,排除了根本不含有国际因素的情形。我国合同法尽管没有具体规定什么是国际贸易合同,但却规定了涉外合同的法律适用条款。

二、国际货物买卖合同的特征

国际贸易合同,与国内货物买卖合同一样,都属于商品交换的范畴,没有本质的区别。但由于国际贸易合同是在不同的国家或地区之间进行的,因而就具有与国内货物买卖合同不同的特征。

(一)合同当事人条件不同

《对外贸易法》第8条规定,只有经对外贸易经济主管部门的批准,取得对外贸易经营权的法人、其他组织或者个人,才能作为当事人与外商订立国际贸易合同。而国内货物买卖合同却没有如此严格的限制。

(二)合同的标的物范围不同

国际贸易合同的标的物必须以实物形态从一国(地区)转移到另一国(地区),是跨国界的,而不动产不具备这个条件,因此不包括在国际货物买卖的标的物之内。

(三)合同的履行情境不同

1. 更复杂

由于国际货物买卖是跨越一国国界的贸易活动,合同所涉及的交易数量和金额通常都比较大,合同的履行期限也比较长,又采用与国内买卖不同的结算方式,故相比国内货物买卖合同复杂得多。

2. 风险大

在进出口活动中,双方当事人要与运输公司、保险公司或银行发生法律关系,长距离运输会遇到各种风险,使用外汇支付货款和采用国际结算方式,可能发生外汇风险,此外,还涉及有关政府对外贸易法律和政策的改变,因此,国际贸易合同是当事人权利、义务、风险责任的综合体。

3. 环节多

国际贸易合同中买卖的货物一般很少由买卖双方直接交接,而是多由负责运输的承运人转交。而国内货物买卖合同则由双方当事人亲自交接。国际贸易合同中买卖双方多处于不同的国家和地区,了解不深,直接付款的情况少,多利用银行收款或由银行直接承担付款责任。

(四)合同的法律适用不同

国内货物买卖合同一般只适用本国法即可,而国际贸易合同从签订到履行要涉及国内法、外国法、国际法等一系列的法律规范,存在着法律适用多样性的问题。

三、国际货物买卖合同的结构与内容

(一)国际货物买卖合同的结构

国际贸易合同内容一般由 3 个部分组成,即合同的约首(首部)、正文(主体)和约尾(尾部)。

1. 约首

约首通常包括合同的名称、编号、序言,订约的日期、地点,订约当事人的名称和法定地址、电子邮箱号码、传真号码、买卖双方订立合同的意愿和执行合同的保证等。

这一部分的内容有两点必须特别注意。其一,要把订约当事人的全名称和详细地址列明。因为有些国家的法律规定这是合同正式成立的条件之一;其二,要明确订约的地点。因为在合同中如果没有对合同适用的法律做出规定,则根据某些国家的法律规定和贸易习惯的解释,可适用于合同订约地国家的法律。

2. 正文

正文是合同的主要部分,具体规定了买卖双方各自的权利和义务,所以也叫作权利义务部分。它包括合同的主要条款和一般条款,用于规定有关货物买卖的各项交易条件,如品质、质量、包装、价格、装运、支付、保险、商检、索赔、仲裁、不可抗力,等等。

3. 约尾

约尾通常包括使用的文字及其效力、合同正本份数、副本效力、买卖双方的签字等项内容。有的合同还根据需要制作了附件附在后面,作为合同不可分割的一部分。合同的约尾涉及合同的效力范围和有效条件等主要问题,所以又称为效力部分。

(二)国际货物买卖合同的内容

国际贸易合同作为各国经营进出口业务的企业开展货物交易基础性的、具有法律效应的协议,从不同层面、不同角度来对买卖双方的行为进行规范。通常来讲,一项有效的国际销售合同,必须具备 7 项基本的内容。

1. 品质条款(Quality Clause)

商品的品质是指商品的内在素质和外观形态的综合。前者包括商品的物理性能、机械性能、化学成分和生物特性等自然属性;后者包括商品的品名、等级标准、规格、商标或牌号,外形、色泽、款式、透明度等。

2. 数量条款(Quantity Clause)

数量条款的基本内容是规定交货的数量和使用的计量单位。如果是按重量计算的货物,还要规定计算重量的方法,如毛重、净重、以毛作净、公量等。计位有克、公斤、公吨;件、双、套、打;公升、加仑、夸。

3. 包装条款(Packing Clause)

包装条款主要包括商品包装的方式、材料、包装费用和运输标志等内容。运输包装上的标志,按其用途可分为运输标志(又称唛头)、指示性标志和警告性标志3种。

4. 价格条款(Price Clause)

价格条款是由单价(Unit Price)和总值(Amount)组成。其中单价包括计量单位、单位价格金额、计价货物和价格术语四项内容。例如,每公吨100美元(CIF纽约)。

5. 支付条款(Terms of Payment)

支付条款包括在合同中明确规定汇付的时间、具体的汇付方式和汇付的金额等。具体有汇付、托收、信用证支付等方式。

6. 违约条款(Breach Clause)

(1) 异议与索赔条款。

一方违约,对方有权提出索赔,这是索赔的基本前提。此外还包括索赔依据、索赔期限等。索赔依据主要规定索赔必备的证据及出证机构。若提供的证据不充足,不齐全、不清楚,或出证机构未经对方同意,均可能遭到对方拒赔。

(2) 罚金条款。

该条款主要规定当一方违约时,应向对方支付一定数额的约定罚金,以弥补对方的损失。罚金就其性质而言就是违约金。

7. 不可抗力条款(Force Majeure Clause)

这实际上是一项免责条款,是指在合同签订后,不是由于当事人的过失或疏忽而是由于发生了当事人所不能预见的、不可抗力,无法避免和无法预防的意外事故,而致使不能履行或无法如期履行合同的责任。在这种情况下,遭受意外事故的一方可以免除履行合同的责任或可以延期履行合同,另一方无权要求损害赔偿不可抗力的法律后果,主要表现在以下几个方面:解除合同、免除部分责任、延迟履行合同。

四、国际货物贸易合同的作用

(一) 作为合同成立的证据

特别是对于口头协商达成的交易,其作用更为明显,这也就是通常所说的"空口无凭、立字为据"。尽管许多合同法中并不否认口头合同的效力,但在国际贸易中一般都要签订书面合同,当双方事后发生争议提交仲裁或诉讼时,仲裁员和法官也要先确定双方是否已建立了合同关系,可见证据的重要性。

(二)作为合同履行的依据

无论是口头还是书面达成的协议,如果没有一份包括各项条款的合同,则给履行带来许多不便。所以在业务中,双方都要求将各自享受的权利和应承担的义务用文字规定下来,作为正确履行合同的依据。

(三)作为合同生效的条件

在实际业务中,合同生效以书面签订合同作为条件,这只是在特定环境下,如在磋商中,双方都同意以签订书面合同为准或者根据有关国家法律规定必须经主管部门批准的合同,这种情况下,可作为合同生效的条件。否则即是以接受生效作为合同生效的条件。

本章小结

在国际贸易洽商交易和订立合同过程中,可能出现询盘、发盘、还盘和接受各环节,其中,发盘与接受是每笔交易达成和订立合同不可缺少的基本环节与必经的法定步骤。因此,了解发盘与接受的含义及其应具备的条件、发盘与接受生效的时间、发盘效力的终止和逾期接受的处理以及发盘与接受的撤回或修改等,都有着重要的法律和实践意义。

交易双方就各项交易条件经洽商达成协议后,即可订立合同。但合同成立是有条件的。一项合同,只有符合合同成立的有效条件,才能成为有法律约束力的合同。订立合同的形式,包括书面形式、口头形式和以行为表示三种,其中采用书面形式的最多。合同的名称、内容和格式并无统一规定,究竟如何确定,取决于双方当事人的意愿。

关键词汇

询盘　邀请发盘　邀请递盘　发盘　实盘　虚盘　还盘　接受　对价　约因
发盘　撤回　发盘撤销　逾期接受　合同形式　合同内容

本章习题

一、术语翻译

1. Inquiry　2. Invitation to Offer　3. Invitation to Make an Offer
4. Invitation to Make a Bid　5. Specific Inquiry　6. Firm Offer
7. Time of Validity　8. Counter Offer　9. Acceptance　10. Contracts
11. Confirmation　12. Agreement

二、简答题

1. 何为发盘? 构成发盘应具备哪些条件?
2. 发盘能否撤回和撤销?《联合国国际货物销售合同公约》关于发盘的撤回与撤销

问题是怎样规定的？

3. 何为接受？构成接受应具备哪些条件？

4. 在接受生效时间问题上，国际上有哪些不同的规定？

5. 接受能否撤回或修改？《联合国国际货物销售合同公约》关于接受撤回与修改问题有何规定？

6. 一项有法律约束力的合同应具备哪些条件？

三、案例分析题

1. 中国某外贸公司 7 月 1 日向一美商发盘，报价某商品 500 公吨，每公吨 CIF 纽约 380 美元，即期信用证付款，7 日内复到有效。第 2 天，该美商回电："价格降至 360 美元，D/P 方式支付。"3 日，该商品国际价格大幅度上涨。4 日该美商来电称，接受中方 1 日报价，D/P 方式支付。中方未予理会。次日，中方将该产品以每公吨 CIF 纽约 410 美元的价格卖与另一美国商人。请问：中方的做法是否合理？为什么？

2. 一法国商人于 2015 年 3 月 12 日上午走访我国外贸企业洽购某商品。我方口头发盘后，对方未置可否。当日下午法商再次来访表示无条件接受我方上午的发盘，那时，我方已获知该项商品的国际市场价格有趋涨的迹象。请问：对此，你认为我方应如何处理为好？为什么？

3. 中方某出口企业对意大利某商人发盘限 10 日复到有效，9 日意商人用电报通知我方接受该发盘，由于电报局传递延误，我方于 11 日上午才收到对方的接受通知，而我方在收到接受通知前获悉市场价格已上涨。请问：对此，我方应如何处理？

第三章 商品的品质、数量和包装

学习目标

1. 了解贸易标的的品质表示方法，并制定品质条款；
2. 熟悉进出口业务中有关数量的相关规定与惯例要求；
3. 了解进出口商品的包装知识，掌握包装条款的制定。

开篇导入

我国某公司与英国某公司签订出口某农产品合同。数量为1 000长吨，单价为每长吨800英镑CIF利物浦，品质规格为：水分最高10%，杂质不超过2%，交货品质以中国商品检验局品质检验证书为最后依据。在成交前，卖方向买方寄送了样品，合同签订后，买方曾传真要求卖方保证交货品质，卖方回复称保证与寄送的样品一致。货物经中国商品检验局检验合格后装运。货物运抵目的地后，买方经检验后提出，货物品质与中国商检局出具的检验证书一致，但却远低于样品的品质，于是提出每长吨降价40英镑，共计40 000英镑。卖方以合同未规定凭样品成交为由不同意降价。买方请当地公正检验机构对该商品进行检验，出具了货物平均品质比样品低5%的检验证书。买方据此向合同规定的仲裁机构提请仲裁。

请问：仲裁机构对本案应如何仲裁？

进出口业务中，合同中货物的品质、数量、包装、价格、交货和支付条件为主要交易条件。国际贸易的买卖合同是转移标的物的所有权的合同。商品的标的物种类繁多，一项交易首先表现为交易的标的物的品名、一定的数量和质量（包括包装），在磋商交易时要先对这些条件做出明确具体的规定。

第一节 商品的品名与品质

一、商品的品名

品名涉及对商品的描述，是构成商品说明的一个重要组成部分。在签订进出口合同有关商品的品质条款时，首先要列明的是货物名称。

（一）品名

货物名称（Name of Commodity），即品名，是指能使某种货物区别于其他货物的专业称谓。进出口业务中，出口商常常在品名之后加一对应货号（Art No.），货号是商品的唯一编号，通常由供货厂商提供，出口商据以对外报价并体现在合同及商业发票等装运单证中。例如，Men's leather shoes，Art No. ML101.（男士皮鞋，货号 ML101。）

品名，包括在品质条款中，是品质条款的一部分。在合同中，列明品名实际上是对交易的标的物进行法律上的界定。所以，买卖双方商订合同时，必须首先列明品名。

（二）规定品名的注意事项

在签订买卖合同的品名条款时，应注意以下事项：

对品名的规定必须明确、具体。这关系标的物性质的界定，作为买卖双方交货的依据。

尽可能使用国际通用名称并注意选用合适的品名。如果对于品名的规定，对标的物的性质没有太大的影响，应选择和利用可以降低成本，适用较低关税的商品名称。

二、商品的品质

商品的品质关系到买卖双方的切身利益，在买卖合同中对品质的规定也是合同的要件条款，那么我们如何来界定商品的品质呢？

商品的品质指商品的内在本质和外观形态的综合。前者包括商品的物理性能、机械性能、化学成分和生物的特性与自然属性，后者包括商品的外形、色泽、透明度或款式。

货物品质优劣不仅关系到商品的使用价值和价值，还影响商品的市场价格，商品的销路，涉及有关企业的以至国家的声誉。我们的出口战略要改变过去那种低价倾销的格局，必须以质取胜，提高商品的质量，才能增强出口竞争能力，扩大销路。

小知识

（一）ISO 标准

ISO 9000 标准是国际标准化组织（International Standard Organization）在 1987 年制定的产品生产企业的质量标准。出口产品如果能得到 ISO 9000 的质量认定，就取得了进入国际市场的基本通行证。ISO 9000 系列标准的发布，使主要发达国家的质量管理和质量认证概念、原则、方法和程序统一在国际标准的基础上，它标志着质量管理和质量保证走向规范化、程序化的新高度。自发布以来已有包括我国在内的60 个国家采用为国家标准，并在国际经济技术合作中被作为相互认可的技术基础和确认质量保证能力的依据。

1993 年 6 月成立 ISO/TC 207"环境管理委员会"制定 ISO 14000 环境保护标准。目前一些发达国家以此作为一种"绿色壁垒"。如果没有取得此证，则发达国家拒绝进口,其目的是为了通过在组织内部建立和实施一个有效的环境管理体系,来规范组织的环境行为,控制和减少企业的生产经营活动对环境造成的破坏,鼓励和推动企业生产环保绿色产品,以满足社会对环境保护以及其他相关利益的需求。符合 ISO 14000 系列标准的企业称为绿色企业,其生产的产品被认可,称为环保产品。产品获得 ISO 14000 认证,就拥有了进入国际市场的绿色通行证。现欧盟对商品品质的最高要求是生态标准,如果在商品品质上打上生态标签,商品的价格要几倍于普通的商品。如纺织品,棉花的采摘必须用手工,纺纱织布整个过程不得添加化工原料,这样生产出来的纺织品才能贴上生态标签。

(二)国际认证

1. 3C 认证

CCC 认证(3C 认证)即"中国强制认证",其英文名称为"China Compulsory Certification",缩写为 CCC。CCC 认证的标志为"CCC"(见图 3-1),是国家认证认可监督管理委员会根据《强制性产品认证管理规定》(中华人民共和国国家质量监督检验检疫总局令第 5 号)制定的产品认证制度。

图 3-1 3C 认证

CCC 是中国政府按照世贸组织有关协议和国际通行规则,为保护广大消费者人身和动植物生命安全,保护环境、保护国家安全,依照法律法规实施的一种产品合格评定制度。主要特点是:国家公布统一目录,确定统一适用的国家标准、技术规则和实施程序,制定统一的标志标识,规定统一的收费标准。凡列入强制性产品认证目录内的产品,必须经国家指定的认证机构认证合格,取得相关证书并加施认证标志后,方能出厂、进口、销售和在经营服务场所使用。

CCC 认证对涉及的产品执行国家强制的安全认证。主要内容概括起来有以下几个方面:

(1)国家实施强制性产品认证制度。按照世贸有关协议和国际通行规则,国家依法对涉及人类健康安全、动植物生命安全和健康,以及环境保护和公共安全的产品实行统一的强制性产品认证制度。国家认证认可监督管理委员会统一负责国家强制性产品认证制度的管理和组织实施工作。

(2)国家强制性产品认证制度的主要特点。国家公布统一的目录,确定统一适用的国家标准、技术规则和实施程序,制定统一的标志标识,规定统一的收费标准。凡列入强制性产品认证目录内的产品,必须经国家指定的认证机构认证合格,取得相关证书并加施认证标志后,方能出厂、进口、销售和在经营服务场所使用。

(3)国家对强制性产品认证使用统一的"CCC"标志。中国强制认证标志实施以后,将逐步取代原来实行的"长城"标志和"CCIB"标志。新的强制性产品认证制度于 2002 年 5 月 1 日起实施,有关认证机构正式开始受理申请。

2. CE 标志

"CE"标志是一种安全认证标志,被视为制造商打开并进入欧洲市场的护照,如图3-2所示。CE 代表欧洲统一(CONFORMITE EUROPEENNE)。

图3-2　CE 标志

在欧盟市场"CE"标志属强制性认证标志,不论是欧盟内部企业生产的产品,还是其他国家生产的产品,要想在欧盟市场上销售流通,就必须加贴"CE"标志,以表明产品符合欧盟《技术协调与标准化新方法》指令的基本要求。这是欧盟法律对产品提出的一种强制性要求。

3. UL 标志

UL 是美国保险商试验所(Underwriter Laboratories Inc.)的简写。UL 安全试验所是美国最有权威的,也是世界上从事安全试验和鉴定的较大的民间机构。它是一个独立的、营利的、为公共安全做试验的专业机构。UL 标志(见图3-3)是美国保险人公会属下的检验机构所制定的安全认证标志。凡销往美国、加拿大的电器产品必须加贴"UL"标志。

图3-3　UL 标志

我国商检部门已与美国"UL"机构合作,由中国进出口商品检验局在国内统一办理"UL"标志检验审定工作。

三、表示品质的方法

在国际贸易中所交易的商品,种类繁多,特点各异,所以表示品质的方法也多种多样。但归纳起来,可分为凭实物表示和凭文字说明表示两大类。

(一) 凭实物表示品质

凭实物表示品质(Sale by Actual Commodity)在国际贸易实务中有以下具体做法。

1. 看货买卖

现场实际看货成交,如各种展销会以及特色农副产品、大型机器设备的交易和寄售、拍卖、展卖等贸易方式都属于看货买卖(Sale by Inspection)。一般说来,看货买卖有以下特点:

(1) 事先由买方或其代理人在卖方所在地验看货物,达成交易。

(2) 卖方即应按验看过的商品交付货物。

(3) 买方不得对品质提出异议。

(4) 多用于贸易量不大,具有独特性的商品如寄售、拍卖和展卖中,适用首饰、珠宝、字画等商品。

2. 凭样品买卖

样品是指从一批商品中抽出来的或由生产、使用部门设计、加工出来的,足以反映和代表整批商品品质的少量实物。用样品表示品质并作为交货依据的即为凭样品买卖

(Sale by Sample)。样品是作为交货品质的唯一依据。交货时大货品质是否与样品一致,关系到交货是否符合合同的规定,所以样品是一种法律依据。卖方所交货物必须与样品一致,这是卖方的一项默示的担保。合同无须明示,但是卖方必须做到。凭样品买卖有以下几种类型:

(1) 凭卖方样品买卖(Sale by Seller's Sample)。

由卖方提供的样品称为"卖方样品"(Seller's Sample),凡凭卖方样品作为交货的品质依据者,称为"凭卖方样品买卖"。

(2) 凭买方样品买卖(Sale by Buyer's Sample)。

以买方样品作为交货的品质依据的称为"凭买方样品买卖"。从卖方立场来说,为避免风险,一般不采用"凭买方样品买卖"而是尽量采用"凭卖方样品买卖"。

(3) 对等样品(Counter Sample)。

卖方根据买方提供的样品,加工自制一个类似的样品交买方确认,在买方确认后,这一样品就作为成交和交货的依据,我们称为对等样品,也叫回样或确认样(Return Sample or Confirming Sample)。对等样品实际上是把凭买方样品买卖,转化为凭卖方样品的买卖。

凭样品买卖要注意以下事项:

(1) 样品的恰当确定与表述。

样品质量与大货相比不能太高也不能太低,应该代表整批货的平均水平。否则,样品质量高于大货,今后交货、生产有困难,增加成本;太低,价格上吃亏,影响成交。并不是所有的商品都可以采用凭样品买卖。凡大货不易做到与样品完全一致时,不宜采用凭样品买卖,如大宗农副产品、工矿产品、某些工艺品等。凡能用科学的指标表示商品品质时,不宜采用凭样品买卖。在合同中应注明"品质与样品大致相同"。

(2) 样品备份——"复样"(Duplicate Sample)。

复样也称留样(Keep Sample),是指向买方送交样品时,卖方应留存的一份或数份同样的样品。寄样时要留有复样,交由独立的第三方(如公证行、商检部门)封存,以便日后备查,一旦发生纠纷,以第三方手中的样品作为法律依据。

(3) 恰当使用对等样品(Counter Sample)。

在实际业务中,如卖方认为按买方来样供货没有切实把握,卖方可以根据买方来样仿制或从现有货物中选择品质相近的样品提供给买方,这种样品称为对等样品或回样。当买方坚持用买方样品,或仅能提供买方样品,卖方可采用对等样品的方法,将凭买方样品的买卖转化为凭卖方样品的买卖,以避免风险。

(4) 明确参考样品(Reference Sample)。

国际贸易中卖方向买方提供样品仅作为谈判参考用的,称参考样品。参考样品与成交样品的性质不同,不应作为正式的检验依据。买卖双方为了发展彼此的贸易关系而采用互相寄送,仅供对方了解的商品,不作为成交或交货时的品质依据。参考样品在寄送时一定要注明"仅供参考(For Reference Only)"字样,以免与"确认样"混淆。

(二) 凭文字说明表示商品的品质

以文字说明等方式描述商品品质(Sale by Description)的具体包括以下几种。

1．凭规格买卖

商品的规格是指一些足以反映商品品质的主要指标，如化学成分、含量、纯度、长、短等。

凡买卖双方用商品的规格来确定品质的，即称为凭规格买卖（Sale by Specification）。

例如，素面缎：门幅 18 英尺，长度 120 英尺，克重 65 克每平方米，100％真丝。

2．凭等级买卖

商品的等级是指同一类商品，按其规格上的差异，分为品质优劣各不相同的若干等级。由于不同等级商品具有不同规格，品质条款列明等级的同时，应一并规定每一等级的具体规格。以等级来确定商品的品质，叫作凭等级买卖（Sale by Grade）。

例如，中国绿茶：特珍眉一级，货号 lc1001。

3．凭标准买卖

商品的标准是指将商品的规格和等级予以标准化。商品的标准有的由国家或政府主管部门规定，也有同业公会、交易所或工商组织规定。各种标准，有些有法律上的约束力。凡品质不符合标准要求的商品，不许进口或出口，比如一些国家规定必须经过法定检验的商品。但也有些标准不具有法律的约束力，仅供双方参考使用。对于某些已被国际广泛采用的标准，我们可按该标准进行交易。有些商品习惯于凭标准买卖（Sale by Standard）。

在国际市场上，买卖农副产品时采用"良好平均品质"（Fair Average Quality，FAQ）指一定时期内某地出口货物的平均品质水平，一般是指中等货而言，在我国也称"大路货"（Staple Goods）。

例如，中国桐油：良好平均品质，游离脂肪酸最高 4％。

4．凭说明书和图样买卖

凭说明书和图样买卖（Sale by Specifications and Illustrations）时，要求所交的货物必须符合说明书规定的各项指标。某些机器、电器和仪表技术产品结构复杂，通常是以说明书并附以图样照片、设计图纸、分析表及各种数据来说明其具体性能和结构特点。

5．凭商标或品牌的买卖

商标是指生产者或商家用来识别其所生产或出售的商品的标志，可由一个或几个具有特色的单词、字母、数字、图形、图片组成。

品牌是指工商企业及其制造或销售的商品名称，以便与其他企业的同类产品区别开来。

商品的品质是商标或品牌的物质基础。某些著名的商标或品牌（本身是一种品质象征）代表、象征某一商品的品质。我们以商标或品牌来表示商品的品质就称为凭商标或品牌的买卖（Sale by Brand Name or Trade Mark）。也就是说，人们在交易中只凭商标或品牌进行买卖，不需要对品质提出详细要求。

6．凭产地名称的买卖

凭产地名称的买卖（Sale by Product Origin）是指买卖双方在交易中以产地名称来表示商品的品质。某些商品由于产地的自然条件等特殊因素和产地的传统工艺，使该产品具有与众不同的特殊的品质。那么，我们在规定产品的品质时，就以商品的产地作为商品品质的表达。

例如,漳州水仙花,货号 ZZSX101;五常稻花香米,货号 WCDHX1102。

四、品质条款及其注意事项

(一)品质条款

品质条款是买卖合同的重要条款和交接货物的依据,包括品名、货号、品质的表达方法。

例如:

Men's leather shoes, art No. MLS1011, quality is to be similar to the confirmation sample submitted by the seller on 13 May 2018.

男士皮鞋,货号 MLS1011,品质与卖方 2018 年 5 月 13 日寄送的确认样相似。

(二)制定品质条款注意事项

品质条款是合同的要件条款,如果卖方违约,买方有权拒收并索赔。故在制定品质条款时需要注意以下事项。

1. 品质表达方法要合理

应根据不同产品的特点选择恰当的表达方法,可以用一种方法表示商品的品质,就不要用多种方法表示。

2. 品质规定要明确、具体

在规定品质条款时,用词须简单,具体,明确,切忌使用"大约""左右""合理误差"等含糊的字眼,避免引起纠纷。此外,要从生产实际出发,防止把品质条款订得过高或过低,给生产或交货造成困难或影响销售。

3. 可采用品质公差和规定一定的品质机动幅度

为了便于卖方履约,应给予卖方在品质上一定的宽容度。对于工业制成品,可采用品质公差(Quality Tolerance);对于农副产品,在品质条款中可规定品质机动幅度(Quality Latitude)。

品质公差是国际上公认的产品品质的允许误差。对于工业制成品,在生产制作的过程中,产生一定的误差,是不可避免的。有些误差是因为科技水平、生产水平所限,是同行业公认允许的误差。这是给卖方的交货品质的宽容度。只要在品质公差范围内,卖方的交货都是合格的,买方不得拒绝接受,也不得要求调整价格。

对大宗农副产品、矿产品等初级产品品质的规定,允许有一定差异,允许卖方所交货物的品质指标在一定幅度内有所灵活。规定品质机动幅度的方法,一是规定一定的范围,如赣南脐橙:直径 70 至 75cm;二是规定极限,如大豆水分最高 14%,油脂含量最低 48%;三是规定上下差异,如羽绒含绒量 16%上下 1%。一般说来,品质机动幅度范围内价格可以调整。体现按质议价,有些商品也可根据实际交货品质情况调整价格,规定"品质增减价条款"(Price Adjustment Clause Relating to Quality)。

? 思考题

我国某外贸公司与国外成交苹果一批,合同规定是三级品。但到准备发货时发现三级苹果库存不够,于是不足部分改用二级品交货,并在发票上加注:"二级苹果仍按三级计价。"

请问:外贸公司的做法妥当吗?

第二节　商品的数量

一、约定商品数量的意义

商品的数量(Quantity of Goods)是国际贸易货物买卖合同中的要件(Essential Terms and Conditions),卖方的交货数量必须与合同规定的相符,否则,买方有权提出索赔甚至拒收货物。

英国《1893 年货物买卖法》(1993 年修订)中规定:"卖方交货的数量如果大于合同规定的数量,买方除了可以拒收超额部分外,也可以全部拒收。"

《公约》也规定:"按约定的数量交付货物是卖方的一项基本义务。如卖方交货的数量大于约定的数量,买方可以拒收多交的部分,也可以收取多交部分中的一部分或全部,但应按合同价格付款。"

由于交易双方约定的数量是交货的依据,因此,正确掌握成交数量,订立数量条款,意义十分重大。数量条款的主要内容包括计量单位、度量衡、计算重量的方法等。如卖方交货的数量少于约定的数量,卖方应在规定的期限内补交,但即使如此,买方也要保留要求损害赔偿的权利。

二、计量方法及计量单位

不同商品特征不同,其计量方法不同,而计量单位(Measurement Units)因商品种类特性和各国度量衡的不同而多种多样。

常见的度量衡有公制(The Metric System)、英制(The British System)、美制(The U. S. System)以及建立在公制基础上的国际单位制(The International System of Units,SI 制)。

(一) 按质量计算的单位

按质量计算(To Calculate by Weight)是当今国际贸易中使用最多的一种计量方法,大部分的农副产品、五金矿产品都是按质量计量。按质量计量的常用单位有公吨(metric tons)、长吨(long tons)、短吨(short tons)、千克(kilogram)、磅(pound)、盎司(ounce)。

1公吨(公制)=1 000 千克

1长吨(英制)=1 016 千克

1短吨(美制)=907 千克

1 磅＝0.454 千克

1 盎司＝28.35 克

1 磅＝16 盎司

（二）按数量计算的单位

按数量计算(To Calculate by Number)方法主要用于工业制成品的计量。常用计量单位有件(piece)、双(pair)、套(set)、打(dozen)、卷(roll)、令(ream)、罗(gross)、袋(bag)、包(bale)。

1 罗＝12 打＝144 件

1 令＝500 张

（三）按长度计算的单位

按长度计算(To Calculate by Length)方法主要用于布匹、绳索等。常用计量单位有米(meter)、英尺(foot)、英寸(inch)、码(yard)。

1 码＝0.914 米

1 英尺＝0.305 米

1 英寸＝2.54 厘米

1 码＝3 英尺

（四）按面积计算的单位

按面积计算(To Calculate by Area)这种方法主要用于玻璃、地毯、皮革等。常用的单位有平方米(square meter)、平方英尺(square foot)、平方码(square yard)。

（五）按体积计算的单位

按体积计算(To Calculate by Volume)这种方法主要用于木材、天然气、化学气体等。常用单位有立方米(cubic meter)、立方码(cubic yard)、立方尺(cubic foot)。

1 立方米＝1.308 立方码＝35.314 7 立方英尺

（六）按容积计算的单位

按容积计算(To Calculate by Cubage)这种方法主要用于谷物、液体货物、酒类、油类等。常用单位有蒲式耳(bushel)、升(liter)、加仑(gallon)。

1 升＝0.222 英制加仑＝0.264 美制加仑

1 英制蒲式耳＝1.032 1 美制蒲式耳

1 英制蒲式耳＝8 英制加仑＝36.369 升

另外,各国还有自己习惯的计量方法,如美国的棉花每包 480 磅、埃及的棉花每包 730 磅、古巴的蔗糖每袋 133 千克、巴西的蔗糖每袋 60 千克。因为以上商品是世界上传统的国际贸易商品的集散地,在签订合同时可酌情采用。

三、计算重量的方法

计算重量(实际上是其质量)的方法(Methods of Calculating Weight)主要有毛重和净重(Gross Weight and Net Weight),此外还有公定重量(Conditioned Weight)、理论重量(Theoretical Weight)和法定重量(Legal Weight)。

(一) 按毛重计算

毛重(Gross Weight,G. W.)是指货物本身的重量加皮重(Tare)所得的重量,按毛重计算货物质量,国际贸易中称为"以毛作净"(Gross for Net)。适用于散装谷物和饲料等价值较低的货物。

(二) 按净重计算

净重(Net Weight,N. W.)是指毛重扣除皮重后的重量,按照国际惯例,如合同对重量的计算没有其他规定,则应以净重计算。计算公式如下:

$$净重＝毛重－皮重$$

而对皮重的计算则可以按实际皮重、平均皮重、习惯皮重、约定皮重等方法确定。

从毛重中减去外包装的重量为净重,再从净重中减去直接接触商品包装的重量即为"净净重"(Net Net Weight)。

(三) 按法定重量计算

法定重量是指商品重量加上直接接触商品的包装物料(如销售包装)的重量。它是海关征收从量税的依据。法定重量等于纯商品的重量加上内包装的重量。

(四) 按公定重量计算

有些商品,如棉花、羊毛、生丝等有较强的吸湿性,所含的水分受环境的影响较大,其重量也就很不稳定。为了准确计算这类商品的重量,国际上通常按公定重量(又称公重)计算,其计算方法是以商品的干净重(即烘去商品水分后的重量)加上国际公定回潮率与干净重的乘积所得出的重量。

$$公定重量＝商品净重×(1＋公定回潮率)÷(1＋实际回潮率)$$

例如,国标规定:锯齿棉标准含杂率为 2.5％;棉花公定回潮率为 8.5％。一批棉花毛重为 20 吨,包装物重量为 100 公斤,经检验,实际含杂率为 3％,实际回潮率为 10％,经计算可知其公定重量为 19.53 吨。

$$准重＝净重×(100－实际含杂率)÷(100－标准含杂率)$$
$$公定重量＝准重×(100＋棉花公定回潮率)÷(100＋棉花实际回潮率)$$

(五) 按理论重量计算

理论重量是指对某些固定规格、尺寸及重量大致相等的货物,以其单个重量乘以件数而推出的重量,这一方法常用于马口铁、钢板等的计量。

四、数量条款

(一) 数量条款示例

数量条款(Quantity Clause)包括成交商品的数量和计量单位。如果按重量计量,还包括计算重量的方法,如毛重、净重、公量等。

例如:

quantity:	3,000 cartons	6,0000 dozens	20 doz/ctn
数量:	3 000 箱	60 000 打	20 打/箱
quantity:	20,000 metric tons	5% more or less at seller's option	
数量:	20 000 公吨	卖方可溢短装 5%	

(二) 交货数量

在合同的数量条款中通常体现两个数量,一个是包装数量,另一个是计价数量。交货数量的表述有以下不同方式:

(1) 包装数量单独列出,计价数量与单价并列表述。

例如:	数量	单价	总值
	2 300 套	USD120.00/套	USD276 000.00(115 箱)

(2) 包装数量与计价数量相同。

例如:每箱装一台设备,共计 100 箱,每台 90 美元。

(3) 用个数或箱数来表示的,应将内外包装数量均订入合同。

例如:	15,000 sets	750 cartons	20 sets/carton
	15 000 套	750 箱	每箱装 20 套

(三) 数量的灵活规定

1. 溢短装条款

有些商品,如农副产品和工矿产品,由于商品本身特性或因自然条件的影响,或受包装和运输工具限制,实际交货数量往往不易符合原定的交货数量。为使卖方能够顺利地履行合同,买卖双方在规定合同数量条款的同时还规定数量机动幅度。数量机动幅度我们通常也称为溢短装条款(More or Less Clause)。它是规定交货数量的机动条款,即数量确定有困难时,可以根据合同数量酌情规定多装或少装一定比例,在此范围内交货不算违约。

例如,8,000 yards,with 5% more or less at seller's option.

8 000 码,卖方交货可增减 5%。

上例中,若溢装 5%,则为 8 400 码,就按 8 400 码计收货款;若短装 5%,则为 7 600 码,则按 7 600 码计收,买方不得提出异议。

例如,Zinc ingot:1,000 metric tons,with 5% more or less(namely,between 9,500 metric tons and 10,500 metric tons).

10 000 公吨锌锭,5％溢短装(数量可在 9 500 公吨～10 500 公吨之间)。

(1)溢短装的选择权问题:溢短装多装少装由谁来选择,按照惯例一般由卖方来决定。也可按合同的规定,根据舱容的大小由船方或负责安排运输的一方来决定。如用 FOB 术语由买方负责派船,也可在合同中规定由买方或船方来决定机动幅度的大小。

例如,买卖双方为了维护自身的利益可以在机动幅度条款中写明:"此项机动幅度条款只是为了适应船舶实际装载量的需要时,才使用。"

(2)溢装部分的作价:溢短装部分的价格既可按照合同的价格来规定,也可不按合同的价格,而根据装船时或到达时国际市场的价格另定。以免卖方利用溢短装条款在国际市场价格波动时有意多装或少装,给买方带来不利。

2. "约"数的使用

未明确数量机动幅度,但凡有"约""大约""大概"或类似的词语用于信用证金额、数量和单价时,应解释为有关金额、数量或单价不超过 10％的增减幅度。

没有"约"也未明确数量机动幅度:除非信用证规定货物的指定数量不得有增减外,在所支付款项不超过信用证金额的条件下,货物数量准许有 5％的增减幅度。根据国际商会《跟单信用证统一惯例(UCP 600)》规定,除非信用证规定货物的指定数量不得增减,在支取总额不超过信用证金额条件下,即使不准分批装运,货物数量允许有 5％的伸缩。但信用证规定数量按包装单位或个数计数时,此项伸缩则不适用。

？思考题

我国华北某贸易公司向蒙古国出口黄豆,合同规定:每袋黄豆净重 100 千克,共 1 000 袋,合计 100 公吨,但货物运抵乌兰巴托后,经蒙方海关检查,发现每袋黄豆净重 94 千克,合计 94 公吨。当时正遇市场黄豆价格下跌,进口商以交货数量与合同不符为由,提出降价 5％的要求,否则拒收。

请问:进口商的要求是否合理? 我方应采取什么补救措施?

第三节　商品的包装

包装是商品生产的继续,绝大多数商品只有进行了包装,才能进入流通领域,从而实现其使用价值与价值。在出口贸易中,包装对保护商品、美化商品、宣传商品以及对商品的贮藏、运输、销售和使用,都起着重要作用。除少数商品不需要包装而采用裸装或散装,绝大多数的商品都需要适当的包装。

从法律上来说,包装是商品说明的一部分,包装条款是商品品质条款的延续,是品质条款的组成部分,同样是买卖合同中一项要件条款。按一些国家的法律规定,如卖方所交的货物未按约定的条件包装,买方有权拒收货物。

一、包装条款示例

包装条款一般包括包装种类、包装方式、包装标志和包装费用等内容。合同中包装条款示例如下：

（1）In cartons of 10 kilos net each.

纸箱装，每箱净重 10 千克。

（2）36 pairs packed in a carton size assorted，the Inside packing box is provided by the buyer，within 20 days to reach the seller before the shipment.

每箱 36 双装，混码包装，内包装盒由买方在装运期前 20 天之内送达卖方。

（3）In cloth bales each containing 10Pcs. of 42 yds.

布包，每包 10 匹，每匹 42 码。

（4）In wooden bale 410 sheets/ream，45 ream/bale.

木夹板包装，每令 410 张，每包 45 令。

（5）36 sets packed in one export carton，each 420 cartons transported in one 20ft container.

36 套装一个出口纸箱，420 箱装一个 20 英尺货柜运送。

二、运输包装

运输包装（Transport Packaging）又称大包装或外包装（Giant Packing or Outer Packing）。它的作用主要是用于保护商品，便于运输、储存，提高物流作业效率。

（一）单件运输包装

单件运输包装的形式有箱、桶、袋、包、篓、罐、捆等，包装材质有木、纸、布、塑料、金属等。不同的材质、形式的包装有不同的功能。例如，箱（Case）装不能紧压的货物，袋（Bag）装颗粒状产品及化学原料，桶（Drum）装流体及粉、粒状货物等。

（二）集合运输包装

集合运输包装的形式有集装袋、集装包、托盘和集装箱等（见图 3-4）。

图 3-4

（三）运输标志

为了方便运输、储存、货物的交接和识别，在运输包装上可刷印三种标志：运输标志（Shipping Marks）、指示性标志（Indicative Marks）和警示性标志（Warning Marks）。

运输标志又称唛头，是书写、压印或刷制在外包装上的图形、文字和数字，其作用在于国际贸易的运输、装卸、储存、清关交接过程中便于识别。

运输标志是其中最重要的一种标志，是唯一体现在装运单据上的包装标志。而其他两种标志不需要在单据上体现。运输标志的制定，按惯例，一般在合同中规定，如合同中未做规定，一般由卖方确定。

国际标准化组织建议的标准唛头示例如下：

ABC. Co　　　　　　　收货人名称的英文缩写或简称

94LAO602　　　　　　参考号（合同号、信用证号或发票号）

NEW YORK　　　　　 目的港/地

CTN/NOS. 1—40　　　 批件号

除运输标志外，运输包装上的指示性标志是根据货物的特性，在外包装上刷制的怕热、怕湿、怕震、怕倾斜等提示性的记号，通常用图形或文字表示。标志要清晰，纸箱最好有朝上的标记，木箱则必须有开箱的标记。而警示性标志，即刷制爆炸品、易燃物品、腐蚀物品、氧化剂和放射性物质等标记。

三、销售包装

销售包装（Sales Packaging）又称内包装或小包装（Inner Packaging or Small Packaging），是指直接接触商品并随商品进入销售网点和消费者直接见面的包装。

一般说来，销售包装要求便于陈列（Easy to Display），便于识别（Easy to Identify），便于携带与使用（Easy to Carry and Use），有艺术吸引力（Artistically Attractive）。

销售包装可采用不同的包装材料和不同的造型结构与式样，这就导致了销售包装的多样性。销售包装可分为挂式包装、堆叠式包装、携带式包装、易开包装、喷雾包装、配套包装、礼品包装以及复用包装。

（一）销售包装上的标志和说明（Instructions and Signs on Sales Packaging）

销售包装的装潢画面要美观大方，富有艺术上的吸引力，并突出商品的特点，其图案和色彩要适应有关国家的民族习惯和爱好，以利扩大出口。

销售包装上应有必要的文字说明，如商标、品牌、品名、产地、数量、规格、成分、用途、和使用方法等。文字说明应同装潢画面紧密配合、互相衬托、彼此补充，以达到宣传和促销的目的，使用的文字还须简明扼要，并能让销售市场的顾客看懂，必要时也可以中外文同时并用。

标签是指附在商品或包装上用以简介生产国别、制造产商、货物名称、商品成分、品质特点、使用方法等内容的标志。在销售包装上制作标签时，应注意有关国家的管理条例规定，特别是对食品、药品、服装等商品。一些发达国家常以这些规章制度作为限制国外进口的一种手段，对此应引起足够的重视。

（二）定牌生产（Brand Designated by the Buyer）

卖方按买方要求在其出售的商品或包装上标明买方指定的商标或牌号，这种做法叫定牌生产。部分进口商及众多大超市、大百货公司和专业商店、连锁店出售的商品都要在商品或包装上标有本商店使用的商标或品牌，以扩大本店的知名度和显示该商品的身价。出口商为了利用买主的经营能力及其商业信誉和品牌声誉，提高售价和扩大销路，也愿意接受定牌生产。

在接受客户的定牌生产时，要确认买方提供的商标专利没有侵犯第三人的权利。在合同中要明确规定客户提供的品牌商标，如果和第三方发生纠纷，一切责任由提供方承担，以免生产商在不知情的情况下侵犯了第三方的权利，造成损失。

四、制定包装条款应注意的问题

不要采用笼统含糊的语言规定包装条款，比如习惯包装（Customary Packing）、适合海运包装（Seaworthy Packing）等，应根据商品的特点以及不同的运输方式，采用合适的包装。例如，针对陶瓷玻璃等商品，应采用防碰撞、防碎的包装。

包装材料要符合相关国家法律规定。法检货物包装由商检机构许可方能使用。销售包装要刷印条形码。

思考题

山东某公司出口苹果酒一批，合同上的品名为"apple wine"，为了保证与合同一致，所有单据上均采用"apple wine"书写。不料货到目的港后遭海关扣留罚款，因该批酒的内外包装上均写的是"cider"。结果外商要求我方赔偿其罚款损失。

请问：我方对此有无责任？该案对我们有何启示？

本章小结

　　商品的品质关系到买卖双方的切身利益,在买卖合同中对品质的规定也是合同的要件条款。进出口合同有关商品的品质条款包括货物名称、货号以及品质的表示方法。其中,品质的表示方法主要有凭样品及凭文字说明两大类。制定品质条款时,品质表达方法要合理,应根据不同产品的特点选择恰当的表达方法,可以用一种方法表示商品的品质,就不要用多种方法表示。品质规定要明确、具体。此外,要从生产实际出发,防止把品质条款订得过高或过低,给生产或交货造成困难或影响销售。对一些农副产品等可规定一定的品质机动幅度。

　　数量条款是合同的要件。常用的计量方法有按重量、数量、体积等,其中,重量的计算方法包括按毛重、净重、公定重量等。为便于履行交货义务,对大宗商品,可在合同中加订数量机动幅度,如溢短装条款或使用"约"字。

　　商品包装分为运输包装与销售包装。运输包装主要考虑物流作业效率以及对水平的保护,而销售包装应富有艺术上的吸引力,并突出商品的特点,其图案和色彩要适应有关国家的民族习惯和爱好,以利扩大销售。在接受客户的定牌生产时,要确认买方提供的商标专利没有侵犯第三人的权利。

关键词汇

凭样品买卖　复样　对等样品　确认样　凭规格买卖　凭商标或牌号买卖
凭说明书和图样买卖　凭产地名称买卖　品质公差　以毛作净　公定重量
溢短装条款　运输包装　销售包装　运输标志　指示性标志　混码包装
单码包装　定牌生产

本章习题

一、术语翻译

1. name of commodity　2. Sales by Sample　3. duplicate sample

4. counter sample　5. confirmation sample　6. Sale by Specification

7. Sale by Trade Mark or Brand　8. Sale by Description and Illustration

9. Quality Tolerance　10. The International System of Units　11. metric ton

12. Gross For Net　13. more or less clause　14. transport packaging

15. shipping mark　16. selling packaging　17. indicative mark　18. assorted size

19. Twenty-foot Equivalent Unit(TEU)　20. Brand Designated by the Buyer

二、简答题

1. 表示货物品质的方法有几种? 分别说明其适用情况。

2. 凭样品买卖中的"参考样""复样"与"对等样品"的含义是什么? 它们各有何作用?

3. 订立品质条款时,出口方应该注意哪些问题?

4. 什么情况下合同中应规定数量机动幅度条款? 它是如何规定的?

5. 出口货物的包装设计应当注意哪些问题?

三、案例分析题

1. 我国某外贸公司向德国出口大麻一批。合同规定水分最高为14%,杂质不得超过2%,但在成交前我外贸公司曾向买方寄过样品,合同订立后我外贸公司又电告对方成交货物与样品相似。货到德国后,买方提出货物的质量比样品低5%的检验证明,并据此要求赔偿6 000欧元的损失。请问:我外贸公司是否可以该批业务并非凭样买卖而不予理睬?

2. 我国某外贸公司向美国出口电扇10 000台,国外来证规定不允许分运。但在出口装船时始发现有480台因包装破裂而导致风罩变形,考虑到船期,临时更换已来不及。发货人员认为根据"UCP600"规定,即使不准分运,在数量上也许可有5%的伸缩。如少装480台并未超过5%,结果实装9 520台。请问:当持单到银行议付时,银行则不予以议付。请问:银行拒付合理吗?

3. 我国某外贸公司出口化工原料,共500公吨。合同规定使用麻袋装。但我方到装船发货时始发现麻袋装的货物只够450公吨,剩下的50公吨用塑料袋装。请问:我方这么做是否合适?

四、实务操作题

1. 根据下列条件填制销售确认书的品质、数量和包装条款。

品名:皮鞋

货号:JB602

交货品质与确认样品大致相同。

数量:6 000双,计500箱

纸箱包装,每箱装12双,混码包装,

尺码配比:

1	3	4	2	2
39	40	41	42	43

2. 我国某公司向德国客商 Duert Co. 出口运动鞋共计50 000双,合同号为20180801D,价格条件 CIF 汉堡。根据以上资料制作一个 ISO 推荐的标准唛头。

第四章　国际贸易术语与价格核算

学习目标

1. 了解关于贸易术语的国际贸易惯例;
2. 熟悉《2010通则》中的主要术语的含义与特征;
3. 掌握使用主要贸易术语时的注意事项,并能恰当选用贸易术语;
4. 掌握进出口货物价格构成,能够进行进出口价格核算。

开篇导入

我国某外贸公司按CIF条件向欧洲某国出口一批服装。合同规定货款采用信用证方式支付。我外贸公司向中国人民保险公司投保了一切险,在规定的期限装船完毕,并取得船公司签发的清洁提单,然后在信用证规定的期限内向中国银行议付了款项。议付后第二天,我国外贸公司接到客户来电,称装货的海轮在海上发生火灾,服装全部烧毁,要求我外贸公司向中国人民保险公司提出索赔,否则要求我公司退回全部货款。

请问:我外贸公司应该如何处理?

第一节　国际贸易术语与国际贸易惯例

一、国际贸易术语的概念及作用

在国际贸易中,买卖双方所承担的义务,会影响到商品的价格。在长期的国际贸易实践中,逐渐形成了把某些和价格密切相关的贸易条件与价格直接联系在一起,形成了若干种报价的模式。每一模式都规定了买卖双方在某些贸易条件中所承担的义务。用来说明这种义务的术语,称之为贸易术语。

国际贸易术语(Trade Terms)也称为价格术语(Price Terms),是指用短语或英文缩写来说明商品的价格构成及买卖双方在货物的交接过程中有关的风险、责任和费用划分问题的专门用语。

这一概念包含两层意思。第一层含义:贸易术语说明了商品的价格构成,卖方所报价格是否包含运费、保费、装卸费,是离岸价还是到目的港的价格。如用FOB,不包含运费、保费,称离岸价,运、保费要由买方出。CIF则相反,运费、保费都已在包含在货价中,由卖方承担。第二层含义：国际贸易术语是买卖双方在货物交接过程中，关于交货地点、风险、责任、费用如何划分的专门用语。

国际贸易术语是在长期的国际贸易实践中逐渐发展形成的，贸易术语是国际贸易中表示价格的必不可少的内容。报价中使用贸易术语，明确了双方在货物交接方面各自应承担的责任、费用和风险，说明了商品的价格构成，从而简化了交易磋商的手续，缩短了成交时间。由于规定贸易术语的国际惯例对买卖双方应该承担的义务做了完整而确切的解释，因而避免了由于对合同条款的理解不一致，在履约中可能产生的某些争议，大大简化了交易程序，提高了交易效率，降低了交易成本，有力地促进了国际贸易的发展，在国际贸易中具有重要的作用。

二、有关国际贸易术语的国际贸易惯例

国际贸易惯例（International Trade Customs）是在国际贸易的长期实践中逐步发展、形成的具有普遍意义的一些习惯做法和解释，经过有关国际组织的编纂与解释成为规则、条文，并为较多的国家或贸易团体所熟悉、承认和采用。

（一）国际贸易惯例的性质

（1）国际贸易惯例不是各国的共同立法，也不是某一国的法律，不具有法律的强制性。

（2）当买卖双方在合同中援引某项惯例时，则该惯例即具有法律效力，对双方均有约束力。

（3）合同中未引入某项惯例，惯例仍有约束力。

在执行合同中发生争议时，法院判决、仲裁机构仲裁往往以惯例作为准则进行裁决，因此这些惯例实际上有一定的影响力，特别是目前的新的趋势，某些国际公约或某些国家以立法的形式直接赋予惯例法律效力。例如，我国的法律规定：凡是中国法律没有规定的适用国际贸易惯例。《公约》规定：合同没有排除的惯例，已经知道或应当知道的惯例和经常使用反复遵守的惯例对双方当事人均有约束力。（《公约》第九条："① 双方当事人业已同意的任何惯例和他们之间确立的任何习惯做法，对双方当事人均有约束力。② 除非另有协议，双方当事人应视为已默示地同意对他们的合同或合同的订立使用双方当事人已知道或理应知道的惯例，而这种惯例，在国际贸易上，已为有关特定贸易所涉同类合同的当事人所广泛知道并为他们所经常遵守。"）

（4）如果合同的条款与惯例有冲突，将遵循合同优先惯例的原则。遵循契约至上、契约自由的原则，合同双方当事人在签订合同时也可以做出与惯例不同的规定。

因此熟悉并掌握有关的国际贸易惯例并按照惯例来进行国际贸易业务的操作，具有非常重要的意义。

（二）关于贸易术语的国际贸易惯例

1. 《1932 年华沙—牛津规则》

《1932 年华沙—牛津规则》（*Warsaw-Oxford Rules 1932*）是由国际法协会（The International Law Association）制定的，专门解释 CIF 这一贸易术语的一个国际贸易惯

例。19 世纪中叶起,CIF 贸易术语在国际贸易中得到了广泛应用,由于这一贸易术语中买卖双方各自承担的义务没有统一的规定和解释,在交易中经常发生争议和纠纷。国际法协会于 1928 年在波兰首都华沙起草并制定 CIF 统一规则。其后,于 1932 年牛津会议上,将此规则定为 21 条,更名为《1932 年华沙—牛津规则》,沿用至今。

《华沙—牛津规则》在总则中说明,这一规则并无法律约束力,仅供双方自愿使用,凡明示采用本规则的,合同当事人应按照本规则的规定办理。在买卖合同中,经双方当事人协议,可以做出与该规则不同的规定,也可以对本规则的任何一条进行变更、修改或增添。如本规则与合同发生冲突,以合同为准。但合同中没有规定的事项,应按本规则办理。

《1932 年华沙—牛津规则》的主要内容(部分)如下。

第一条 总则

本规则称为《华沙—牛津规则》,如在合同中采用本规则,就肯定说明合同当事人意欲订立一个 CIF 合同。在 CIF 合同中,本规则的任何一条都可以变更、修改或增添其他条款,但这样的变更、修改或增添必须经合同当事人明示的协议才能成立。如无上述明示的协议,则一切涉及全部或部分海上运输货物的买卖,凡明示采用《华沙—牛津规则》者,合同当事人的权利和义务均应援用本规则的规定办理。

如本规则与合同发生矛盾时,应以合同为准。凡合同没有规定的事项,应按照本规则的规定办理。

本规则所使用的"特定行业惯例",是指在特定行业中已形成的普遍通用的习惯,从而可以认为合同当事人已共知这一习惯的存在,并且在签订合同时参照了这一习惯。

第二条 关于卖方装船的责任

(Ⅰ)除依照下节和第七条第(Ⅲ)款、第(Ⅳ)款的规定外,卖方必须备妥合同规定的货物,并且依照装船港口的习惯方式,将货物装到该港口的船上。

(Ⅱ)如成交时订售的是海上路货,或按照第七条第(Ⅲ)款和第(Ⅳ)款规定的方式已经交给承运人保管,或者为履行合同起见,卖方有权按合同规格买进海上路货时,卖方只需将该货划拨到买卖合同项下。这种划拨不需在单据提交买方以前办理,提交单据即意味着该货划拨到买卖合同项下。

第五条 风险

风险应依照第二条规定从货物装到船上时起转由买方承担;如果卖方按照第七条第(Ⅲ)款、第(Ⅳ)款规定有权将货物交给承运人保管,以代替装船,则从实际交给承运人之时起,风险转由买方承担。

第九条 运费在目的地支付

货物运达最终卸货地点交给买方时,买方有责任支付可能未付承运人的任何运费。如果卖方未曾在提供的发票内将此项未付的运费作相应的扣除,买方有权从合同货款内扣去。

第十条 进口税等

货物的关税和费用开支,或者货物在运输过程中或到达目的港后所发生的费用,除这种开支应当包括在运费内的以外,卖方一概不承担责任。如果由于单据无可避免地在货物到达后才能提供,以致卖方必须支付这种关税、费用开支和/或其他不包括在运费内的任何开支,那么,卖方可以向买方索还这笔款项。

第十一条 卖方对货物状况的责任

(Ⅰ)买卖合同货物应在这样的状况下装船或交给承运人保管,即在正常的航行后并在正常的情况下运到合同规定的目的地时能保持可商销状态。由于货物固有的变质、漏泄、体积或重量的损耗(不是由于货物在装船或交付承运人保管时已有的缺陷造成的,也不是由于装船或运输发生的),不在此限。适当参照特殊行业惯例,容许通常的变质、漏泄、体积或重量的自然损耗。

(Ⅱ)如果在成交时,订售的是海上路货,或已经交给承运人保管;或者,如果卖方为履行合同起见,有权买进合同规格的海上路货,那么,可以认为买卖合同中含有这样的默示条件,即货物已经依照前款规定装船或交给承运人保管。

第十二条 卖方对保险的责任

卖方有责任承担费用向信誉良好的保险商或保险公司投保,取得海运保险单,作为有效和确实存在的保险合同的证明。此项保险单是为维护买方的利益,承保了买卖合同规定的全部运程中的货物(包括习惯上的转船)。除依照本款第二段和买卖合同的特别规定外,此项保险单,对于货物在装船或交给承运人保管时,按照特定行业惯例或在规定航线上应投保的一切风险,必须向保险单持有人提供完全和延续的合同保障。

2.《1990 年美国对外贸易定义修订本》

早在 1919 年,美国有几个商业团即共同制定了有关对外贸易定义的统一解释,供从事对外贸易的人员参考使用,后鉴于贸易做法的演变,在 1940 年第 27 届全国对外贸易会议上要求对原有定义进行修改。1941 年 7 月 30 日,美国商会,美国进口商会理事会和全国对外贸易理事会所组成的联合委员正式通过并采用了此项定义,并由全国对外贸易协会发行,此项定义定名为《1941 年美国对外贸易定义修订本》(*Revised American foreign trade definitions* 1941)。1990 年,美国商业团体又对该文本进行修订,改称《1990 年美国对外贸易定义修订本》。该定义对 EXW、FAS、FOB、CFR、CIF 和 DEQ 等 6 种贸易术语做了解释:EX(Point of Origin)产地交货,又称 EXW(Ex Works);FOB(Free On Board)在运输工具上交货;FAS(Free Along Side)在运输工具旁边交货;C&F(Cost and Freight)成本加运费;CIF(Cost,Insurance and Freight)成本加保险费、运费;EX DOCK(named port of importation)目的港码头交货。值得注意的是,该定义把 FOB 分为六种类型。其中只有第五种,即指定的装运港船上交货(FOB Vessel)才同《2010 通则》中的 FOB 的含义大体相同,而其余五种 FOB 的含义则完全不同。为了具体说明买卖双方在各种贸易术语下承担的权利和义务,在此修订本所列各种贸易术语之后,一般附有注解,这些注释实际上是贸易术语定义不可分割的组成部分。因此,为充分了解在各种贸易术语下买卖双方各自承担的权利和义务,不仅应考虑定义本身,还应明了附加的有关贸易术语的注释。

该惯例更多的是被北美及一些拉丁美洲国家的贸易商所使用。

3.《2010 年国际贸易术语解释通则》

《2010 国际贸易术语解释通则》(*International Rules for the interpretation of trade* terms 2010）简称《2010 通则》、Incoterms® 2010，*The Incoterms Rules or International Commercial Terms 2010*，是目前使用最广泛、影响最大、最重要的一个国际贸易惯例，本课程所提到的贸易术语的解释都以该通则为准。通则最早由国际商会（International Chamber of Commerce, ICC）发布于 1936 年，历经 1953、1967、1976、1980、1990 和 1999 年对该通则做了六次修订。为了适应经济全球化发展的趋势，考虑了无关税区的不断扩大，业务中电子信息使用增加，国际商会于 2007 年发起对《2000 通则》修订的动议，最终版本《2010 通则》于 2010 年 9 月正式面世，并于 2011 年 1 月 1 日起生效。

《2010 通则》改为 11 个贸易术语，即删去了《2000 通则》中 D 组的 DAF、DES、DEQ 和 DDU，新增加了 DAT 和 DAP。《2010 通则》把这 11 个贸易术语分成两组。一组是可以适用于任何运输方式或多种运输方式的术语：EXW、FCA、CPT、CIP、DAT、DAP 与 DDP。另一组为适用于海运及内河水运的术语：FAS、FOB、CFR 与 CIF。

《2010 通则》的一个很重要的特点是其中所涉及的国际贸易术语对国际和国内货物买卖合同均可适用。由于像欧盟这样的贸易同盟（Trade Blocs）的出现，使国际贸易术语必须在适用于国际贸易的同时也能适用于国内贸易。《2010 通则》中解释的 11 个贸易术语见表 4－1。

表 4－1　《2010 通则》中的 11 个贸易术语解释

贸易术语		全　　称	中译名	交货地点	风险转移	运输	保险	出口报关	进口报关	运输方式
E组	EXW	Ex Works	工厂交货	出口国工厂	出口国工厂货交买方	买方	买方	买方	买方	任何方式
F组	FCA	Free Carrier	货交承运人	出口国内地（港口）货交承运人	出口国货交承运人	买方	买方	卖方	买方	任何方式
	FAS	Free Alongside Ship	装运港船边交货	装运港船边	装运港货交船边	买方	买方	卖方	买方	海运
	FOB	Free On Board	装运港船上交货	装运港船上	以货物装上船为界	买方	买方	卖方	买方	海运
C组	CFR	Cost and Freight	成本加运费	装运港船上	以货物装上船为界	卖方	买方	卖方	买方	海运
	CIF	Cost, Insurance and Freight	成本加保险费、运费	装运港船上	以货物装上船为界	卖方	卖方	卖方	买方	海运
	CPT	Carriage Paid To	运费付至	出口国内地货交承运人	出口国货交承运人	卖方	买方	卖方	买方	任何方式
	CIP	Carriage and Insurance Paid To	运费、保险费付至	出口国货交承运人	出口国货交承运人	卖方	卖方	卖方	买方	任何方式

贸易术语		全 称	中译名	交货地点	风险转移	运输	保险	出口报关	进口报关	运输方式
D组	DAT	Delivered At Terminal	运输终端交货	指定港口或目的地运输终端	买方处置货物后	卖方	卖方	卖方	买方	任何方式
	DAP	Delivered At Place	目的地交货	指定目的地约定点	指定目的地买方处置货物后	卖方	卖方	卖方	买方	任何方式
	DDP	Delivered Duty Paid	完税后交货	进口国内地	买方在指定地点收货后	卖方	卖方	卖方	卖方	任何方式

第二节　装运港交货的三种常用贸易术语

在国际贸易中,我们使用最多的贸易术语是 FOB、CFR、CIF。这三个贸易术语是国际贸易史上渊源最久远的贸易术语。在现代的国际贸易中,这三个装运港交货的贸易术语已经升华为象征性交货的贸易术语。所谓象征性交货(Symbolic Delivery),是针对实际交货(Physical Delivery)而言。象征性交货是指卖方只要按照合同规定的时间在装运港(或其他装运地)把货物装上船(或其他运载工具)并向买方提交了合同规定的代表货物所有权凭证的有关单据,就算完成了交货义务。风险在货物装上船(或其他运载工具)时由卖方转移给买方,卖方只负责按时装运,无须负责保证到货。象征性交货的核心是单据的买卖,双方交易的是单据而不是货物,也就是说卖方只要向买方交单就是向买方交货。卖方是凭单交货,买方是凭单付款。只要卖方如期向买方提交了全套合格单据,即使货物在运输途中损坏或灭失,买方也必须履行付款义务。相反,如果卖方提交的单据不符合要求,即使货物完好无损地到达目的地,买方仍有权拒绝付款。实际交货是指卖方要在合同规定的时间和地点,将符合合同规定的货物提交给买方或其指定的人,而不能以交单代替交货。

一、FOB

FOB 是 Free On Board(Insert Named Port of Shipment)的简称,也称为"装运港船上交货"。

卖方在合同规定的装运港和期限内把合同规定的货物装到买方指定的船上,并负担货物装上船为止的一切费用和风险。到目的港的运输和投保由买方自行安排,承担运费和保费。风险划分是在货物装上船时,风险即由卖方转移至买方。

卖方装船后及时通知买方,是因为 FOB 贸易术语是由买方自己投保的,如果卖方装船后没有及时通知买方,致使买方漏保,一旦发生风险或事故,由卖方承担责任。

（一）卖方义务

（1）负责在合同规定的装运港和规定的期限内（日期内），将货物装上买方指定的船只并及时通知买方；

（2）负担货物装上船前的一切费用和风险；

（3）负责办理出口报关手续，提供出口国政府或有关方面签署的证件；

（4）负责提供有关货运单据或 EDI 电子信息（Shipping Documents or EDI Electronic Information）。

（二）买方义务

（1）负责租船或订舱，支付运费，并将船期、船名及时通知卖方。

（2）负责货物装上船后的一切费用和风险。

（3）接受卖方提供的有关货运单据，并按合同规定支付货款。

（三）注意事项

1. "船舷为界"（Cross the Rail）概念的取消

以船舷作为划分风险的界限是以前长期沿用的一种惯例，但是在实际应用中有很多缺陷，不是很确切。借鉴《1941 年美国对外贸易定义》以货物装上船作为风险划分的界限，《2010 通则》在关于 FOB 风险划分时就做了重新规定：取消了以船舷为界划分风险的概念，明确规定以货物装上船作为风险划分的界限。

2. 关于 FOB 的装船费用（Shipping Charges）

《2010 通则》解释卖方义务的第六条规定："卖方必须支付按货物装上船，或以取得已经在船上交付的货物的方式交货前的费用。"这说明在一般情况下，卖方要承担装船的费用，而不包括货物装上船后的理舱费和平舱费（Stowage Charges and Trimming Charges）。

二、CIF

CIF 是 Cost, Insurance and Freight（Insert Named port of Destination）的简称，意为成本加保费、运费（指定目的港）。

卖方负责租船订舱，并按照合同规定的装运期或期限内将合同规定的货物装上运往约定目的港的船上，办理保险手续，负责支付运费和保险费并负担货物在装运港装上船前的一切费用和风险。货物灭失或损坏的风险在货物交到船上时转移。

以 CIF 术语签订的买卖合同为装运港交货条件，属于"装运合同"。当然，CIF 是典型的象征性交货术语。过去有人把 CIF 称为"到岸价"是不正确的。因为 CIF 贸易术语和 FOB 贸易术语一样，卖方的交货地点是在出口国装运港，并不是在目的港交货。

（一）卖方义务

（1）负责租船订舱，签订从指定装运港承运货物的合同。在合同规定的时间和港口，将合同要求的货物装上船并支付至目的港的运费。

（2）负担货物装上船前的一切费用和风险。

（3）按照买卖合同的规定，负责办理运输保险，支付保费。

（4）负责办理出口清关手续。

（5）负责提供有关货运单据或 EDI 电子信息。

（二）买方义务

（1）负担货物装上船后的一切费用和风险。

（2）接受卖方提供的有关单据，受领货物，并按合同规定支付货款。

（3）办理在目的港收货物进口清关手续。自负风险和费用，取得进口许可证或其他官方证件及所需报关手续。

（三）事项

1. 保险险别问题

按《2010 通则》的解释，卖方还要为买方在运输途中货物的灭失或损坏风险办理保险。买方应注意到，在 CIF 下卖方仅需投保最低险别。如买方需要更多保险保护的话，则需与卖方达成明确协议，或者自行做出额外的保险安排。如买方有要求，由买方付费，可加保较高险别。《1941 年美国对外贸易定义修订本》的解释，对于保险险别双方共同明确是投保水渍险或平安险。《1932 年华沙—牛津规则》规定卖方"应按照特定行业惯例或在规定航线上应投保的一切风险，办理投保手续"。

2. 关于卖方租船订舱问题

按照《2010 通则》的规定，卖方只负担将货物按惯常路线用通常类型可供装载该合同货物的海上航行船只即可。至于船龄、船型、船公司，买方无权指定。对买方关于船龄、船型、船级的特别要求，卖方有权拒绝。

【例 4-1】我国某进出口公司以 CIF London 向英国某客商出口圣诞礼品，由于圣诞礼品的季节性较强，买卖双方在合同中规定：买方须于 9 月底将信用证开抵卖方，卖方保证不迟于 12 月 5 日将货物运抵伦敦，否则，买方有权撤销合同。如卖方已结汇，卖方须将货款退还买方。请问：该合同是否还属于 CIF 合同？为什么？

【分析】本案中的合同性质已不属于 CIF 合同。因为：

（1）CIF 合同是"装运合同"，即按此类销售合同成交时，卖方必须在合同规定的装运期内在装运港将货物交至运往指定目的港的船上，即完成了交货义务，对货物运输途中发生灭失或损坏的风险以及货物交运后发生的事件所产后的费用，卖方概不承担责任。而本案的合同条款规定："……卖方保证不得迟于 12 月 5 日将货物运抵伦敦，否则，买方有权撤销合同……"该条款意指卖方必须在 12 月 5 日将货物实际运抵伦敦，其已改变了"装运合同"的性质。

（2）CIF 术语是典型的象征性交货，在象征性交货的情况下，卖方凭单交货，买方凭单付款，而本案合同条款规定："……如卖方已结汇，卖方须将货款退还买方。"该条款已改变了"象征性交货"下卖方凭单交货的特点。因而，本案的合同性质已不属于 CIF 合同。

三、CFR

CFR 是 Cost and Freight(Insert Named Port of Destination)的简称,中文意思是成本加运费,指在装运港船上交货,卖方需支付将货物运至指定目的地港所需的费用。但货物的风险是在装运港船上交货时转移。

在《2010 通则》中,明确规定 CFR 术语只能适用于海运和内河航运。

按国际商会对 CFR 的解释,买卖双方各自承担的基本义务,概括起来,可做如下划分。

(一)卖方义务

(1) 自负风险和费用,取得出口许可证或其他官方批准的证件,在需要办理海关手续时,办理货物出口所需的一切海关手续。

(2) 签订从指定装运港承运货物运往指定目的港的运输合同;在买卖合同规定的时间和港口,将货物装上船并支付至目的港的运费;装船后及时通知买方。

(3) 承担货物在装运港装上船为止的一切风险。

(4) 向买方提供通常的运输单据,如买卖双方约定采用电子信息,则所有单据均可被同等效力的电子数据交换(EDI)信息所代替。

(二)买方义务

(1) 自负风险和费用,取得进口许可证或其他官方批准的证件,在需要办理海关手续时,办理货物进口以及必要时经由另一国过境的一切海关手续,并支付有关费用及过境费。

(2) 承担货物在装运港装上船以后的一切风险。

(3) 接受卖方提供的有关单据,受领货物,并按合同规定支付货款。

(4) 支付除通常运费以外的有关货物在运输途中所产生的各项费用以及包括驳运费和码头费在内的卸货费。

(三)注意事项

1. 卖方应及时发出装船通知

按 CFR 条件成交时,由卖方安排运输,由买方办理货运保险。如卖方不及时发出装船通知,则买方就无法及时办理货运保险,甚至有可能出现漏保货运险的情况。因此,卖方装船后务必及时向买方发出装船通知,否则,卖方应承担货物在运输途中的风险和损失。

2. 卸货费负担应明确

卸货费究竟由何方负担,买卖双方应在合同中订明。为了明确责任,可在 CFR 术语后加列表明卸货费由谁负担的具体条件。

(1) CFR Liner Terms(CFR 班轮条件)。

这是指卸货费按班轮办法处理,即卖方负责卸货,买方不负担卸货费。

(2) CFR Landed(CFR 卸到岸上)。

这是指由卖方负担卸货费,其中包括驳运费在内。

(3) CFR EX Tackle(CFR 吊钩下交货)。

这是指卖方负责将货物从船舱吊起卸到船舶吊钩所及之处(码头上或驳船上)的费用。在船舶不能靠岸的情况下,租用驳船的费用和货物从驳船卸到岸上的费用,概由买方负担。

(4) CFR Ex Ship's Hold(CFR 舱底交货)。

这是指货物运到目的港后,由买方自行启舱,并负担货物从舱底卸到码头的费用。

CFR 术语的附加条件,只是为了明确卸货费由何方负担,其交货地点和风险划分的界线,并无任何改变。《2010 年通则》对术语后加列的附加条件没有提供解释,应由买卖双方通过合同条款加以规定。

FOB、CFR、CIF 这三个贸易术语有着它们共同的特点,可以从以下六个方面来看:

第一,这三个贸易术语都是适用于港到港的海洋运输。

第二,卖方的交货地点都是在出口国的装运港船上。

第三,风险的划分都是在出口国装运港以货物装上船为界。

第四,都是象征性交货的贸易术语,也就是说是以单据的买卖为核心,以交单代替交货。

第五,都是属于装运港交货条件的术语,也就是说卖方只要在装运港把货物装上船就完成了交货义务,风险就转移给了买方。

第六,以这三个贸易术语签订的买卖合同都是属于装运合同,也就是卖方只管按时装运,不管何时到达。

第三节　向承运人交货的三种贸易术语

向承运人交货的贸易术语是 FCA、CPT、CIP。这三个贸易术语都是在出口国货交承运人时使用,在性质上有以下共同点:

第一,这三个贸易术语都是适合于包括海洋运输在内的任何一种运输方式。

第二,这三个贸易术语卖方交货都是在出口国装运地货交承运人。

第三,这三个贸易术语风险划分都是以出口国装运地货交承运人。

第四,这三个贸易术语都是出口国装运地交货条件。

第五,以这三个贸易术语签订的买卖合同都是装运合同。

这三个贸易术语与 FOB、CFR、CIF 都属于装运合同,在性质上是相近的,但适用的运输方式上有所不同,FCA、CPT、CIP 适用于包括海洋运输在内的任何一种运输方式。此外,这三个贸易术语与 FOB、CFR、CIF 的交货地点与风险转移点也不同。

一、FCA

(一) FCA 的概念

FCA, Free Carrier(Insert Named Place),意为货交承运人(指定地点),买方要自费订立从指定地点启运的运输合同,并及时通知卖方。卖方在规定的时间、地点把货物交给买方指定的承运人,并办理出口手续后就完成了交货。

出口国交货地点,为什么不是 Port 而是 Place 呢? FCA 贸易术语不限于码头、船上交货,可以在出口国任何地点交货。可见该术语适用于包括海洋运输在内的各种运输方式。

FCA 合同的交货地点为出口国内地或港口货交承运人。其风险转移则是货交承运人时由卖方转移至买方。

此外,要注意的是货交承运人所指的是在出口国的货交承运人,而非在进口国。承运人可以是实际履行运输义务承运人也可以是运输代理人。

(二) FCA 与 FOB 异同点

1. 相同点

(1) 这两个贸易术语都是由买方负责运输。买方负责保险。在价格构成上都不包含运费和保费。

(2) 这两个贸易术语都属于出口国装运港(地)交货条件。

(3) 以这两个贸易术语签订的买卖合同,都是装运合同。

2. 不同点

(1) 适用的运输方式不同。FOB:只适用于港到港的海洋运输;FCA:适用包括海洋运输方式在内的一切运输方式。

(2) 交货地点不同。FOB:装运港船上;FCA:出口国装运地货交承运人。

(3) 风险划分的地点不同。FOB:装运港以装上船为界;FCA:出口国装运地货交承运人。

【例 4-2】北京市某外贸公司与法国某公司商定出口一批电子设备,在商谈好价格(100 USD PER UNIT FCA BEIJING)后,法国进口商提出把价格改为用(100 USD PER UNIT FOB TIANJING)。请问:我国出口商如何处理?

【分析】① 用 FCA 北京,卖方在北京货交承运人,卖方的交货义务就算完成,风险也就转移给了买方。如果采用 FOB 天津,而卖方还要多承担北京到天津的运输和风险。② FCA 北京,卖方货交承运人后,即可取得单据,交单议付。而 FOB 天津,卖方要到天津装船后才能取得单据议付货款。可见,买方提出该用 FOB 天津,实际上增加了卖方的风险、费用及收汇时间。我方应从业务实际出发,考虑长期合作,或接受进口商的改变,或适当提高报价(若进口商坚持使用 FOB 天津)。

二、CPT

(一) CPT 的概念

CPT:Carriage Paid To(Insert Named Place of Destination),中译名为运费付至(指定目的地)。

卖方要自负费用订立货物运往目的地指定地点的运输契约,并负责按合同规定的时间将货物交给承运人(在多式联运的情况下,交给第一承运人)处置之下,即完成交货。交货后及时通知买方。

在货交承运人处置后风险转移至买方。交货地点可以是出口国的内陆、港口、车站等。这些与 FCA 相同。

可见,采用 CPT 术语,卖方要负责安排将货物运到目的地,但卖方交货的地点及风险转移还是在出口国货交承运人。

(二) 使用 CPT 应注意的问题

1. 风险划分的界限

按照 CPT 贸易术语,卖方要负责从装运地到指定目的地的运输,并承担运费,但是卖方承担的风险仍然是在出口国货交承运人为限。按照《2010 年通则》的解释,货物自交货地点至目的地的运输途中的风险由买方承担,而不是卖方,卖方只承担货物交给承运人控制之前的风险。在多式联运的情况下,卖方承担的风险自货物交给第一承运人控制时即转给买方。

2. 责任和费用划分的问题

按照 CPT 贸易术语,卖方要承担费用,负责安排到目的地的运输费用。卖方将货物交给承运人之后,应向买方发出货已交付的通知,以便买方投保,并且在目的地受领货物。如果双方未能确定目的地买方受领货物的具体地点,卖方可以在目的地选择最适合其要求的地点。

(三) CPT and CFR 异同点

1. 相同点

(1) 这两个贸易术语都是由卖方负责安排到目的地的运输,承担运费;由买方自己投保,承担保费。

(2) 这两个贸易术语都是装运港(地)交货条件。

(3) 以这两个贸易术语签订的买卖合同都是装运合同。

2. 不同点

(1) CFR 适用于港到港的海洋运输,CPT 适用于任何一种运输方式,包括海运。

(2) 交货地点不同。CFR:卖方在出口国装运港船上交货;CPT:在出口国货交承运人。

(3) 风险划分不同。CFR:风险在出口国装运港货物装上船后转移至买方;CPT:风险在出口国货交承运人转移至买方。

三、CIP

(一) CIP 的概念

CIP:Carriage Insurance Paid to(Insert Named Place of Destination),其中译名为运费、保险费付至(指定目的地),CIP 后要加注进口国目的地的名称。

卖方要负责订立运输契约并支付将货物运达指定目的地的运费。还要办理货运保险、支付保险费。卖方在合同规定的装运期内将货物交给承运人,在第一承运人的处置之下即完成交货义务。交货后及时通知买方,风险于交货时转移给买方。

（二）CIP 与 CIF 的异同点

1. 相同点

（1）二者的价格构成中都包含了通常的运费和保费，卖方都要安排到目的港（地）运输，负责投保，支付有关运费和保费。

（2）二者交货地点都是出口国装运港或装运地，也可称为装运港或装运地交货条件。

（3）以二者术语签订的买卖合同均为装运合同。

2. 不同点

（1）CIF 为典型的象征性交货。

（2）适应运输方式不同。CIF 专门适应海洋运输；CIP 适用于国际多式联运，包括各种运输。

（3）CIF 为装运港交货条件，交货地点为出口国装运港船上；CIP 为出口国装运地（包括装运港）货交承运人。

（4）风险划分不同。CIF 以装运港货物装上船为界；CIP 出口国货交承运人。

（5）二者的保险不一样。CIF 单纯为海洋运输保险；CIP 可能牵涉到陆运或航空险，如果用海洋运输还包括海运险。

通过比较，我们可以发现装运港船上交货与适用于任何运输方式的两组术语之间的对照关系如图 4-1 所示。

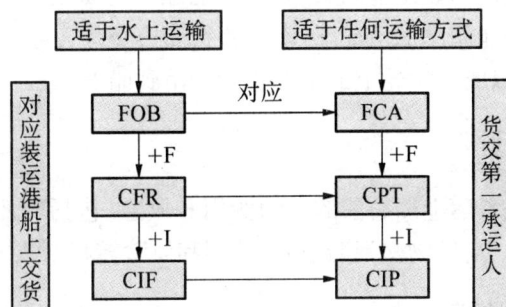

图 4-1 常用贸易术语关系图

第四节 出口国交货的其他术语

一、EXW

（一）EXW 的概念

EXW：EX Works（Insert Named Place），中译名为工厂交货（指定地点），EXW 后加注指定地点。《2010 通则》规定："卖方在其所在地或其他指定的地点（如工场、工厂或仓库等)将货物交给买方处置时即完成交货,卖方不办理出口清关手续,亦不将货物装上任何前来接收货物的运输工具"。

需要注意的是:买方应承担自卖方的所在地将货物运至预期目的地的全部费用和风险。因此,工厂交货是卖方承担责任、费用和风险最小的一种贸易术语。

(二)使用 EXW 应注意的问题

EXW 本属按国内贸易的办法进行交货,但也可用于国际贸易。其适用于任何一种运输方式,其中包括多式联运。

EXW 术语中由买方办理出口结关手续,而非由卖方承担,所以买方就有可能承担货物被禁止出口的风险。因此,在成交之前,买方必须了解出口国的当局是否外国机构在该国办理出口结关手续,以免蒙受不必要的损失。如果买方不能直接或间接地办理货物出口手续,就不应使用这一术语,而应选用 FCA。

二、FAS

(一)FAS 的概念

FAS:Free Alongside Ship (Insert Named Place of Shipment),中译名为装运港船边交货(指定装运港),FAS 后加注指定装运港。

卖方将货物运到指定的装运港码头船边,即船舶吊钩所及之处,以履行其交货义务。在港口吃水浅而船舶不能靠岸的情况下,卖方履行船边交货义务,就得用驳船将货物改运到货轮吊钩所及之处,以便用货轮上的吊钩将货物吊到船上。

(二)风险与费用划分

卖方负责货物运至装运港船边前的一切费用和风险(包括轮船费用和改运过程中发生的货物风险和损失)。当货物交到船边后,费用和风险转移给买方。

(三)FAS 与 FOB 的异同点

1.相同点
(1)二者都适用于港到港的海洋运输。
(2)二者都是由买方安排运输、投保,承担运费和保费。
2.不同点
(1)FOB 中卖方交货的地点是在装运港的船上,而 FAS 是在装运港船边。
(2)FOB 的风险划分是在装运港以货物装上船为界,而 FAS 的风险划分是在装运港的船边。
(3)FOB 中由卖方承担装船费用,而 FAS 中卖方不承担装船费用。

此外,要特别注意《2010 通则》与美国对外贸易定义对 FAS 的解释是不同的。首先,二者名称不同。美定义的 FAS 中为 Free Along Side,而《2010 通则》中的 FAS 为 Free Alongside Ship。其次,二者内容不同。美国对外贸易定义中的 FAS 可在任何运输工具旁进行交货,而不一定在港口船边交货。实际上,《2010 通则》中的 FAS 与美国对外贸易定义的 FAS＋Vessel 具有相同的内涵。

第五节　目的地交货的贸易术语

目的地交货的术语,即 D 组贸易术语,共三个,分别是 DAT、DAP、DDP。目的地交货三个贸易术语的共同点是,都在进口国目的地交货,卖方要把货物运到进口国实际交到买方手上。相对于象征性交货,这三个贸易术语都是实际交货的贸易术语。这三个贸易术语风险划分的地点都是在进口国货物处于买方处置之下时转移。以这三个贸易术语签订的买卖合同都是到达合同。显然,这三个贸易术语中的运输和保险都由卖方来负责,在价格构成中都包含了运费和保费。

一、DAT

(一) DAT 的概念

DAT：Delivered at Terminal (Insert Named Terminal at Port or Place of Destination),其中译名为运输终端交货(指定港口或目的地的运输终端)。该术语适用于任何运输方式,也可用于多种运输方式。

"运输终端交货"是指当卖方在指定港口或目的地的指定运输终端将货物从抵达的载货运输工具上卸下,交给买方处置时,即为交货。"运输终端"意味着任何地点,而不论该地点是否有遮盖,如码头、仓库、集装箱堆积场或公路、铁路、空运货站。卖方承担将货物送至指定港口或目的地运输终端并将其卸下期间的一切费用与风险。

由于卖方承担在特定地点交货前的风险,特别建议双方尽可能确切地约定运输终端,或如果可能的话,在约定港口或目的地的运输终端内的特定点。建议卖方取得的运输合同应能与所做选择吻合。

(二) 买卖双方的义务

1. 卖方义务

(1) 卖方必须提供符合买卖合同约定的货物和商业发票,以及合同可能要求的其他与合同相符的证据,亦可以是同等作用的电子记录或程序。卖方必须自负风险和费用,取得所需的进出口许可和其他官方授权,办理货物出口和交货前从他国过境运输和进口所需的一切海关手续。

(2) 卖方必须自付费用签订运输合同,将货物运至约定港口或目的地的指定运输终端。如未约定特定的运输终端或不能由实务确定,卖方则可选择最适合其目的在约定港口或目的地的运输终端。卖方对买方无订立保险合同的义务。但应买方要求并由其承担风险和费用(如有的话),卖方必须向买方提供取得保险所需的信息。

(3) 卖方必须在约定日期或期限内,在买方指定的港口或目的地运输终端将已从抵达的运输工具上卸下的货物交给买方处置的方式交货。卖方承担完成交货前货物灭失或损坏的一切风险。卖方必须支付因运输发生的费用,以及交货前与货物相关的一切费用,但自交货日起应由买方支付的费用除外;货物出口所需海关手续费用,出口应缴纳的一切关税、税款和其他费用,以及货物从他国过境运输的费用亦由卖方支付。

(4) 卖方必须向买方发出所需通知,以便买方采取收取货物通常所需要的措施。卖方必须自付费用,向买方提供凭证,以确保买方能够收取货物。卖方必须支付为了进行交货所需要进行的查对费用,如查对质量、丈量、过磅、点数的费用,以及出口国有关机构强制进行的装运前检验所发生的费用。除非买方在特定贸易中,某类货物的销售通常不需包装,卖方必须自付费用包装货物。除非买方在签订合同前已通知卖方特殊包装要求,卖方可以适合该货物运输的方式对货物进行包装。包装应做适当标记。卖方,应买方要求并由其承担风险和费用,必须及时向买方提供或协助其取得相关货物进口和/或将货物运输到最终目的地所需要的任何单证和信息,包括安全相关信息。卖方必须偿付买方提供或协助取得单证和信息时所发生的所有花销和费用。

2. **买方义务**

(1) 买方必须按照买卖合同约定支付价款,同时可以是同等作用的电子记录或程序。买方必须自负风险和费用,取得所有进出许可或其他官方授权,办理货物进口的一切海关手续。

(2) 买方对卖方无订立运输合同的义务。但应卖方要求,买方必须向卖方提供取得保险所需信息。

(3) 买方承担卖方交货时起货物灭失或损坏的一切风险。如买方未能办好进口手续,由此造成的货物灭失或损坏的一切风险由买方承担。如买方未能在有权决定在约定期间内的具体时间和/或指定运输终端内收取货物的点时向卖方发出通知则买方承担货物灭失或损坏的一切风险。

(4) 买方必须支付完成交货之时起与货物相关的一切费用。如因买方未能办好进口报关或进口许可或未及时向卖方发出通知,由此导致卖方发生的额外费用,由买方支付。买方必须支付办理进口海关手续的费用以及进口需缴纳的所有关税、税款和其他费用。

(5) 通知卖方。当有权决定在约定期间内的具体时间和/或指定运输终端内的收取货物的点时,买方必须向卖方发出通知。

(6) 协助提供信息及相关费用。买方应卖方要求由其承担风险和费用,买方必须及时向卖方提供或协助其取得货物运输和出口及从他国过境运输所需要的任何单证和信息,包括安全相关信息。

此外,如果双方希望由卖方承担将货物由运输终端运输和搬运至另一地点的风险和费用,则应当使用目的地交货术语中的 DAP 或 DDP 术语。

适用时,DAT 要求卖方办理出口清关手续。但卖方无义务办理进口清关、支付任何进口税或办理任何进口海关手续。

注意,以 DAT 术语签订的合同,其性质为到达合同,需实际交货。

二、DAP

(一) DAP 的概念

DAP：Delivered at Place (Insert Named Place of Destination)，其中译名为目的地交货(插入指定目的地)。该术语可适用于任何运输方式，也可适用于多种运输方式。

"目的地交货"是指当卖方在指定目的地将还在运抵运输工具上可供卸载的货物交由买方处置时，即为交货。卖方承担将货物运送到指定地点的一切风险。

由于卖方承担在特定地点交货前的风险，特别建议双方尽可能清楚地订明指定的目的地内的交货点。建议卖方订立的运输合同应能与所做选择吻合。如果卖方按照运输合同在目的地发生了卸货费用，除非双方另有约定，卖方无权向买方要求偿付。

如适用时，DAP 要求卖方办理出口清关手续。但是卖方无义务办理进口清关、支付任何进口税或办理任何进口海关手续。如果双方希望卖方办理进口清关、支付所有进口关税，并办理所有进口海关手续，则应当使用 DDP 术语。

(二) 买卖双方的义务

1. 卖方义务

(1) 卖方必须提供符合买卖合同约定的货物和商业发票，以及合同可能要求的其他与合同相符的证据，亦可以是同等作用的电子记录或程序。

(2) 卖方必须自负风险和费用，取得所需的出口许可和其他官方授权，办理货物出口和交换前从他国过境运输所需的一切海关手续。卖方，应买方要求并由其承担风险和费用，必须及时向买方提供或协助其取得相关货物进口和/或将货物运输到最终目的地所需要的任何单证和信息，包括安全相关信息。

(3) 卖方必须自付费用签订运输合同，将货物运至约定港口或目的地的指定运输终端，如未约定特定的运输终端或不能由实务确定，卖方则可选择最适合其目的在约定港口或目的地的运输终端。

(4) 卖方对买方无订立保险合同的义务。但应买方要求并由其承担风险和费用(如有的话)，卖方必须向买方提供后者取得保险所需的信息。

(5) 卖方必须在约定日期或期限内，将货物放在已抵达的运输工具上，准备好在指定的目的地(如有的话)的约定点卸载，听由买方处置。卖方承担完成交货前货物灭失或损坏的一切风险。

(6) 卖方必须支付因运输发生的费用，以及交货前与货物相关的一切费用，但自交货日起应由买方支付的费用除外；运输合同中规定的应由卖方支付的在目的地卸货的任何费用及交货前发生的货物出口所需海关手续费用，出口应缴纳的一切关税、税款和其他费用，以及货物从他国过境运输的费用亦由卖方支付。卖方必须支付为了进行交货所需要进行的查对费用，如查对质量、丈量、过磅、点数的费用，以及出口国有关机构强制进行的装运前检验所发生的费用。除非买方在特定贸易中，某类货物的销售通常不需包装，卖方必须自付费用包装货物。除非买方在签订合同前已通知卖方特殊包装要求，卖方可以适合该货物运输的方式对货物进行包装。包装应做适当标记。

2. 买方义务

（1）买方必须按照买卖合同约定支付价款，同时可以是同等作用的电子记录或程序。当货物按照约定交付时，买方必须收取货物。

（2）买方必须自负风险和费用，取得所有进出许可或其他官方授权，办理货物进口的一切海关手续。

（3）买方承担卖方交货时起货物灭失或损坏的一切风险。如买方未能办好进口手续，由此造成的货物灭失或损坏的一切风险由买方承担。如买方未能在有权决定在约定期间内的具体时间和/或指定运输终端内收取货物的点时向卖方发出通知则买方承担货物灭失或损坏的一切风险。

（4）买方必须支付在指定目的地从到达的运输工具上卸货必须收取货物的一切费用，但运输合同规定该费用由卖方承担者除外。因买方未能办好进口报关或进口许可或未及时向卖方发出通知，由此导致卖方发生的额外费用，由买方支付。买方必须支付办理进口海关手续的费用，进口需缴纳的所有关税、税款和其他费用，以及货物装运前的检验费用。

（5）通知卖方。当有权决定在约定期间内的具体时间和/或指定目的地内的收取货物的点时，买方必须向卖方发出通知。

三、DDP

（一）DDP 的概念

DDP，Delivered Duty Paid (Insert Named Place of Destination)，中译名为完税后交货（插入指定目的地）。"完税后交货"是指当卖方在指定目的地将仍处于抵达的运输工具上，但已完成进口清关，且可供卸载的货物交由买方处置时，即为交货。卖方承担将货物运至目的地的一切风险和费用，并且有义务完成货物出口和进口清关，支付所有出口和进口的关税和办理所有海关手续。DDP 术语代表卖方的最大责任。该术语可适用于任何运输方式，也可适用于多种运输方式。

由于卖方承担在特定地点交货前的风险和费用，特别建议双方尽可能清楚地订明在指定目的地内的交货点。建议卖方订立的运输合同应能与所做选择确切吻合。如果按照运输合同卖方在目的地发生了卸货费用，除非双方另有约定，卖方无权向买方索要。

如卖方不能直接或间接地完成出口清关，则特别建议双方不使用 DDP。如双方希望买方承担所有进口清关的风险和费用，则应使用 DAP 术语。除非买卖合同中另行明确规定，任何增值税或其他应付的进口税款由卖方承担。

（二）双方义务

1. 卖方义务

（1）卖方必须提供符合买卖合同约定的货物和商业发票，以及合同可能要求的其他与合同相符的证据，亦可以是同等作用的电子记录或程序。

（2）卖方必须自负风险和费用，取得所需的出口许可和其他官方授权，办理货物出口和交换前从他国过境运输所需的一切海关手续。

（3）卖方必须自付费用签订运输合同，将货物运至指定目的地或指定目的地内的约定地点（如有约定）。如未约定特定的支付点或该交付点不能由实务确定，卖方则可在指定目的地内选择最适合其目的地的交货点。卖方必须在约定日期或期限内，在指定的目的地或目的地约定地点（如有的话）将可供卸载的货物交由买方处置完成交货。卖方承担完成交货前货物灭失或损坏的一切风险。

（4）运输合同中规定的应由卖方支付的在目的地卸货的任何费用及交货前发生的货物出口所需海关手续费用，出口应缴纳的一切关税、税款和其他费用，以及货物从他国过境运输的费用亦由卖方支付。

（5）卖方必须支付为了进行交货所需要进行的查对费用。如查对质量、丈量、过磅、点数的费用，以及出口国有关机构强制进行的装运前检验所发生的费用。除非买方在特定贸易中，某类货物的销售通常不需包装，卖方必须自付费用包装货物。除非买方在签订合同前已通知卖方特殊包装要求，卖方可以适合该货物运输的方式对货物进行包装。包装应做适当标记。

2．买方义务

（1）应卖方要求并由其承担风险和费用，买方必须协助卖方取得货物进口所需的任何进口许可或其他官方授权。

（2）当货物按照约定交付时，买方必须收取货物（Taking Delivery）。买方必须接受卖方提供的交货凭证（Delivery Document），买方必须按照买卖合同约定支付价款。

（3）买方承担自卖方交货时起货物灭失或损坏的一切风险。如买方未能办好进口手续，由此造成的货物灭失或损坏的一切风险由买方承担。如买方未能在有权决定在约定期间内的具体时间和/或指定运输终端内收取货物的点时向卖方发出通知，则买方承担货物灭失或损坏的一切风险。

（4）买方必须支付按约定完成交货时起与货物相关的一切费用。在指定目的地从到达的运输工具上卸货必须收取货物的一切费用，但运输合同规定该费用由卖方承担者除外。因买方未能办好进口报关或进口许可或未及时向卖方发出通知，由此导致卖方发生的额外费用。

（5）买方应卖方要求由其承担风险和费用，买方必须及时向卖方提供或协助其取得货物运输和出口及从他国过境运输所需要的任何单证和信息，包括安全相关信息。

第六节　国际贸易价格条款及价格核算

掌握了贸易术语的内涵，我们就能够选用适合的贸易术语表述价格条款的内容，精于进出口价格核算，支持价格的磋商和价格条款的确定。

一、国际贸易合同的价格条款

价格条款是买卖合同的重要条款,包括货物的单价(Unit Price)和总值(Total Amount)。货物的单价包括贸易术语、计价货币、单价金额、计量单位四项内容。

(一)价格条款示例

(1) HKD 5.00 per dozen net CIF Hong Kong.

CIF 香港净价每打 5 港元。

(2) USD 21 per set FOB Shanghai including your commission 5% on FOB basis.

FOB 上海计佣基数 FOB 含你方 5%佣金每套 21 美元。

(3) USD 2,130.00/mt FOB Dalian including 5% commission. The commission shall be payable only after seller has received the full amount of all payment due to seller.

FOB 大连含 5%佣金每公吨 2 130 美元。佣金以收付全部货款为条件。

(二)计价货币

在前面几节,我们对贸易术语做了介绍,下面介绍计价货币。计价货币是指用来计算价格的货币。可以使用进出口所在国货币,也可以使用第三国货币,一般说来,出口商争取使用硬币,进口商争取使用软币。被迫使用对己不利货币时,可订立保值条款。常用计价货币见表 4-2。

表 4-2 常见计价货币

货币名称	货币符号	缩写/代码
英镑	£	GBP
美元	US $	USD
港元	HK $	HKD
瑞士法郎	SF	CHF
加拿大元	CA $	CAD
新加坡元	SG $	SGD
日元	JPY	JPY
欧元	€	EUR
人民币	¥	RMB

(三)总值

合同是指合同单价与计价数量的乘积,即一笔交易的总金额。合同总值通常与商业发票金额一致,但是如果合同规定可以分批装运,则发票金额就只是合同总值的一部分。在商定合同时,要特别注意对于新客户,要把握金额限度。使用信用证方式收款,出货总值不得超过信用证总值。

二、国际贸易价格构成

国际贸易合同单价金额的构成包括成本、费用及预期利润等。

（一）核算成本

在进货成本中一般都含有13％增值税（自2018年5月1日起，国务院将制造业等行业增值税税率从17％降至16％，2019年4月1日起制造业等行业增值税税率进一步从16％降至13％），即工厂开具发票的金额。对外贸业务人员来说，主要是将进货成本转换成实际成本，即将含税进货成本中的增值税按照出口退税比率予以扣除得出，在实际成本基础上计算出口报价。国内采购价格均为含税价，但如果用于出口，则已经征收的税就应当按照规定部分或全部地返还给出口商。扣除退税后的成本才是真正的出口成本。每种商品的退税率是不同的，具体可以登录国家税务总局或中国政府网站查询。

具体核算公式见表4-3。

表4-3　成本核算公式表

成本核算公式	退税金额＝进货成本÷（1＋增值税率）×出口退税率 　　　　＝货价（不含税）×出口退税率
	实际成本＝进货成本×（1＋增值税率－出口退税率）÷（1＋增值税率） 　　　　＝进货成本－退税金额
	进货成本＝实际成本×（1＋增值税率）÷（1＋增值税率－出口退税率）
	增值税额＝货价（不含税）×增值税率
	货价（不含税）＝进货成本（含税）÷（1＋增值税率）

业务中，出口商有时先支付工厂货价款，税款待退税后另行支付。

（二）核算费用

费用核算有两种方法：一是费用相加法，即将各种可能发生的费用一一相加；二是以进货成本为基数计算的一个定额率，通常在3％～10％左右，可根据企业经营状况及销售意图具体确定。

（1）国内费用。通常包括包装费、商检费、仓储费、报关费、国内运输费、认证费、港区港杂费、捐税、国内银行利息及费用、业务费用等。

（2）国外银行费用。主要包括来证要求受益人支付的改证费用或不符点费用。

（3）海运费。出口货物运输一般采用海运方式，且多使用班轮运输。等级运价表中的班轮运费等级共有20个，最高级别20级，最低1级。班轮运输中根据货物是否装入集装箱，分为件杂货和集装箱货两种。具体核算方法与公式见表4-4。

表 4-4 海运费核算方法与公式

海运费核算方法与公式	(一) 件杂货
	件杂货运费＝基本运费＋附加费 运费计费标准：按重量、体积、价格、件数等计收
	例如，按体积计收—M—105 美元/立方米 按重量计收—W— 58 美元/吨 按重量或体积计收—W/M—85 美元/运费吨(F/T)(二者择较高者)
	采用体积还是重量计收，可以根据积载因数来定。积载因数是每吨货物正常堆装时所占的容积，单位为立方米/吨(英制为立方英尺/吨)。它是确定货物是轻货还是重货的标准。 轻货按体积计收，重货按重量计收运费 <div align="center">积载因数＝体积÷重量</div>结果大于 1 为轻货；小于 1 为重货。在两者之间，船公司选取较大数者收取运费
	总运费＝(基本费率＋附加运费)×货运量 总运费＝基本运费×单件包装尺寸(体积)×总件数 总运费＝基本运费×单件包装毛重(重量)×总件数
	附加运费表示方法： (1) 按每吨或每立方米收取附加费。 (2) 按照基本运费的一定比率收取附加费
	(二) 集装箱货
	20 英尺货柜内径体积：238 cm×235 cm×590 cm 重量至少 17.5 吨，最多 20 吨；体积至少 25 立方米，最多 31 立方米 40 英尺货柜内径体积：238 cm×235 cm×1 203 cm 重量至少 24.5 吨，最多 30 吨；体积至少 55 立方米，最多 67 立方米 40 英尺高柜内径体积：269 cm×234 cm×1 206 cm，68~72 立方米
	整箱货运费＝包箱费率＋附加费 拼箱货运费＝基本运费＋附加费 集装箱包箱费率有三种方式： (1) FCS 包箱费率(Freight for Class)，按等级制定的包箱费率。 (2) FAK 包箱费率(Freight for All Kinds)，对每一集装箱统一收取的费率。 (3) FCB 包箱费率(Freight for Class & Basis)，既按等级，又按计算标准制定的费率。同一级费率因计算标准不同，费率也不同。如 8~10 级，CY/CY 交接方式，20 英尺集装箱货如按重量计是 1 500 美元，如按尺码计则为 1 450 美元

(4) 保险费。业务中通常以发票金额的 110% 作为保险金额投保，保险加成率一般是 10%。计算保险费的依据是保险费率，由于货物、目的地、运输工具及险别的不同，其费率也不一样。公式：

保险费＝保险金额×保险费率

其中，　　　　　　　　保险金额＝CIF(或 CIP)价×(1＋投保加成率)

(5) 佣金。佣金(Commission)是买方或卖方付给中间商代买代卖的酬金。佣金可以是暗佣，也可以是明佣，通常在 2%~5% 之间。计佣基础通常是出口报价。佣金在货款收回后汇给中间商，但也可以在发票中直接扣除。具体核算公式如下：

$$佣金＝含佣价×佣金率$$
$$净价＝含佣价×(1－佣金率)$$
$$含佣价＝净价÷(1－佣金率)$$

此外，折扣(Discount)是出口商给予进口商价格上的减让。折扣的计算如下：

$$折扣金额＝原价×折扣率$$
$$实际售价＝原价×(1－折扣率)$$

（三）预期利润

预期利润(Expected Profit)是出口商的收入，是经营好坏的主要指标。利润是考查出口商经营状况好坏的重要指标。预期利润可以用具体数额表示，也可以用一个百分率来表示。采用利润率核算时，应确定利润的计算基数，它可以是出口成本也可以是销售价格。

（四）核算注意事项

（1）注意汇总。不同币别表示的金额，先折成同一币别后再一同相加；单位金额和总金额应区分开，禁止一同相加；计算出来的各项数据，逐项相加，防止遗漏。

（2）注意各种比率的计算基数。例如，银行费用、远期收款利息、佣金、保险费一般以出口报价为基数计收。按照报价的一定比率计收的要一次求出，否则容易低估报价。垫款利息、费用定额一般以进货成本为基数计收。

（3）注意计量单位和集装箱内装箱数的准确。这一点直接影响运价的高低和国内费用的多寡。

（4）确定报价核算方法。报价核算分为总价核算和单价核算两种，前者把总数量乘以单价得出，比较精确，但要折成单价后才能报价；后者将所有计算数额均变为单位数据，直接求出报价，计算时需保留多位小数（最好4位），以保证报价准确。

（5）采用逆算法验算。报价产生后，用报价减去费用和利润等于成本的方法来核算报价的准确性。

（五）目标市场价格测算

国际间商品流通环节多、渠道长，出口国的最初价格与进口国的最终价格之间的差额比较大，这主要受运费、关税、分销渠道、中间人的活动范围和外汇变动的影响，最终价格的高低制约着产品的销路，作为出口商应当了解和掌握这一信息，以便更好地对外作价。

一般来说，最终价格构成如下：

出厂价格＋运费、保险费＋CIF 价格＋CIF 的 20％关税＋进口商成本＋进口商的销售利润(25％)＋批发商成本＋批发商利润(33％)＋零售商成本＋零售商利润(50％)＝最终价格

这里的关税、利润率只是一个大致的估算比率，要根据各国情况及商人的身份来具体确定。

三、出口价格核算

（一）出口价格核算示例

下面，以具体的贸易业务为例，介绍出口价格核算。

宁波大红鹰贸易公司 2018 年 1 月收到爱尔兰公司求购 11 520 双牛粒面革腰高 6 英寸军靴（一个 40 英尺集装箱）的询盘，经了解：军靴的出厂价每双 180 元（含增值税 17%），进货总价 2 073 600 元；包装费每双 5 元，国内运杂费 15 000 元，出口商检报关费 640 元，港区港杂费 1 050 元，其他各种费用共计 1 850 元，宁波到都柏林的海运费是 3 500 美元/40 英尺。

大红鹰贸易公司向银行贷款 2 个月利率为 6%，银行手续费率为 0.25%（按成交价计），出口退税率为 15%，按发票金额的 110% 投保，保险费率为 0.85%，并在价格中包括 3% 佣金。大红鹰贸易公司的利润率按 10% 计算，人民币与美元汇率为 6.33∶1。

试报每双军靴的 FOB、CFR、CIF 美元价格。

价格核算过程如下：

（1）成本核算。

每双鞋实际成本＝含税出厂价－含税出厂价÷（1＋增值税率）×退税率

实际成本＝180－180÷（1＋17%）×15%＝156.92（元/双）

（2）费用核算。

出口运费＝3 500÷11 520×6.33＝1.92（元/双）

利息支出＝含税出厂价×贷款利率÷12×贷款月份

$\qquad$＝2 073 600×6%÷12×2÷11 520＝1.80（元/双）

国内费用＝包装费＋（运杂费＋商检报关费＋港区港杂费＋其他费用）＋利息

$\qquad$＝[5×11 520＋（15 000＋640＋1 050＋1 850）＋1.80×11 520]÷11 520

$\qquad$＝8.41（元/双）

银行手续费＝报价×0.25%

进口商佣金＝报价×3%

出口保险费＝报价×110%×0.85%

（3）预期利润。

预期利润＝报价×10%

（4）出口价格核算。

① FOBC3%＝实际成本＋国内费用＋客户佣金＋银行手续费＋预期利润

$\qquad$＝156.92＋8.41＋FOBC3%价×3%＋FOBC3%价×0.25%＋

$\qquad$FOBC3%报价×10%

计算得出 FOBC3%＝190.58（元/双）

折合成美元 FOBC3%＝190.58÷6.33＝30.11（美元/双）

对外报价为：USD 30.11 Per Pair FOBC3% Ningbo.（宁波港船上交货，每双 30.11 美元

包含 3％佣金。）

 ② CFRC3％＝实际成本＋国内费用＋海运费＋客户佣金＋银行手续费＋预期利润

$$＝156.92＋8.41＋1.92＋CFRC3％报价×3％＋CFRC3％报价×$$

$$0.25％＋CFRC3％报价×10％$$

计算得出 CFRC3％＝192.80（元/双）

折合成美元 CFRC3％＝192.80÷6.33＝30.46（美元/双）

对外报价为：USD 30.11 Per Pair CFRC3％ Dublin.（成本加运费付至都柏林，每双 30.46 美元包含 3％佣金。）

 ③ CIFC3％＝实际成本＋国内费用＋海运费＋出口保险费＋客户佣金＋银行手续费＋预期利润

$$＝156.92＋8.41＋1.92＋CIFC3％报价×3％＋CIFC3％报价×$$

$$0.25％＋CIFC3％报价×110％×0.85％＋CIFC3％报价×10％$$

计算得出 CIFC3％＝194.89（元/双）

折合成美元 CIFC3％＝194.89÷6.33＝30.79（美元/双）

对外报价为：USD 30.11 Per Pair CIFC3％ Dublin.（成本，保费加运费付至都柏林，每双 30.79 美元包含 3％佣金。）

（二）不同出口报价之间的换算

业务实践中，经常出现这样的情形，对客户报了一个价格，后客户又要求改报其他术语的价格。这种情况下，我们可以运用不同术语价格之间的关系比较快地计算出新的报价。下面给出常用的 FOB、CFR 与 CIF 之间的价格换算关系。

（1）FOB 价换算成其他价格。

$$CFR 价＝FOB＋运费$$

$$CIF 价＝FOB＋运费÷（1－投保加成×保险费率）$$

CFR 价换算成其他价格。

$$FOB 价＝CFR 价－运费$$

$$CIF 价＝CFR 价÷（1－投保加成×保险费率）$$

CIF 价换算成其他价格。

$$FOB 价＝CIF 价×（1－投保加成×保险费率）－运费$$

$$CFR 价＝CIF 价×（1－投保加成×保险费率）$$

四、进口价格核算

（一）进口商品价格的构成

进口成本是指买方进货花费的成本。由进口完税价和进口税费构成。

进口成本＝进口完税价格＋各项税费

$$＝完税价格＋关税＋增值税＋口岸费用＋银行费用＋其他费用$$

进口完税价格是指为缴纳进口关税而由海关审定的价格。以外币计价的,按照外汇牌价的中间价折成人民币计征关税;金额计算到元,元以下四舍五入。

完税价格一般按照 CIF 价格或类似货物成交价的到岸价计算,如采用 FOB 和 CFR 价格术语成交的,必须换算为 CIF 价再计算。其换算公式如下:

$$完税价格＝(FOB＋国外运费)÷(1－保险费率)$$

$$完税价格＝CFR÷(1－保险费率)$$

进口税费(以 FOB 为例),包含 10 项费用,具体如下:

(1) 运费。国外装运港(地)到我国目的港(地)。

(2) 保险费。装运港到目的港。

进口多使用预约保险合同(Open Cover),使用特约费率规定的平均费率计算,保险金额按进口货物的 CIF 货值计算,不另加减。

保险金额计算公式如下:

CFR 价进口:保险金额＝CFR 价÷(1－平均保险费率)

FOB 价进口:保险金额＝[FOB 价×(1＋平均保险费率)]÷(1－平均保险费率)

CIF 价进口:保险金额＝CIF 价

(3) 目的港(地)口岸费用。包括卸货费、驳船费、码头建设费、码头仓租费等。

(4) 进口海关税费。主要是进口关税、增值税、消费税以及海关监管手续费等,我国进口按从价税法征税。

$$进口关税＝完税价格×进口关税税率(从价税制)$$

$$增值税＝(进口完税价＋关税)×增值税率$$

$$消费税＝[(进口完税价＋关税)÷1－消费税率]×消费税率$$

监管手续费是对减、免、保税货物提供服务征收的手续费。到岸价的 0.1%～0.3% 之间。

(5) 银行费用。包括开证费、修改费、远期开证利息、贴现利息、借款利息、结汇手续费等。

(6) 进口货物检验费和其他公证费。

(7) 报关提货费。

(8) 国内运输费及仓租费。

(9) 进口代理费,国外中间商的佣金。

(10) 其他费用。

进口成交价是指买方为进口货物向卖方实付、应付的,包括直接支付和间接支付的价款,它在正式签约前是一种估价。

国内销售拟卖价(含税)是指买方进口货物后再转卖给其他用户的价格。一般由进口成本和销售环节费用及利润构成。

(二)进口价格的核算示例

为了更好地理解进口核算,我们借助一个进出口业务中进口方价格核算过程进行示例。2017 年 10 月,进口商意大利 ITA 公司拟与安徽轻工国际贸易公司商谈进口一批餐具,餐具的生产企业为星火陶瓷厂(本示例根据张晓明、刘文广主编的《进出口业务实训教程》中的材料改编)。

星火陶瓷厂按照客户需求情况,提供的供货资料见表 4-5。

表 4-5　供货资料表

1. 品名:24 头餐具 货号:JTCJ48 包装:2 套/纸箱(五层瓦楞纸版) 规格:55 厘米×30 厘米×38 厘米=0.062 7 立方米 每箱毛/净重:26 千克/22 千克 出厂价(不含税):528 元/套	2. 品名:条纹碗 货号:JMWB028 包装:36 只/纸箱 规格:50 厘米×48 厘米×32 厘米=0.076 8 立方米 每箱毛/净重:28 千克/24 千克 出厂价(不含税):12 元/只
增值税率:17%;出口退税率:5%;生产周期:月产 2 000 套,10 000 只;交货期:收到订单后 3 个月工厂交货;支付方式和交货地点:生产前预付 70%～80%,交货后 10 日内支付余款	

1. **出口方核算成本、费用和利润**

出口方安徽轻工国际贸易公司根据意大利客户要求结合工厂提供的信息,做单价成本核算。

(1) 核算成本。

① 24 头餐具(JTCJ24)的实际成本。

增值税额＝出厂价×增值税率

　　　　　＝528×17%

　　　　　＝89.76(元/套)

出口商的进货成本＝出厂价＋增值税额

　　　　　　　　＝528＋89.76

　　　　　　　　＝617.76(元/套)

退税金额＝出厂价×退税率

　　　　　＝528×5%

　　　　　＝26.4(元/套)

实际成本＝进货成本－退税金额

　　　　　＝617.76－26.4

　　　　　＝591.36(元/套)

② 条纹碗(JMWB028)的实际成本。

增值税额＝出厂价×增值税率

　　　　　＝12×17%

　　　　　＝2.04(元/只)

出口商的进货成本＝出厂价＋增值税额

    ＝12＋2.04

    ＝14.04(元/只)

退税金额＝出厂价×退税率

   ＝12×5％

   ＝0.6(元/只)

实际成本＝进货成本－退税金额

   ＝14.04－0.6

   ＝13.44(元/只)

(2) 核算费用。

确定报价基数,同时还要计算货物的计费标准,即确定按照重量还是按照体积计收。

① 根据客户要求,核算 24 头餐具一个 20 英尺货柜整箱可装数量。

20 英尺货柜最少可装 25 立方米,故

整箱可装数量＝货柜体积÷包装箱体积

    ＝25 立方米÷0.062 7 立方米

    ＝398.72≈400(箱)

最少可装数量＝400×2＝800(套)

根据积载系数确定轻重货物:

积载系数＝体积÷重量＝0.062 7÷0.026＝2.41

积载系数大于 1 的属于轻货,故按体积计算运费。

② 根据客户要求,核算条纹碗一个 20 英尺货柜整箱可装数量。

积载系数＝0.076 8÷0.028＝2.74,同理,积载系数大于 1,

整箱可装数量＝货柜体积÷包装箱体积

    ＝25 立方米÷0.076 8 立方米

    ＝325.52≈326(箱)

最少可装数量＝326×36＝11 736(套)

(3) 核算国内费用。

根据货物特点及所订数量,结合具体情况,初步估算费用开支(费用相加法)见表 4－6。

表 4－6　24 头餐具和木纹碗国内费用一览表

24 头餐具	条纹碗
包装费:6 元/套×800＝4 800 元	包装费:1 元/只×11 736 只＝11 736 元
运杂费:3 000 元	运杂费:3 200 元
出口手续费:800 元	出口手续费:800 元
银行利息费用 6 301.15 元(3 个月)(年率 5.1％)	银行利息费用 2 100.86 元(3 个月)(年率 5.1％)
业务费用 3 000 元	业务费用 2 600 元
合计 17 901.15 元	合计 20 436.86 元

（4）核算海运费。

意大利属于地中海航线，在图4-2中可以看到热那亚的具体位置。

图4-2　地中海航线诸港图

根据客户询价，从表4-7查出24头餐具和条纹碗的运费费率，再计算运费。

表4-7　地中海航线集装箱费率

USD

基本港：Marseille（马赛）、Barcelona（巴塞罗那）、Genova（热那亚）、Alexandria（亚历山大）、Athens（雅典）、Venice（威尼斯）			
等级	LCL（W/M）	FCL（20'/40'）	
		上海	其他港口
1～7	109.00		2 900/4 700
8～13	111.00		3 052/4 895
14～20	125.00		2 300/5 047
1～20（FAK）		2 800/4 300	
冷冻货			4 908/8 280
一般化工品	108.00	2 900/4 500	3 052/4 896
危险品			3 600/5 940
下列港口加收集装箱支线附加费：大连、新港、青岛 USD 70/20'　USD 120/40'　USD 9.00/FT（LCL）			

陶瓷餐具为8级运费，查：24头餐具（整箱）从大连运往热那亚港一个20英尺货柜包箱费率为3 052美元，支线附加费70美元。合计3 122美元/20'，每套餐具运费：3 122÷800＝3.902 5（美元）；每套条纹碗运费：3 122÷11 736＝0.266（美元）。

（5）核算保险费。

根据表4-8查出24头餐具和条纹碗的保险费率，进而计算保险费。

表 4-8 出口货运保险普通货物费率表（海运） %

洲别	国家和地区	险别		
		平安险 FPA	水渍险 WA	一切险 AR
亚洲	中国香港、中国澳门、中国台湾、日本、韩国、朝鲜	0.06	0.08	0.10
	新加坡、韩国、泰国、斯里兰卡	0.06	0.09	0.10
	阿联酋、沙特、巴林、卡塔尔、科威特、土耳其、以色列、伊朗、约旦、阿曼	0.08	0.10	0.12
	蒙古、菲律宾、越南、柬埔寨、老挝、马尔代夫、文莱、缅甸	0.08	0.10	0.13
	印度、巴基斯坦、印度尼西亚、黎巴嫩、叙利亚、塞浦路斯	0.08	0.10	0.12
	塔吉克、乌兹别克、吉尔吉斯、土库曼斯坦、哈萨克、格鲁吉亚、阿塞拜疆	0.10	0.12	0.15
	尼泊尔、孟加拉国、锡金、不丹	0.13	0.18	0.2
	阿富汗、伊拉克、巴勒斯坦	0.45	0.70	1.00
欧洲	希腊、阿尔巴尼亚、南斯拉夫、马其顿、捷克、保加利亚、波兰、罗马尼亚、匈牙利、斯洛文尼亚、克罗地亚、波黑、爱沙尼亚、立陶宛、摩尔多瓦	0.08	0.10	0.12
	俄罗斯、白俄罗斯、乌克兰	0.08	0.10	0.12
	其他国家或地区	0.08	0.10	0.12
北美洲	美国、加拿大	0.06	0.08	0.10
	墨西哥	0.08	0.10	0.12
	其他国家或地区	0.08	0.10	0.12
南美洲	巴西、阿根廷、智利	0.8	0.10	0.12
	其他国家或地区	0.1	0.12	0.15
大洋洲	澳大利亚、新西兰	0.08	0.10	0.12
	其他国家或地区	0.10	0.12	0.15
非洲	南非、摩洛哥、埃及、喀麦隆、利比亚、突尼斯、科特迪瓦	0.08	0.10	0.12
	埃塞俄比亚、安哥拉、阿尔及利亚、加纳、纳米比亚、坦桑尼亚、赞比亚、贝宁、刚果、佛得角、莫桑比克	0.10	0.12	0.15
	加那利群岛、毛里塔尼亚、冈比亚、塞内加尔、尼日利亚、利比里亚、几内亚、乌干达、布隆迪、卢旺达、苏丹、索马里、塞拉利昂、毛里求斯、多哥	0.12	0.15	0.20
	其他国家或地区	0.15	0.2	0.5

注：① 战争险费率：0.3%；

② 所有进出口货物均按本费率表计算保险费，列明货物费率表中的货物，承保一切险时须加上列明货物费率计算保险费。有特殊规定的按特殊规定计收。

转引自：《进出口业务实训教程》，张晓明，刘文广主编，高等教育出版社，2011。

查:大连—热那亚,一切险费率为 0.12%,战争险费率为 0.3%,共计:0.42%。

保险费=报价×(1+保险加成率)×保险费率

　　　=报价×(1+10%)×0.42%

(6) 核算利润。

根据客户经销情况,安徽轻工国际贸易公司业务经理决定利润按照报价的 10%核算。设报价为 X,则利润=10%X。

(7) 综合计算出口报价。

安徽轻工国际贸易公司业务经理整理 24 头餐具和条纹碗成本费用利润预算表,然后具体计算价格,见表 4 - 9。

表 4 - 9　24 头餐具和条纹碗预算表

24 头餐具:800 套	条纹碗:11 736 只
实际成本:591.36 元	实际成本:13.44 元
国内费用:17 901.15÷800=22.376 5(元)	国内费用=20 437.92÷11 736=1.741 5(元)
海运费:3 122 美元 按照当时牌价 1 美元=6.828 8(元) 折成人民币:3122×6.8288=21 319.513 6(元) 21 319.513 6÷800=26.649 4(元)	海运费:3 122 美元 按照当时牌价 1 美元=6.828 8 元 折成人民币:3 122×6.828 8=21 319.513 6(元) 21 319.513 6÷11 736=1.816 6(元)
保险费:报价×(1+10%)×0.42%	
利润:报价×10%	

CIF 报价运算:

① 24 头餐具。

CIF 报价=实际成本+国内费用+运费+保险费+利润

　　　　=591.36+22.3764+26.6494+报价×[(1+10%)×0.42%]+报价×10%

　　　　=640.385 8+报价×[(1+10%)×0.42%+10%]

CIF 报价=640.385 8÷(1-110%×0.42%-10%)

　　　　=640.385 8÷0.895 4

　　　　=715.195 2(元/套)

折成美元:715.195 2÷6.828 8=104.73(美元/套)

对外可报:每套 105 美元

② 条纹碗。

CIF 报价=实际成本+国内费用+运费+保险费+利润

　　　　=13.44+1.741 4+1.816 6+报价×[(1+10%)×0.42%]+报价×10%

　　　　=16.998+报价×(1-10%×0.42%-10%)

CIF 报价=16.998÷(1-110%×0.42%-10%)

　　　　=16.998÷0.895 4

　　　　=18.983 7(元/只)

折成美元:18.983 7÷6.828 8＝2.779 9(美元/只)

对外可报:每只 2.78 美元。

2. 进口商核算进口价格

收到出口方报价后,为了适应意大利国内销价,准确估算进口成本,进口商意大利 ITA 公司业务经理先后向海关、商检、码头、货运、银行等部门了解,取得如表 4－10 所示资料。

表 4－10　意大利进口税费情况表

卸货驳船费:190 欧元
码头建设费:180 欧元
查柜停车费:240 欧元
码头仓租费:240 欧元
报检公证费:150 欧元
报关提货费:160 欧元
货运代理费:170 欧元
意大利国内运输费及仓租费:300 欧元
进口费用合计:190＋180＋240＋240＋150＋160＋170＋300＝1 630(欧元)
增值税率:17%
进口关税率:7%
汇率:1 欧元＝1.2174 美元,即 1 美元＝0.821 4(欧元)
银行费用:成交价的 0.125% 24 头餐具:105×0.821 4×0.125%×800＝86.247(欧元) 条纹碗:2.78×0.821 4×0.125%×11 736＝33.498 8(欧元)
贷款利息:成交价的 7.4%(2 个月) 24 头餐具:105×0.821 4×7.4%÷12×2×800＝850.970 4(欧元) 条纹碗:2.78×0.821 4×7.4%÷12×2×11 736＝330.521 8(欧元)
预期利润:到岸价的 20% 24 头餐具:105×0.821 4×20%×800＝13 799.52(欧元) 条纹碗:2.78×0.821 4×20%×11 736＝5 359.812 4(欧元)

核算如下:

(1) 24 头餐具:按照卖方 USD 105/set CIF Genova 的报价计算。

完税价格＝CIF 价×外汇牌价＝105×0.821 4＝86.247≈86(欧元/套)

关税＝完税价格×进口关税率＝86×7%＝6.02(欧元/套)

增值税＝(完税价格＋关税)×增值税率＝(86＋6.02)×17%

　　　　＝15.643 4(欧元/套)(此为进项税额,海关代征,销售时可以抵扣)

银行费用＝86.247÷800＝0.107 8(欧元/套)

贷款利息＝850.970 4÷800＝1.063 7(欧元/套)

进口税费及利息＝6.02＋15.643 4＋0.107 8＋1.063 7＝22.834 9(欧元/套)

进口成本＝进口完税价格＋进口税费及利息＝86＋22.834 9＝108.834 9(欧元/套)

预期利润＝到岸价×20%＝86.247×20%＝17.249 4(欧元/套)

进口国内销售价格(含税)＝进口成本＋利润＝108.834 9＋17.249 4

$\qquad$＝126.084 3(欧元/套)

(2) 条纹碗:按照卖方 USD2.78/piece CIF Genova 的报价计算。

完税价格＝CIF 价×外汇牌价＝2.78×0.821 4＝2.283 5≈2(欧元/只)

关税＝完税价格×进口关税率＝2×7%＝0.14(欧元/只)

增值税＝(完税价格＋关税)×增值税率＝(2＋0.14)×17%＝0.363 8(欧元/只)(此为进项税额,海关代征,销售时可以抵扣)

银行费用＝33.498 8÷11 736＝0.002 9(欧元/只)

贷款利息＝330.521 8÷11 736＝0.028 2(欧元/只)

进口税费及利息＝0.14＋0.363 8＋0.002 9＋0.028 2＝0.534 9(欧元/只)

进口成本＝进口完税价格＋进口税费及利息＝2＋0.534 9＝2.534 9(欧元/只)

预期利润＝成交价的 20%＝2.283 5×20%＝0.456 7(欧元/只)

进口国内销售价格(含税)＝进口成本＋利润＝2.534 9＋0.456 7＝2.991 6(欧元/只)

以上两款价格均超过意大利国内售价,分别高出 8.084 3 欧元(＝126.084 3－118)和 0.491 6 欧元(＝2.991 6－2.5)。

进口商意大利 ITA 公司业务经理会进一步与出口商沟通,经过讨价还价,直至达成协议。

本章小结

国际贸易术语(Trade Terms)也称为价格术语(Price Terms),是指用短语或英文缩写来说明商品的价格构成及买卖双方在货物的交接过程中有关的风险、责任和费用划分问题的专门用语。与贸易术语相关的国际贸易惯例有《国际贸易术语解释通则 2010》(简称《2010通则》),它是目前使用最广泛、影响最大、最重要的一个国际贸易惯例。

不同的贸易术语的双方义务、成本费用及风险不同。在国际贸易中,我们使用最多的贸易术语是 FOB、CFR、CIF。它们已经升华为象征性交货的贸易术语。

国际贸易合同单价金额的构成包括成本、费用及预期利润等,通过价格核算,可以报出价格,并能根据不同价格之间的关系,进行价格换算。

关键词汇

国际贸易惯例　贸易术语　EXW　FOB　CFR　CIF　FCA　CPT　CIP　DAP
DAT　DDP　佣金　折扣　成本　费用　预期利润　仓储费　国内运输费　认证费
港区港杂费　商检费　捐税　垫款利息　业务费用　银行费用　海运费　保险费
出口清关　装船通知

本章习题

一、术语翻译

1. Trade terms　2. unit price　3. Commission　4. Discount　5. cost and expenses/charges

6. expected profit   7. packing charges   8. warehousing charges

9. inland transportation charges   10. certification charges   11. port charges

12. duties and taxes   13. banking charges   14. freight charges   15. insurance premium

二、简答题

1. 常见贸易术语有哪六个?它们的共同点与区别何在?

2. 如何理解FOB合同的性质?

3. 如何理解以D组贸易术语成交合同的性质?

4. 出口货物的价格核算包括哪些主要部分?

三、案例分析题

1. 江苏太仓某公司出口马来西亚一批新闻纸,每公吨1 600美元FOB上海,5月底之前装运,集装箱装运。我公司于5月10日收到买方发来的装运通知,为了及时装运货物,我方于5月15日将货物运往上海港码头仓库存储,不料仓库发生火灾货物全部灭失,致使货物损失全部由我方负担。试问:如果我方采用FCA术语,则该案中的损失是否由我方承担?为什么?

2. 江苏某公司从越南购买棉纱。其中"三马"牌四十支棉纱3 000包,"金鱼"牌二十支棉纱2 000包,合计金额69.35万美元,价格条件CIF南通。货物装船后,卖方向买方提交全套有效单据。同年12月,进口商提货时,部分棉纱已被污损,经检验公证,共计损失51 000美元。于是买方要求卖方如数赔偿。在协商不能解决纠纷的情况下,买方向法院起诉。请问:该笔业务属于何种交货性质,买方能否胜诉?

四、操作计算题

1. 我国某公司从宁波港出运货物,按CFR SYDNEY价格条件成交手套5 200打,纸箱包装,每箱装20打。箱的尺寸为33 cm×39 cm×28 cm。请根据运价费率(见表4-11)计算该批货物的运费。

表4-11　澳大利亚航线集装箱费率

基本港:BRISBAN, MELBOURN, SYDNEY, FREMANTLE			
等级	计算标准	20'FCL	40'FCL	LCL(F/T)
1~7	W/M	1 700	3 230	90
8~13	W/M	1 800	3 420	95
14~20	W/M	1 900	3 610	100
一般化工品		1 800	3 420	95
危险品		2 600	4 940	
以上费率需加支线附加费:				
大连、新港、				
青岛、秦皇岛:		USD 200/20'	USD 360/40'	USD 10/FT
南京、张家港、				
南通、武汉、宁波:		USD 50/20'	USD 100/40'	USD 6/FT
福州、厦门、湛江、黄埔、				
北海、海口、汕头:		USD 50/20'	USD 90/40'	USD 3/FT

2. 我国某羽绒服工厂与新加坡客户达成一笔出口1 000套羽绒服的交易,CIF Singapore USD 55.00 Per SET,数量一个20英尺货柜。经了解,羽绒服国内进货成本为每套420元;海运运费1 100美元(20');出口仓储费650元;报关费1 000元;包装费

1 000元;港口装船费900元;羽绒服厂业务费2 500元;国内运杂费2 000元;商检费按进货成本的0.1%计;保险金额按发票金额的110%确定,保险费率为1%;16%的增值税率,9%的出口退税率;5%的佣金率。羽绒服厂达成该笔交易能否获利?(汇率为1∶6.52)

3. 2018年10月金陵陶瓷进出口公司和英国某客户洽谈出口1个20英尺集装箱陶瓷娃娃到英国利物浦。包装为2打装一纸箱,纸箱的尺码为60厘米×30厘米×40厘米,毛重是29千克,净重25千克。陶瓷娃娃的进货成本为每打576元人民币(含16%增值税),出口退税率为9%,金陵公司出口一个20英尺货柜的费用总计为3 800元人民币(40英尺货柜费用为7 000元人民币);公司的经营管理费用占采购成本的2%。如果客户出价每打CIFC3%利物浦66英镑,试计算:

(1) 出口一个20英尺集装箱能否获利?(1英镑兑换8.91元人民币)

(2) 若公司坚持10%的销售利润率,应报CIFC3%价格多少英镑?

(3) 如果汇率变化为1英镑兑换9.22元人民币,出口商按客户价格成交共能获利多少元人民币?

(4) 如果汇率不变,进口商增加订货至一个40英尺整箱,在出口退税率下调2个百分点的情况下,计算出口商能否获利。

(5) 若出口商10%的出口利润率不变,在题(4)条件下,金陵公司应向英国客户还价多少英镑?

注:20英尺货柜运费是2 180美元,40英尺货柜是4 032美元;投保按CIF报价的110%计算;费率1.3%。(1美元兑换6.65元人民币)

4. 安徽轻工国际贸易公司收到法国公司求购一批玻璃器皿的订单。法国公司订购数量为一个40英尺货柜。经协商,以每套16美元CIFC5%马赛成交。经查,国内收购成本是每套88元,纸箱包装,内衬海绵,10套/纸箱,12个纸箱装一个木箱,其规格为60厘米×48厘米×36厘米。海运费见表4-12,国内包干费6 200元,保险按成交价的110%投保,投保一切险,费率见表4-13。安徽轻工国际贸易公司可否获利?如果获利,应为多少?(退税率9%,增值税16%,汇率1∶6.64)

表4-12　运价表

	DEST. PORT	20'($)	40'($)		DEST. PORT	20'($)	40'($)
欧洲	安特卫普	1 550	2 950	地中海	巴塞罗那	1 580	2 980
	鹿特丹	1 550	2 950		瓦伦西亚	1 580	2 980
	汉堡	1 550	2 950		福斯	1 580	2 980
	费里克斯托	1 550	2 950		热那亚	1 750	3 450
	不来梅哈芬	1 550	2 950		马赛	1 850	3 600
	不来梅	1 750	3 350		伊兹密尔	1 880	3 580
	哥德堡	1 800	3 400		伊斯坦布尔	1 880	3 580
	南安普敦	1 650	3 180		威尼斯	1 800	3 450

表 4-13 保险费率表 %

目的地		平安险	水渍险	一切险
欧洲、美国、加拿大、大洋洲		0.15	0.20	0.50
中、南美洲		0.15	0.25	1.50
阿尔巴尼亚、罗马尼亚、南斯拉夫、波兰、保加利亚、匈牙利、捷克、斯洛伐克、独联体国家		0.15	0.25	1.50
非洲	埃塞俄比亚、坦桑尼亚、赞比亚、毛里求斯、布隆迪、象牙海岸、贝宁、刚果、安哥达、佛得角群岛、卢旺达	0.20	0.30	2.50
	加拿利群岛、毛里塔尼亚、冈比亚、塞内加尔、尼日利亚、利比里亚几内亚、乌干达			3.50
	其他			1.00

5. 恒昌贸易公司出口健身器材到美国纽约,货物每套装 1 个纸箱,共计 530 箱(20 英尺货柜),装运港至美国纽约一个 20 英尺货柜的包箱费率为 2 050 美元。恒昌公司出口该产品的定额费用率为 6%,进货成本每套 85 元人民币(含 17% 增值税)。出口退税率为 9%,进口商的佣金为售价的 5%,货运保险按 CIF 价格的 110% 投保,费率为 0.85%;汇率是 6.55 人民币兑换 1 美元。

(1) 试按上述资料计算 FOB 含佣价(7% 利润率)和 CIF 含佣价(10% 利润率)各为每套多少美元。

(2) 如果美国客户还价每套 CIFC5% 纽约为 14.50 美元,那么:

① 如果恒昌公司要保证 5% 的销售利润,卖方 CIFC5% 的还价应为多少?

② 若客户坚持按 CIFC5%N.Y. 每套 14.50 美元成交,恒昌公司仍保持 5% 利润率,其进货价应调整至每套人民币多少元?

6. 进口钢板 500 公吨,进口合同单价 FOB 神户 USD 300.00/公吨,进口关税率 8%,增值税率 16%,汇率:卖出价 8.00,神户至大连的运保费 USD 90.00/公吨,大连港口费用 160 元/公吨,利息加其他费用 200 元/公吨。试计算进口成本是多少。

第五章 国际货物运输

学习目标

1. 掌握国际货物运输的主要方式,尤其是海洋运输相关知识;
2. 掌握运费的计算方法,了解滞期费与速遣费及其计算方法;
3. 掌握各种运输单据的性质及其作用;
4. 掌握贸易合同中装运条款的订立。

开篇导入

新亚欧大陆桥

新亚欧大陆桥东起太平洋西岸中国东部连云港,西达大西洋东岸荷兰鹿特丹、比利时的安特卫普等港口,横贯亚欧两大洲中部地带,总长约 10 900 公里,连接着中国、东亚、中亚、西亚、中东、俄罗斯、东欧、中欧、南欧、西欧等 40 余国,占世界国家数 22%;面积 3 970 万平方公里,占世界陆域面积 26.6%;居住人口 22 亿,占世界人口 36%。新亚欧大陆桥是经亚洲、欧洲诸国直到大西洋的另一条陆上通道,构成了一条沿当年亚欧商贸往来的"丝绸之路",而它也将是一条对亚欧大陆经贸活动发挥巨大作用的现代"丝绸之路"。

新亚欧大陆桥东西两端连接着太平洋与大西洋两大经济中心,基本上属于发达地区,但空间容量小,资源缺;而其辽阔狭长的中间地带亦即亚欧腹地除少数国家外,基本上都属于欠发达地区,特别是中国中西部、中亚、西亚、中东、南亚地区。中间地带同时也是世界上最重要的农牧业生产基地,空间容量大,矿产资源种类多、储量大,能源富集,开发前景好,开发潜力大。新亚欧大陆桥所经过的各区域,在经济上具有较强的相互依存性与优势互补性,蕴藏了非常好的互利合作前景。

第一节 海洋运输

海洋运输是国际货物运输中最重要的运输方式。国际货运量的 80% 以上通过海洋运输完成,我国更是 85% 以上通过海运完成。

一、海洋运输方式

海洋运输(Sea Transport；Ocean Transport)简称海运，是指使用船舶通过海上航道在不同国家和地区之间运送货物的一种运输方式，是国际货物运输中最主要的运输方式。它具有运量大、运费低廉、适货范围广、不受道路和轨道限制的优点。同时，也具有速度慢、风险大，易受自然环境影响的缺点。

海洋运输根据船舶经营方式来分，一般分为班轮运输和租船运输两种。

(一)班轮运输

班轮运输(Liner Transport)又称定期船运输，是指船舶按事先公布的船期表，沿特定航线航行，停靠固定港口，按事先公布的运费率收取运费的一种海洋运输方式。班轮运输具有以下三个特征：

(1)"四固定"。固定航线、固定停靠口岸、固定的航行时间表和相对固定的运费率。

(2)"一负责"。货物由承运人负责配载装卸并负担装卸费用。即承运人收取的运费中包括装卸费用，运费的支付方实际承担了货物装卸的相关费用。

(3)承运人和托运人双方的权利和义务和责任豁免以班轮公司签发的提单条款为依据。班轮运输不计算装卸时间与滞期费和速遣费。

班轮船舶通常具有良好的技术质量，配备合格的船务人员，班轮公司有着严格的管理制度，保证了货物运输的质量；班轮运输的"四固定""一负责"的运输特点，为进出口商订立买卖合同中的交货条款、交货时间、安排货物运输时间提供了方便；班轮船舶承运的货物品种、数量比较灵活，使用于零星成交、批次较多、到港分散的货物运输。因此，班轮运输深受进出口商的欢迎，成为国际海洋货物运输中的主要方式。

(二)租船运输

租船运输(Charter Transport)又称不定期船运输，是指船方和货主签订租船合同，按照货主要求安排船舶航线、停靠口岸、航行时间等，运费由双方根据租船市场行情在合同中明确规定的货物运输方式。一般情况下，大宗货物买卖，交货期集中的货物或装运港和目的港之间没有直达班轮时，均采用租船运输。

租船有租赁整船和租赁部分舱位两种，一般以租赁整船居多。在国际海运业务中，租船方式主要有定程租船和定期租船两种。

1. 定程租船

定程租船(Voyage Charter；Trip Charter)又称程租船或航次租船，是以航程为基础的租船方式。在这种租船方式下，依照租船合同的规定，船舶出租人向租船人提供船舶或者船舶的部分舱位，装运约定的货物，从一个港口运至另一港口，由租船人支付约定的运费。定程租船又分为单程航程租船、来回程航程租船、连续航次程租船等。

定程租船适用于运输单一大宗货物。通常船舶出租人负责配备船员、船舶运营，并承担由此产生的费用。租船人只需要按约定支付运费和按期交付货物。但是定程租船需要在合同中规定货物的装卸费用由谁承担,货物的装卸时间的起算、止算和计算方法,并规定滞期费和速遣费的标准及计算方法。

2. 定期租船

定期租船(Time Charter)又称期租船。在这种租船方式下,依照租船合同的规定,这种租赁方式下,船舶出租人向租船人提供约定的船舶,配备船员,租船人在约定的期间内按照约定的用途使用,并支付租金。租期短至几个月,长的可达几年、几十年甚至一直到船舶报废为止。租赁期内,承租人可将船舶作为班轮运营或者程租船使用,或者转租第三方。

此外,在定期租船中还包括一种特殊的租船方式,称为光船租船(Bare Boat Charter)。船舶出租人向租船人提供不配备船员的船舶,在约定的期间内由租船人占用、使用和运营,并向出租人支付租金。

近年来,国际贸易中发展起一种介于定程租船和定期租船之间的租船方式,即航次期租(Time Charter on Trip Basis,TCT)。航次期租是以完成一个航次运输为目的,按完成航次所花的时间,按约定的租金率计算租金的一种租船方式。

二、海上货物运输费用

海上货物运输费用,简称海运运费。依据海运船舶的不同运营方式,主要分为班轮运费、程租船总运费和期租船租金三种。

(一) 班轮运费

班轮运费是班轮公司为运输货物而向货主收取的费用,包括货物从起运港的装船费用,从起运港到目的港的海上运输费用,以及目的港的卸货费用。班轮运费针对散货运输或集装箱运输有所不同,本节叙述的是散货运输的运费。

班轮运费由基本运费和附加费构成,通常是按照班轮运价表(Liner's Freight Tariff)的规定计算的。不同的班轮公司有不同的班轮运价表。班轮运价表的结构一般包括说明及有关规定、货物分级表、航线费率表、附加费率表、冷藏货及活牲畜费率表等。对于基本费率的规定,有的班轮公司运价表按每项货物列出其基本费率,这种运价表称为"单项费率运价表";有的是将商品分为若干等级(Class,一般分为 20 个等级),每个等级的货物有一个基本费率,这种运价表称为"等级费率表"。第一级运费率最低,第二十级商品费率最高。目前,我国海洋运输公司采用的是等级运价表。

1. 基本运费

基本运费是班轮航线内各基本港口(班轮航线上定期或经常停靠的港口)之间、对每种货物规定的必须收取的运费,是构成全程运费的主要部分。基本运费的计算标准(Basis)通常有以下几种:

(1) 按货物的毛重计收,即以重量吨(Weight Ton)为计算单位计收。1 重量吨为 1 公吨或 1 长吨,视船公司采用公制还是英制计量而定。按此方式计收运费时,班轮运价表中的货物名称后面均注有"W"。

(2) 按货物的体积计收,即以尺码吨(Measurement Ton)为计算单位计收。1尺码吨以1立方米或40立方英尺为计费单位。按此方式计收运费时,班轮运价表中的货物名称后面均注有"M"。

以上两种计算运费的重量吨和尺码吨统称为运费吨(Freight Ton)。

(3) 按货物的价格计收,又称从价运费,一般以货物的FOB价格按一定百分比收取(一般不超过5%)。按此方式计收运费时,运价表中注有"A. V."或"ad val."字样。

(4) 按货物重量或尺码从高计收,即在重量吨或尺码吨两种计算标准中选择其高者计收。运价表用"W/M"表示。

(5) 按货物重量、尺码或价值三者中选择一种最高的运费计收。费率表中用"W/M or A. V."表示。

(6) 按货物重量或尺码择其高者,再加上从价运费计收。费率表中用"W/M plus A. V."表示。

(7) 按货物件数(Per Unit/Per Head)作为一个计费单位收费。

(8) 临时议定运价(Open Rate)。即由货主和船公司临时协商议定。通常适用于承运粮食、豆类、煤炭、矿石等运量大、价值较低的农副产品和矿产品。

(9) 起码费率(Minimum Rate)计价。即凡不足1运费吨或1尺码吨的货物,均按照该航线的一级货物收取费用,而不看该货物的真正货物级别。

2. 附加运费

附加运费(Heavy Lift Additional)是班轮公司为弥补基本运费不足,视不同情况加收的、除运价表中规定的基本运费外的附加费用。

基本运费一般不常发生变动,但由于构成海运运费的各种因素会经常发生变化,各船公司就采取征收各种附加费的办法以维护其营运成本。附加运费名目繁多,主要包括燃油附加费(Bunker Adjustment Factor or Bunker Surcharge, BAF)、超重附加费(Over Weight Surcharge)、超长附加费(Over Length Surcharge)、直航附加费(Direct Additional)、绕航附加费(Deviation Surcharge)、转船附加费(Transshipment Surcharge)、港口附加费(Port Surcharge)、港口拥挤附加费(Port Congestion Surcharge)、选择港附加费(Optional Fees)、变更卸货港附加费(Alteration Surcharge)、货币贬值附加费(Currency Adjustment Factor, CAF)等。

附加费的计算方法主要有两种:一种是以百分比表示,即在基本费率的基础上增加一个百分比;另一种是用绝对数表示,即每运费吨增加若干金额,可以与基本费率直接相加计算。

3. 班轮运费的计算过程

(1) 选择相关的船公司的运价表。

(2) 根据商品的英文名称在货物等级表(见表5-1)中找到相应的货名,并查出该商品所属的等级(Class)及其计算标准(Basis)。

表 5－1　货物等级表

货　名	计算标准	等　级
柴油机	W/M	9
棉布及棉织品	M	10
玩具	M	20

（3）根据商品的等级和计算标准，在航线费率中查出这一商品的基本费率，计算基本运费。

（4）查出该商品所经航线和港口的有关附加费率，计算附加费。

（5）该商品的总运费＝基本运费＋附加费。

【例 5－1】　某农业机械企业出口柴油机一批，共 15 件，总毛重 5.8 公吨，总体积 10.7 立方米。由上海装船，经香港转至伦敦港。计算该企业应付船公司运费多少。

【计算过程】

首先，按柴油机的英文名称 diesel engine 查阅货物分级表，查出柴油机属于 9 级货物，计算标准为 W/M；然后，在中国内地—香港航线费率表中查出 9 级货从上海运至香港的费率为每运费吨 30 美元，香港中转费为每运费吨 15 美元；再从香港—伦敦航线费率表中查出 9 级货的运费率为 95 美元；最后查附加费率表，查出到伦敦港要收港口拥挤附加费，费率为基本运费的 10%。因为该批柴油机的尺码吨（10.7 运费吨）大于重量吨（5.8 运费吨），按照计费标准 W/M，应当按照尺码吨计算，因此，该批柴油机的运费计算如下：

每一运费吨运价＝30＋15＋95＋95×10%＝149.5（美元）

总运费＝149.5×10.7＝1 599.65（美元）

（二）程租船总运费

程租总船运费主要包括程租船运费和装卸费，此外还包括速遣费和滞期费。

1. 程租船运费

程租船运费是指货物从装运港至目的港的海上运费。运费的计算方式和计算时间，需要租船人和船方在租船合同中明确规定。运费计算方式主要有两种：

一种是按运费率（Rate of Freight），即规定每单位重量或单位体积的运费额，同时还要规定是按装船时的货物数量还是卸船时的货物数量来计算总运费的方法。租船运费率的高低取决于多种因素：租船的市场运费水平、承运货物的价值、装卸货物所需设备和劳动力、运费支付时间、装卸费的负担方法、港口费用高低及船舶经纪人的佣金高低等。

另一种是整船包价（Lump-sum Freight），即规定一笔整船运费，船方保证船舶能提供的载货重量和容积，在允许范围内，不论租船方实际装货多少，一律按照整船包价支付运费。

对于运费的支付时间，有预付或到付之分。预付可以全部运费预付，也可部分预付；到付有船到目的港开始卸货前支付的、边卸边付的，也有卸货完后支付的。

2. 程租船的装卸费

程租船运输情况下，有关货物的装卸费用是由租船人和船方协商确定后，在租船合同中做出具体规定。具体做法如表 5 - 2 所示。

表 5 - 2   船货双方关于装卸费用划分的固定用语

固定用语	英文缩写	费用划分
Liner Terms(Gross Term)	Liner Terms (Gross Term)	船方负责装卸,租金中包括装卸费
Free Out	F. O.	船方负责装货,但不负责卸货;租金中只包括装货费
Free In	F. I.	船方不负责装货,但负责卸货;租金中只包括卸货费
Free In and Out	F. I. O	船方不负责装卸货;租金中不包括装卸费
Free In and Out,Stowed and Trimmed	F. I. O. S. T.	船方不负责装卸货,也不负责理舱和平舱;租金中不包括装卸费、理舱费和平舱费

3. 装卸时间、滞期费和速遣费

在程租船运输情况下,装卸货时间的长短影响到船舶的使用周期和在港费用,直接关系到船方利益。因此,在程租船合同中,除规定装卸时间外,还需要规定一种奖惩措施,以督促租船人快装快卸,即规定滞期费和速遣费。

装卸时间或称装卸期限,是指租船人和船舶所有人在租船合同中规定的,租船人承诺对合同货物完成装卸作业的期限。装卸期限可用若干日表示,也可用装卸率表示(平均每天装卸若干吨)。此外还要规定哪些时间算作工作日,哪些除外。装卸时间计算通常分以下几种:

(1) 按日(Days)或连续日或时(Running or Consecutive Days/Hours),是指时间连续满 24 小时就算一日或连续日,即使是星期日、节假日,或者不易进行装卸的天气也不扣除。这种方式对租船人不利,很少使用。

(2) 按工作日(Working Days),是指按港口习惯,属于正常工作的日子。

(3) 按晴天工作日(Weather Working Days),是指既是工作日,又是适宜卸载的天气才算为装卸时间。

(4) 连续 24 小时晴天工作日(Weather Working Days of Consecutive 24 Hours)。这种条款和晴天工作日相同,但明确了在天气适宜装卸工作日内时钟连续走 24 小时算一个工作日。如中间因坏天气原因不能作业,则应当扣除;星期日、节假日也应除外。目前国际上普遍采用这种方法规定装卸时间,我国也采用此种方法。

在规定的装卸期限内,如果租船人未能完成装卸作业,为了弥补船方损失,对超过时间租船人应向船方支付一定的罚款,即"滞期费"或"延滞费"(Demurrage)。反之,如果租船人在规定的装卸期限内,提前完成装卸作业,则节省的时间船方要向租船人支付一定的奖励金,即"速遣费"(Despatch Money)。速遣费一般是滞期费的二分之一。

在制定程租船合同时,船方和租船人应当根据货物种类、船舶舱口数、港口装卸能力、港口习惯、航运市场运费水平等因素,对租船费用、装卸时间、滞期费和速遣费做出慎重确定,以保证租船合同能实际兑现。同时,租船合同应当和进出口合同保持一致,以避免滞期费和速遣费的额外支出。

（三）期租船租金

在定期租船情况下，租船人为使用船舶而向船方支付的代价称为租金（Rent）。租金率取决于船舶的装载能力和租期长短，通常规定为按月每载重吨若干金额或整船每天若干金额。

租船人必须按时按规定的金额向船方支付租金。如逾期未交租金，船方有权撤回船舶。

三、海上货物运输单据

运输单据是承运人收到承运货物后签发给托运人的证明，是交接货物、向银行结算货款或进行议付、处理索赔与理赔的重要单据。海上运输单据包括海运提单和海上运输单。

（一）海运提单

海运提单（Ocean Bill of Loading），简称提单（B/L），是指用以证明海上货物运输合同和货物已经由承运人接收装船，以及承运人保证据以交货的单证。

在海运和内河运输中，海运提单是最主要的单据。海运提单正本是代表货物所有权的凭证，可以转让、抵押。收货人在目的港提取货物时，必须提交正本提单。

1. 海运提单的性质和作用

（1）海运提单是承运人应托运人的要求所签发的货物收据，证明承运人已经按提单的记载收到货物。

（2）海运提单是货物所有权凭证。提单的合法持有人拥有支配货物的权利。提单所有人可以在船货抵达目的港后凭提单提货，也可以向银行议付货款，还可以将提单转让或抵押。

（3）海运提单是承运人和托运人之间订立的运输合同证明。运输契约在装货前已经订立，因此，提单一般是在装货后签发，提单内容明确规定承运人和托运人或提单持有人等各方的权利和义务、责任或豁免，是处理他们之间有关运输方面争议的依据。

2. 海运提单的分类

（1）根据签发提单时货物是否已装船，分为已装船提单和备运提单。

已装船提单（On Board B/L；Shipped B/L）是指承运人在货物已经装上指定船舶后所签发的提单。提单上写明载货船舶名称和货物的实际装船日期。

备运提单（Received for Shipment B/L）又称"收讫待运提单"，是指承运人已经收到托运货物等待装运期间所签发的提单。该提单上没有货船舶名称和货物的装船日期，在货物装船后，发货人可凭备运提单换取已装船提单，也可经承运人或其代理人在备运提单上批注货物已装上某具名船舶及装船日期，并签署后使之成为已装船提单。

按国际惯例，卖方有义务向买方提交已装船提单。

（2）根据提单上对货物外表状况有无不良批注，分为清洁提单和不清洁提单。

清洁提单（Clean B/L）是指货物在装船时表面状况良好，承运人未在提单上加注任何货物破损、包装不良或其他有碍于结汇批注的提单。

不清洁提单（Unclean B/L；Foul B/L）是指承运人在签发的提单上标注货物表面状况不良或货物存在缺陷、包装破损的提单。例如，在提单上有"被雨淋湿""两件破损"等类似批注。

根据《跟单信用证统一惯例》规定，除非信用证中明确表示可以接受的条款和批注，银行只接受清洁提单。清洁提单也是提单转让的必备条件。

提单作为货物收据，是划分托运人和承运人责任界限的重要证据。承运人应该恪尽职责，及时检验，对货物的包装或外表状况做出准确判断评定。如果不谨慎行使批注权的行为，由此引起的损失，承运人应当承担责任。

【例5-2】 2012年5月20日，我国A公司向英国B公司发出要约：愿意购买空调设备3 500台，每台400美元的价格，按照CIF广州价格条件，总价值2 300万美元，不可撤销信用证支付。同年5月22日，英国B公司接到我国A公司发出的要约。5月26日，英国B公司将3 500台空调设备交给英国C货运公司装船运输，但英国C货运公司当时发现其中有200台空调设备包装破损，准备签发不清洁提单。但英国B公司为了结汇方便，需要从英国C货运公司处拿到清洁提单，故在英国C货运公司签发提单前，向该公司出具了承担赔偿责任的保函。于是，承运人英国C货运公司给卖方英国B公司签发了清洁提单。英国B公司持清洁提单向银行顺利结汇。同年6月26日，买方中国A公司收到货物，发现其中200台空调设备有严重质量问题，于是向承运人英国C货运公司索赔，要求承运人承担责任。

【分析】

本案中，由于A公司和B公司的关系依双方的买卖合同确定。A公司向B公司索赔，必须证明B公司没有适当履行合同义务，存在违约行为。但是根据承运人C公司出具的清洁提单，可以从法律上推定包装破损造成的货损不是B公司造成的，而是承运人造成的。因此买方A公司不能直接向卖方B公司索赔，而只能要求承运人C公司承担赔偿责任。

在国际货物买卖法律关系中，承运人和收货人的关系依提单确定。清洁提单表明，卖方向承运人提交的是表面包装完好无损的货物。本案中卖方英国B公司取得的是承运人签发的清洁提单，这表明货物包装破损造成的货物损害，原因不在卖方B公司，责任应归于承运人C公司。也就是说损失是承运人没有尽到良好的保管货物的义务造成的，承运人没有尽到运输合同项下的最低责任，因此承运人应当承担赔偿责任。

（3）根据提单收货人抬头不同，分为记名提单、不记名提单和指示提单。

记名提单（Straight B/L），又称"收货人抬头提单"，是指提单上的收货人栏内填明特定收货人名称的提单。记名提单只能由该特定收货人用以提货，不能转让给第三者。记名提单不能流通，因此在国际贸易中只能在特定情况下使用。

不记名提单（Bearer B/L），又称"来人抬头提单"，是指提单上的收货人栏内不填写具体收货人名称，只写明货交提单持有人，或不填写任何内容的提单。不记名提单无须背书即可转让，谁持有提单谁就可以提货，因此风险较大，在实际业务中极少使用。

指示提单（Order B/L）是指提单上的收货人栏内填写"凭指示"或"凭某人指示"字样的提单。这种提单经过背书后可以转让，在国际贸易中使用最为广泛。背书转让有两种方式：空白背书和记名背书。前者指背书人在提单背面只签名，而不备注被背书人名称；

后者指背书人在提单背面既签字也列明被背书人名称。目前国际贸易中使用最多的是"凭指示"并经空白背书的提单,习惯称其为"空白抬头、空白背书"提单。

(4) 根据不同运输方式,分为直达提单、转船提单和联运提单。

直达提单(Direct B/L)是指货物从装运港装上海轮后,中途不再换船而直接驶往目的港卸货的提单。

转船提单(Transshipment B/L)是指货物在装运港装船后,需要在中途港换装其他船舶才能运抵目的港卸货的情况下所签发的包括运输全程的提单。这种提单上应注明"转船"或"在××港口转船"字样。

联运提单(Through B/L)是指经过海运和其他运输方式的联合运输时,由第一承运人签发的,包括全程运输并能在目的港或目的地凭以提货的提单。

转船提单和联运提单虽然都包括全程运输,但这两种提单的签发人一般都在提单中规定,只对自己负责运输的一段航程负责。而货物在中途转船或转换运输工具,则由第一承运人或其代理人向下一承运人进行交接工作办理。

(5) 根据船舶营运方式不同,分为班轮提单和租船提单。

班轮提单(Liner B/L)是指由班轮公司承运货物后签发给托运人的提单。

租船提单(Charter Party B/L)是指承运人根据租船合同签发的提单。

(6) 根据提单内容的繁简,分为全式提单和略式提单。

全式提单(Long Form B/L)又称"繁式提单",是指提单既有正面内容,又在背面列有承运人和托运人权利义务详细条款的提单。

略式提单(Short Form B/L)又称"简式提单",是指提单背面无条款,只列明提单正面的必须记载事项的提单。这种提单内一般都印有"本提单货物的收受、保管、运输和运费等事项,均按本公司全式提单上的条款办理"的字样。

(7) 根据提单使用效力不同,分为正本提单和副本提单。

正本提单(Original B/L)是指提单上有承运人、船长或其代理人签名盖章并注明签发日期的提单。正本提单是具有法律效力的单据,必须标明"正本"字样。正本提单一般一式两份或三份(个别也只签发一份),凭其中任何一份提货后,其余作废。

副本提单(Copy B/L)是指提单上没有承运人、船长或其代理人签名盖章,仅供参考作用的提单。副本提单一般标明"副本"或"不可转让"字样。

此外,在实际业务中还有一些比较重要的提单。

过期提单(Stale B/L)是指提单签发后超过信用证规定期限才交到银行的提单或晚于货物到达目的港日期的提单。根据《跟单信用证统一惯例》规定,在提单签发日期后 21 天才提交的提单也属于过期提单。银行拒绝接受晚于信用证规定的交单期限提交的单据,但不影响提单持有人向其承运人要求交付货物。

舱面提单(On deck B/L)又称"甲板提单",是指承运人签发的表明货物装于舱面上的提单。承运人在签发提单时加注"货装舱面(甲板)"字样,并对舱面货物的损失和灭失不负责任。货物装在甲板上风险较大,进口人一般不愿意接受舱面提单。根据《跟单信用证统一惯例》(国际商会第 600 号出版物)规定,除非信用证另有规定,银行不接受舱面提单。

运输代理行提单(House B/L),是指由运输代理人签发的提单,它只是运输代理人收到货物的收据,而不是可以转让的物权凭证。

3. 海运提单的内容

国际贸易中通常使用的班轮提单,其内容包括正文及背面条款两部分。

(1) 提单正面内容。

承运人名称、托运人名称、收货人名称、船名和船舶国籍、装运港、目的港、货物名称、唛头、件数、重量或体积、运费和其他费用、提单签发日期、地点及份数、承运人及其代理人签字。

(2) 提单背面条款。

提单背面印有明确承运人与托运人、收货人、持单人之间权利和义务和责任豁免条款,是双方处理争议的主要法律依据。为了统一提单背面条款内容,缓解船货双方矛盾,各国曾先后签署了有关提单的三个国际公约,即《海牙规则》《维斯比规则》和《汉堡规则》。由于这三个公约签署时间和历史背景不同,内容不同,采用不同规则的国家提单背面的内容也会有所不同,但以《海牙规则》的内容为依据的较多。

(二) 海上货运单

海上货运单简称海运单(Sea Waybill;Ocean Waybill),是托运人和承运人之间的货物运输合同的证明。海运单不是物权凭证,不可流通转让,因此也称为"不可转让海运单"。收货人不凭海运单提货,而是凭到货通知提货。

海运单的基本作用有:

(1) 承运人收到承运货物的收据;

(2) 运输契约的证明;

(3) 解决经济纠纷时作为货物担保的基础。

海运单不仅能方便进口人及时提货,简化手续,节省费用,还可以在一定程度上减少以假单据进行诈骗的现象。另外,在使用海运单的贸易中,诸如进出口清关及运输、费用的划分、保险责任的划分、风险界限的划分等方面仍然沿用传统的象征性交货的做法。因此,海运单贸易在当前国际贸易中迅速发展,是适应新形势的交货方式。在我国的对外贸易运输业务中,也开始使用海运单。

第二节　铁路运输

铁路运输(Rail Transport)是仅次于海运的一种主要的运输方式。其优点是运行速度较快,载运量较大,运输途中风险较小,一般能保持终年正常运输,具有较高的连续性。我国对外贸易铁路运输包括对香港、澳门铁路运输和国际铁路货物联运两部分。其中,对港澳铁路运输目前做法与国内一般货物铁路运输基本相同,本节主要介绍国际铁路货物联运。

国际铁路货物联运是指两个或两个以上不同国家铁路当局联合起来完成一票货物的铁路运输。这种运输方式使用一份统一的国际联运单据,由铁路部门经过两国或两个以上国家铁路的全程运输。当一国铁路向另一国铁路移交货物时,不需发货人、收货人参加,铁路当局对全程运输负责。

一、"国际货协"与"国际货约"

(一)"国际货协"

"国际货协"是《国际铁路货物联运协定》的简称。该协定是 1951 年 11 月由苏联、波兰、捷克、罗马尼亚、匈牙利等 8 个国家于华沙签订的。1954 年 1 月我国参加了该协定。其后,朝鲜、越南和蒙古也陆续加入该协定,至此,共用 12 个国家加入了"国际货协"。

(二)"国际货约"

"国际货约"是 1980 年欧洲各国在瑞士首都伯尔尼举行的各国铁路代表会议上制定的《国际铁路货物运送规则》基础上形成的国际铁路运输公约。参加《国际货约》的国家目前有 46 个,主要是欧洲国家。但近几年来,伊朗、巴基斯坦、俄罗斯联邦等非欧洲国家也加入了该公约。一些"国际货约"成员国同时参加了"国际货协",以使"国际货约"成员国的货物能通过铁路直接转运到"国际货协"成员国。

国际铁路联运既适用于"货协"国家之间的货物运输,也适用于"货协"至"货约"国家之间的顺向或逆向的货物运输。

二、国际铁路联运费用

国际铁路联运货物运输费有如下规定:发送国铁路的运送费用,按发送国的国内铁路运价计算;到达国家铁路的运送费用,按到达国铁路的国内运价计算;过境国铁路的运送费按国际铁路联运协定统一过境运价规程(统一货价)的规定计算。

三、国际铁路联运单据

(一)国际铁路联运运单

国际铁路联运运单是国际铁路联运的主要运输单据,是参加联运的发送国与发货人之间订立的运送合同,是铁路承运货物出具的凭证,也是铁路与货主交接货物、核收运杂费和处理索赔与理赔的依据。当发货人向始发站提交全部货物,并付清相关费用,经始发站在运单正本和副本上加盖始发站承运日期戳记,证明货物接妥承运后,即认为运输合同已经生效。

国际铁路联运运单一式五联,包含正本、副本、运行报单、货物交付单和货物到货通知单。运单正本随货同行,在到达站连同货物到达通知单及货物一同交给收货人,作为交接货物和结算费用的依据。运单副本交给发货人,作为向收货人结算货款的主要证件。货物交收货人时,收货人在货物交付单上签收,作为收妥货物的收据,退车站备查。运行报单则是铁路内部使用。

（二）承运货物收据

特定运输方式下所使用的一种运输单据。运往港澳地区的出口货物运输经常使用。当货物装车后，由承运公司签发一份承运货物收据给托运人，作为办理结汇的凭证。它还是收货人凭以提货的凭证。此单据还可用于其他运输方式。

第三节　航空运输

航空运输（Air Transport）是一种现代化的运输方式，虽然起步较晚，但与海洋运输、铁路运输相比，航空运输速度很快，运行时间短，货物中途破损率小，同时空运能节省包装费和保险费，所以小件急需品、鲜活商品、精密仪器和贵重物品，采用航空运输反而有利。近几年来，航空运输发展尤为迅速。

一、国际航空运输的经营方式

国际航空运输有班机运输、包机运输、集中托运和航空急件传送等方式。

（一）班机运输

班机运输（Airline Transport）是指使用在固定时间、固定航线、固定始发站和目的站飞行的飞机所进行的货物运输。通常班机是使用客货混合型飞机，一些较大的航空公司也开辟定期全货机航班。

（二）包机运输

包机运输（Chartered Carrier Transport）可分为整架包机和部分包机两种形式。整架包机是指航空公司按照事先约定的条件和费率，将整架飞机租给租机人，从一个或几个航空站装运货物至指定目的站的运输方式，适用于大宗货物运输。部分包机是指由几家航空货运代理公司或发货人联合包租整架飞机，适用于发货人多个但货物到达站相同的货物运输。

（三）集中托运

航空集中托运（Consolidation Transport）是指航空货运代理公司把若干批单独发送的货物组成一批向航空公司办理托运，填写一份总运单将货物发送到同一目的站，由航空货运代理公司在目的站的代理负责人收货、报关，并将货物分别交付给各收货人的一种运输方式。航空运输的运费按不同重量标准确定不同运费率，运量越多，费率越低。所以集中托运能较大幅度地降低运费，在航空运输中使用较为普遍。

（四）航空急件传送

航空急件传送（Air Express Service）是目前国际航空运输中最为快捷的运输方式。

它不同于航空邮寄和航空货运,而是由一个专门经营此项业务的机构和航空公司密切合作,设专人用最快的速度在货主、机场、收件人之间传送急件,特别适合于急需药品、医疗器械、贵重物品、图纸资料等物品的传送,被称为"桌到桌运输"(Desk to Desk Service)。

二、航空运输的承运人

(一)航空运输公司

航空运输公司是航空货物运输业务中的实际承运人,负债办理从启运机场到目的机场的运输,并对全程运输负责。

(二)航空货运代理公司

航空货运代理公司可以是货主的代理,负责订舱、机场交接货和进出口报关;可以是航空公司的代理,办理接货并以航空承运人的身份签发航空运单,对全程运输负责;也可以是两者兼而有之。

三、航空货物运价

航空货物运价是指从启运机场到目的机场的运价,不包括提货、报关、仓储等其他额外费用,仅适用于单一方向。

航空运价是按照货物的实际重量(公斤)和体积重量(以 6 000 立方厘米或 366 立方英寸体积折合一公斤)两者之中较高者为准。针对货物的不同性质和种类,航空公司按特种货物运价、货物等级运价、一般货物运价和集装设备运价等不同计收标准。

四、航空运单

航空运单(Airway Bill)是航空运输货物的主要单据,是航空承运人与托运人之间缔结的运输合同的书面凭证,也是承运人或其代理人签发的接受货物的收据。但是,它不是物权凭证,不能背书转让。航空运输的收货栏内必须详细填写收货人的全称和地址,货物到达目的地后,收货人凭承运人的到货通知提取货物。

航空运单依据签发人不同分为主运单和分运单。前者由航空公司签发,后者由航空货运代理公司签发,两者内容基本相同,法律效力也相同。

第四节　内河、公路、邮政、管道运输

在国际贸易中,除使用海洋、铁路和航空运输方式外,还使用内河、公路、邮政、管道运输等方式运输货物。

一、内河运输

内河运输(Inland Waterway Transport)是指通过运河和内陆水路完成国际货物运输的一种水上运输方式。内河运输是水上运输的一个组成部分,它是连接内陆腹地和沿海地区的纽带,也是边疆地区与邻国边境河流的连接线,在国际货物的运输和集散中起着重要的作用。

内河运输具有投资少、运量大、成本低的优点。运费价格以运输距离、商品类型、转载成本、处理费用和任何其他杂项费用为基础。每个国家都有各自的内河航运运价表。

我国有着广阔的内河运输网,长江、珠江等主要河流的内河港口已经对外开放,我国同一些邻国还有国际河流相通连,这为我国发展对外贸易内河运输提供了十分有利的条件。

二、公路运输

公路运输(Road Transport)与铁路同为陆上运输的基本运输方式,也是国际贸易运输方式之一。

公路运输机动灵活,简洁方便,可以深入可通公路的各个角落。它不仅可以直接运送进出口货物,还是港口、车站、机场集散进出口货物的重要手段。在"门到门"运输业务中,更是离不开公路运输。

我国边疆地区与邻国物资交流,主要就是通过公路运输方式达成。我国对香港、澳门两个特别行政区的部分进出口货物,也是通过公路运输完成。

但公路运输载货有限,运输成本高,运输风险也较大。

三、邮政运输

邮政运输(Parcel Post Transport)是一种较简便的运输方式。国际邮件可分为函件和包裹两大类。各国邮政部门之间签订有协定和《万国邮政公约》,通过这些协定和公约,邮件可以以最快的方式在全球各国间相互传递,形成一个全球性的邮政运输网。

国际邮政运输具有国际多式联运和"门到门"的运输特点。托运人只需按邮局章程办理一次托运,一次付清足额邮资,取得包裹收据,交货手续就完成了。邮件在国际间的传递由各国的邮政部门负责办理,邮件到达目的地后,收件人可凭邮局的到件通知向邮局提取。邮政运输手续简便、费用不高,适用于重量轻、体积小的货物传递。

四、管道运输

管道运输(Pipeline Transport)是一种特殊的运输方式。它是货物在管道内借助压气泵的压力输往目的地的一种运输方式,主要适用于运输液体和气体货物。它具有固定投资大、建成后运输成本低的特点。

管道运输在美国、欧洲的许多国家一级石油输出组织的石油运输方面起到了积极的作用。我国管道运输起步晚,但随着石油、天然气工业的发展,我国管道建设也迅速地发展起来。

第五节　集装箱运输、国际多式联运和大陆桥运输

一、集装箱运输

集装箱运输(Container Transport)是以集装箱为运输单位进行货物运输的一种现代化运输方式,适用于海洋运输、铁路运输、公路运输、内河运输与国际多式联运等。

集装箱又称"货柜"或"货箱",是一种容器,而且能反复使用的运输辅助设备。国际标准化组织规定,集装箱应当具备下列条件:① 能长期反复使用;② 途中转运,不动容器内的货物,可直接换装;③ 能快速装卸,并能够从一种运输工具上直接和方便地换装到另一种运输工具上;④ 便于货物的装满和卸空;⑤ 每一个容器具有一立方米(即 35.32 立方英尺)或以上容积。国际航运上使用的主要为 20 英尺和 40 英尺两种类型的集装箱,即 1A型 8'×8'×40',1AA 型 8.6'×8'×40';1C 型 8'×8'×20'。

集装箱运输自产生以来,经历了快速的发展期。集装箱运输有着较强的优点:提高了货运速度,加快了运输工具、货物及资金的周转;减少了运输过程中的货差、货损,提高了货运质量;节省了货物包装费用、运杂费用支出;简化了货运手续,便利了货物运输。

(一)集装箱运输货物的交接

集装箱运输,按货物数量有整箱货(Full Container Load,FCL)和拼箱货(Less Than Container Load,LCL)之分。

整箱货是指凡一批货运达到一个或一个以上集装箱内容积的 75% 及以上或集装箱负荷重量的 95% 及以上,即可作为整箱货。整箱货由货方在工厂或仓库进行装箱,货物装箱后直接运交集装箱堆场(Container Yard,CY)等待装运,货物到达目的港或目的地后,收货人可直接从目的港或目的地集装箱堆场提走。拼箱货是指货量不足整箱货的容积或重量,需要承运人在集装箱货运站(Container Freight Station,CFS)负责将不同发货人的货物拼装在一个集装箱内,货到目的港或目的地后,由承运人拆箱后分拨给收货人。

通用的集装箱货物交接方式具体可分为以下 9 种。

1. "门到门"(Door to Door)交接方式(FCL – FCL)

托运人在工厂或者仓库,将由他负责装箱并经海关铅封的集装箱交由承运人验收。承运人接受整箱货后,负责将货物运至收货人的仓库或者工厂,原箱交货。

只有在一个托运人、一个收货人,而且货主托运的是整箱货的条件下,才能进行"门到门"的运输,实行"门到门"的货物交接方式。

2. "门到场"(Door to CY)交接方式(FCL – FCL)

承运人在发货人的工厂、仓库接受由发货人装箱并经海关铅封的集装箱负责将集装箱运至目的港集装箱码头的集装箱堆场,在集装箱堆场原箱交付给收货人或代收货人接受集装箱的其他运输方式的承运人。

在采用"门到场"交接方式情况下,运至目的港集装堆场以前的,包括陆路运输和海路

运输在内的各区段的运输均由承运人负责。但由集装箱堆场至目的地的陆路或水路运输则由货主自行负责。和"门到门"的货物交接方式一样,只有在托运的是整箱货的条件下才能实行"门到场"的货物交接方式。

3. "门到站"(Door to CFS)交接方式(FCL－LCL)

承运人在发货人的工厂、仓库接受由发货人装箱并经海关铅封的整箱货物,负责将箱货运至目的港的集装货运站,拆箱后,分别向不同的收货人交付货物的集装箱货物交接方式。

在一个托运人将分属于两个或者两个以上的收货人的货物拼装在一个集装箱内,按整箱货物托运,运到目的港的集装箱货运站,各收货人凭单分别向货运站提货时,多采用"门到站"的交接方式。

4. "场到门"(CY to Door)交接方式(FCL－FCL)

承运人在起运港的集装箱堆场接受由发货人装箱并铅封的整箱货物,负责将整箱货运至收货人的工厂、仓库,原箱交货的货物交接方式。在这种货物交接方式下,承运人不负责由发货人工厂、仓库至集装箱堆场之间的内陆运输。

5. "场到场"(CY to CY)交接方式(FCL－FCL)

在场到场的交接方式中:起运港,由发货人将集装箱货物送至集装箱堆场;在目的港,由收货人在集装箱堆场整箱提货。承运人只负责海运区段的运输,而起运港以前和目的港以后的内陆运输,则由货主自行负责。

6. "场到站"(CY to CFS)交接方式(FCL－LCL)

承运人在起运港的集装箱堆场接收经海关铅封的整箱货,原箱运至目的港的集装箱货运站,分别向两个或者两个以上的收货人交付货物的交接方式。

一个发货人,两个或两个以上的收货人的货物拼装在一个集装箱内,按整箱货货运时,多采用这种交接方式,不同的是从发货人的工厂、仓库送交集装箱堆场的运输由发货人负责而已。由于承运人接收的是已经装入箱并夹缝的货物,这种交接方式可能加重承运人对货物完好交付的责任,在实践中应谨慎使用。

7. "站到站"(CFS to CFS)交接方式(LCL－LCL)

托运人将小批量不足整箱的货物送到起运港的集装箱货运站,由集装箱货运站接收货物后,将分属于不同托运人和收货人,但目的港或者目的地相同的货物拼装于一个集装箱内,经海关监装、铅封后,送交起运港的集装堆场装船运至目的港装卸作业区的集装货运站拆箱,各收货人分别提取货物的货物交接方式。这种方式是集装箱运输中拼箱货的最典型交接方式。

8. "站到场"(CFS to CY)交接方式(LCL－FCL)

承运人从起运港的集装箱货运站将集装箱运至目的港的集装箱堆场的货物交接方式。在两个或两个以上的发货人托运属于一个收货人的货物时,可采用这种货物交接方式。货物在货运站拼箱并由海关在货运站监装和铅封。

9. "站到门"(CFS to Door)交接方式(LCL－FCL)

在由两个或者两个以上的托运人将不足整箱的货物托运给同一收货人时,一般都在货运站将货物拼箱,并经海关监装、铅封,按整箱货运至收货人的工厂、仓库。

（二）集装箱运输的费用

集装箱运输的费用构成和计算方法与传统的运输方式不同。

以海运为例,它包括内陆或装运港市内运输费、拼箱服务费、堆场服务费、海运运费、集装箱及其设备使用费等。

目前,集装箱海运运费基本上分为两大类:一类是沿用传统的件杂货即散货的运费计算方法,也就是以每运费吨作为计费单位;另一类是以每个集装箱为计费单位(即包箱费率)。包箱费率的计算方法逐步取代传统件杂货运费的计算方法,是总趋势。

集装箱包箱费率有三种规定方法:

(1) FAK 包箱费率(Freight for All Kinds):既不分货物种类,也不计货量,只规定统一的每个集装箱收取的费率。其形式如表 5-3 所示。

表 5-3　中国—纽约航线集装箱费率　　　　　　　　　　　　　　美元

| 装运港 | 货物 | CFS/CFS | CY/CY | |
		Per F/T	20'FCL	40'FCL
上海	杂货	70	1 000	2 030
大连	杂货	78	1 250	2 320
青岛	杂货	75	1 150	2 200
…	…	…	…	…

(2) FCS 包箱费率(Freight for Class):按不同货物等级制定的包箱费率。其格式如表 5-4 所示。

表 5-4　中国—澳大利亚航线集装箱费率　　　　　　　　　　　　美元

| 基本港:布里斯班,墨尔本,悉尼 | | | | |
等级	计算标准	20'(CY/CY)	40'(CY/CY)	LCL(perF/T)
1~7	W/M	1 500	3 200	95
8~13	W/M	1 600	3 400	100
14~20	W/M	1 700	3 500	105

(3) FCB 包箱费率(Freight for Class & Basis):按不同货物等级或货物类别以及计算标准制定的费率。其形式如表 5-5 所示。

表 5-5　中国—地中海航线集装箱装箱费率　　　　　　　　　　　美元

| 基本港:Genoa,FOS | | | | |
等级	LCL per W	LCL per M	FCL20(CY/CY)	FCL40'(CY/CY)
1~7	130	100	2 250	4 200
8~13	133	105	2 340	4 400
14~20	135	110	2 450	4 640

综合来说,三种包箱费率的区别点集中体现在对于拼箱费率的计算方式不同。

(三)集装箱运输的主要单据

集装箱运输单证不同于传统运输的货运单据,主要有场站收据(Dock Receipt,D/R)、集装箱装箱单(Container Load Plan,CLP)、提单(B/L)或集装箱联运提单(Combined Transport B/L,CTB/L)或多式运输单据(Multi-modal Transport Document,MTD)。此外,还有设备交接单、收(交)货记录等。

二、国际多式运输和大陆桥运输

随着国际贸易的发展,传统的海运、铁路、航空等相互独立和单一的运输方式已经不能适应国际货物迅速发展的要求。因此,在集装箱运输出现以后,出现了一些以集装箱运输为基础的新型运输方式。其中,国际多式运输和大陆桥运输,是使用范围最广、最重要的两种联运方式。

(一)国际多式运输

国际多式运输(International Multi-modal Transport)又称国际联合运输(International Combined Transport),是以集装箱为媒介,把各种不同的单一运输方式有机结合起来,组成一种国际性的连贯运输,包括陆海联运、陆空联运、海空联运等。

按照《联合国国际货物多式联运公约》定义,国际多式运输是指按照多式运输合同,以至少两种不同的运输方式,由多式运输经营人将货物从一国境内接管货物的地点运至另一国境内指定交付货物的地点的一种运输方式。因此,构成国际多式运输必须构成以下条件:

(1) 必须有一个多式运输合同;

(2) 必须使用一份包括全程的多式运输单据;

(3) 必须至少有两种不同运输方式的连贯运输;

(4) 必须是国际间的货物运输;

(5) 必须有一个多式运输经营人对全程运输负责;

(6) 必须是全程单一的运费率。

多式运输合同(Multi-modal Transport Contract)是指多式运输经营人与托运人之间订立的凭以收取运费、负责完成或组织完成国际多式运输的合同。它明确规定了多式运输经营人和托运人之间的权利、义务、责任和豁免。

多式运输经营人(Multi-modal Transport Operator)是指其本人或通过其代表订立多式运输合同的任何人,他是事主,而不是发货人的代理人或代表或参加多式运输的承运人的代理人或代表,并且负有履行合同的责任。他可以充任实际承运人,办理全程或部分运输业务,也可以是无船承运人(Non-Vessel Operating Common Carrier,NVOCC),即将全程运输交由各段实际承运人来履行。

多式运输单据(Multi-modal Transport Document)是证明多式运输合同以及多式运输经营人接管货物并负责按照合同条款交付货物的单据。

国际多式运输大大提高了运输效率,它简化手续,减少了中间环节,加快货物运输速度、方便运输费用计算,降低了运输成本并提高了货运质量。货物的交接方式也可以做到"门到门""门到港站""港站到港站""港站到门"等。

目前,我国已经开办的多式运输路线可到达欧、美、非洲的港口或内地城市,形式也多种多样。办理此项业务的地区也由原来仅限于沿海港口城市及周边地区,不断发展扩大到内地各省市的许多城市及附近地区,为我国内地省市出口货物创造了有利条件。

(二)大陆桥运输

大陆桥运输(Load Bridge Transport)是指以集装箱为媒介,大陆上的铁路或公路运输系统为中间桥梁,把大陆两端的海洋运输连接起来,构成海—陆—海的连贯运输。它具有集装箱运输的国际多式运输的优点,并且大陆桥运输更能体现利用成熟的海、陆运输条件,形成合理的运输路线,大大缩短营运时间,降低营运成本。

世界上第一个出现的大陆桥是美国大陆桥,但现在已经萎缩了。而后利用俄罗斯西伯利亚铁路的欧亚大陆桥发展很快,它是由俄罗斯东部的符拉迪沃斯托克(海参崴)为起点,由绥芬河入中国境,横穿西伯利亚大铁路通向莫斯科,然后通向欧洲各国,最后到荷兰鹿特丹港。贯通亚洲北部,整个大陆桥共经过俄罗斯、中国(支线段)、哈萨克斯坦、白俄罗斯、波兰、德国、荷兰 7 个国家,全长 13 000 公里左右,沟通了太平洋和大西洋。由于这条路线横跨欧洲和亚洲,故称欧亚大陆桥,又称第一条欧亚大陆桥。

1992 年 9 月,新亚欧大陆桥(或称第二条欧亚大陆桥)正式开通。新亚欧大陆桥东起太平洋西岸中国东部连云港,西达大西洋东岸荷兰鹿特丹、比利时的安特卫普等港口,横贯亚欧两大洲中部地带,总长约 10 900 公里,连接着中国、东亚、中亚、西亚、中东、俄罗斯、东欧、中欧、南欧、西欧等 40 余国,构成了一条沿当年亚欧商贸往来的"丝绸之路",新亚欧大陆桥是经亚洲、欧洲诸国直到大西洋的另一条陆上通道,所经过的各区域,在经济上具有较强的相互依存性与优势互补性,蕴藏了非常好的互利合作前景。它将是一条对亚欧大陆经贸活动发挥巨大作用的现代"丝绸之路"。

第六节　合同中的装运条款

买卖合同中装运条款的内容及其订立与合同的性质和运输方式有着密切的关系。我国的大部分进出口合同是 FOB、CIF 和 CFR 合同,而且大部分货运是通过海洋运输完成。因此,装运时间、装运港、目的港、是否允许转船和分批装运等内容应包括在装运条款中。

一、装运时间

装运时间又称装运期(Time of Shipment),是指卖方将合同规定的货物装上运输工具或交给承运人的期限。在规定装运时间是,一定要注意它与交货时间(Time of Delivery)的区别。

在使用 FOB、CIF、CFR、FCA、CIP 和 CPT 等贸易术语签订的进出口合同中,卖方在装运港或装运地将货物装上船只或交给承运人监管,就算完成交货义务,因此,按照上述贸易术语签订的合同,交货和装运的概念是一致的。但是,当采用"D"组贸易术语时,交货时间是指货物到达目的港或目的地给买方的时间,装运时间是指卖方在装运港(地)将货物装上船或其他运输工具的时间,所以,按"D"组贸易术语成交的合同,交货和装运则是完全不同的概念。因此,在签订合同时,一定要注意将二者不要混淆,以免引起不必要的纠纷。

(一)装运期的规定方法

在实际业务中,装运期的规定方法有以下几种。

1. 规定明确、具体的装运时间

(1)规定某月或某几个月内装运。

例如,2018 年 3 月装:Shipment during March,2018.

2018 年 2/3 月装:Shipment during Feb. /Mar. 2018.

(2)规定某月月底或某日前装运。

例如,2017 年 5 月底或以前装运。

Shipment at or before the end of May 2017.

2017 年 7 月 15 日或以前装运。

Shipment on or before July 15th 2017.

2. 规定在收到信用证后的若干天内装运

对于某些外汇管制较严的国家和地区的出口交易,或者买方资信情况欠佳或对其不了解,或者专门为买方特制的出口商品,为了防止买方不按时履行合同而造成损失,在出口合同中可采用在收到信用证后的若干天内装运的方法规定装运时间。

例如,收到信用证后 30 天内装运。

Shipment within 30 days after receipt of L/C.

需要注意的是,采用此方法规定装运时间的,必须同时规定有关信用证开到的期限。

(二)规定装运时间应注意的问题

(1)在买卖合同中规定装运时间,应当明确具体。尽量避免采用近期装运的表示方式,如迅速装运、立即装运、尽快装运等不宜使用。

(2)装运期限应当适度,不宜过长或太短。

(3)应注意货源情况、商品的性质和特点以及交货的季节性等。

(4)应考虑装运港、目的港的特殊季节性因素。

(5)为保证按期装运,应考虑装运期是否与开证日期相衔接。

二、装运港和目的港

装运港(Port of Shipment)是指货物起始装运的港口。目的港(Port of Destination)是指最终卸货的港口。在国际贸易中,装运港一般由卖方提出,经买方同意后确认;目的港一般由买方提出,经卖方同意后确认。

（一）装运港和目的港的规定

在买卖合同中，装运港和目的港的规定方法有以下几种：

（1）在一般情况下，装运港和目的港分别规定一个。例如，装运港：上海；目的港：伦敦。

（2）在大宗商品交易条件下，可酌情规定两个或两个以上的装运港和目的港，并分别列明港口名称。例如，装运港：大连/青岛/上海；目的港：伦敦/利物浦。

（3）在磋商交易时，明确规定装运港或目的港有困难的，可以采用选择港的办法。规定选择港有两种方式：一种是在两个或两个以上港口中选择一个，如 CIF 伦敦，选择港汉堡或鹿特丹，或者 CIF 伦敦/汉堡/鹿特丹；另一种是笼统规定某一航区为装运港或目的港，如"地中海主要港口"，即最后交货时选择地中海中的一个主要港口为目的港。

（二）规定国内外港口时要注意的问题

（1）在确定国外装运港和目的港时，应注意力求具体明确，不能接受内陆城市为装运港或目的港的条件，要了解装卸港有无直达班轮航线等。此外，如采用选择港口规定，选择港不宜超过三个，而且必须在同一航区、同一航线上。要注意港口有无重名问题。我方出口时，在合同中应明确规定：如买方选择目的港要增加运费、附加费，应当由买方负担，同时要规定买方宣布最后目的港的时间。

（2）在规定国内装运港和目的港时，出口业务应注意一般要以接近货源地的对外贸易港口为宜，同时考虑港口和国内运输的条件和费用水平。进口业务中，对国内目的港原则上要选择以接近用货单位或消费地区的港口较为合理。

三、分批装运和转运

分批装运和转运，直接关系到买卖双方的权益，因此，能否分批装运和转运，是国际贸易合同中交货条款的重要内容，需要在磋商交易时就明确。

（一）分批装运

分批装运（Partial Shipment）又称分期装运，是指一个合同项下的货物先后分若干期或若干批装运。在国际贸易中，由于商品交易数量较大，或由于备货、运输条件、市场需要或资金限制，有必要分期分批交货，到货时，买卖双方可在合同中规定分批装运条款。

一个合同能否分批装运，应视合同中是否规定允许分批装运而定，如合同中未明确规定允许分批，按外国合同法，不等于允许分批装运。但国际商会制定的《跟单信用证同一惯例》规定，"除非信用证另有规定，允许分批装运"。因此，为了避免不必要的争议，除非买方坚持不允许分批装运，原则上应在合同中明确写入"允许分批装运"。

在合同中对于分批装运规定的方法主要有以下两种：

（1）只原则规定允许分批装运，对于分批的具体时间、批次和数量均不做规定。这种做法有利于卖方根据货运和运输条件，在合同规定的装运期内灵活掌握。

（2）在规定允许分批装运时，具体订明每批装运的时间和数量。这种做法一般根据买方对货物的使用或转售的需要确定，对卖方限制较严。这种限制下，只要其中任何一期没有按时、按量装运，除非合同规定，每批构成一份单独合同，就可作为违反合同论。假如信用证也做相同规定，若其中任何一期未按规定装运，则本期及以后各期均不得凭以装运支款。因此，在出口业务中，接受此类条款应当十分慎重对待。

同时要注意，根据《跟单信用证统一惯例》(国际商会第 600 号出版物)的规定："运输单据表面上注明同一运输工具、同一航次、同一目的地的多次装运，即使表面上注明不同的装运日期或不同的装货港、接受监管地或发运地，也不视作分批装运；货物经邮运或专递运输，如邮局收据或邮寄证明或专递收据或发运单的表面上系由信用证规定的发运地并与同一日期盖戳、签署或以其他方式证实，则该邮寄或专递装运不作为分批装运论。"

(二) 转运

转运(Tran-shipment)是指从信用证规定的发运接受监管或装运地运至最后目的地的运输过程中，从一运输工具上卸下，再装上另一运输工具(不论是否为不同运输方式)的行为。

货物中途转运，不仅延误时间和增加费用开支，而且还有可能出现货损货差，所以买方一般会提出在合同中订立"限制转运"的条款。

根据《跟单信用证统一惯例》(国际商会第 600 号出版物)规定，除非信用证明示不准转运，卖方即有权转运。另外，2007 年《跟单信用证统一惯例》修订本的"禁止转运"，实际上仅是禁止海运港至港，除集装箱以外的货物(即散货)运输的转运。因此，为了明确责任和便于安排装运，买卖双方是否同意转运以及有关转运的办法和转运费用的负担等问题，应在合同中订明。

四、装运通知

装运通知(Shipment Advice)主要是卖方在装妥货物后，向买方发出的传真或电邮，告知买方货物装运的一般情况，通常包括合同号、货物名称、件数、重量、提单号、船名、航次号、装船日期以及货物预计到港日期等。规定装运通知条款主要是明确买卖双方责任，促使买卖双方互相合作，共同做好船货衔接和办理货运保险的工作。

本章小结

国际货物运输是国际贸易不可缺少的重要环节。海洋运输是运用最为广泛的一种运输方式，此外，还包括铁路运输、航空运输、内河运输、公路运输、邮政运输、管道运输、集装箱运输、国际多式运输和大陆桥运输等。

在运输过程中使用的运输单据是明确托运方和承运方权利和责任的重要凭证，也是出口方收汇的重要依据。主要的运输单据包括海运提单、海洋货运单、铁路运单、航空运单和多式联运单等。

在国际货物买卖合同中，明确、合理地规定装运条款，是保障进出口贸易顺利进行的重要条件。完整的装运条款应当包括装运时间、装运港、目的港、分批装运和转运、运输费用、滞期费和速遣费等内容。

关键词汇

分批装运　转运　班轮运输　租船运输　海运提单　国际多式运输　滞期费　速遣费

本章习题

一、术语翻译

1. Sea Transport　2. Liner Transport　3. Charter Transport　4. Weight Ton

5. Measurement Ton　6. Freight Ton　7. Demurrage　8. despatch money

9. Ocean Bill of Loading　10. Sea Waybill　11. Rail Transport

12. Air transport　13. Inland Waterway Transport　14. Road Transport

15. Parcel Post Transport　16. Pipeline Transport　17. Container Transport

18. Full Container Load　19. Less Than Container Load　20. Container Yard

21. Container Freight Station　22. International Multi-modal Transport

23. Load Bridge Transport　24. Partial Shipment　25. Tran-shipment

二、简答题

1. 国际货物运输的方式有哪几种？在实际业务中,应当如何选择？

2. 何为班轮运输和租船运输？分别简述其特点。

3. 班轮运费的计算标准有哪几种？

4. 简述海运提单的性质和种类。

5. 何谓"国际多式联运"？它的主要优点有哪些？

三、计算题

1. 我国某公司出口一批门锁到美国,货物共 19.8 公吨,15.6 立方米,由青岛装船经香港转运至纽约港。经查青岛至香港,该批货物运费计算标准为 W/M,等级为 10 级,基本费率为每运费吨 25 美元,香港至纽约,计算标准为 W/M,等级为 10 级,基本费率为每运费吨 50 美元,另收香港中转费,每运费吨 15 美元。试计算该批货物的总运费。

2. 我国公司出口货物共 500 箱,报价为每箱 USD 275,CFR 华盛顿。该批货物每箱体积为 40 cm×35 cm×25 cm,毛重为 36 千克,净重 32 千克。商品计费标准为 W/M,基本运费为每运费吨 150 美元,到达华盛顿港加燃油附加费 20%,港口拥挤费 10%。几天后,进口商要求报价改为 FOB 上海。试计算新报价为多少。

四、案例分析题

1. A 总公司向 B 进口商出口 1 万吨大米,采用可转让信用证,且规定不得分批。于是总公司将信用证全部转让给 3 家分公司。这 3 家分公司按照来证规定的装运期,在各自口岸通过同一条班轮按质量装货,并在各自当地银行就地议付。但货到目的港后,因市场发生了变化,大米价格下跌,进口商不想接受货物。于是,进口商借口交货地点及装运期不同,认为货物进行了分批装运而拒付。A 总公司认为没有违反信用证的要求,双方产生争议。请问:A 公司是否违反了信用证规定,B 有没有理由拒付？

2. 某贸易公司委托海运公司运输300包咖啡豆,在装船时,检验人员发现这批咖啡豆有20包破损,于是在收货单上对此损坏现象做出了批示。贸易公司为了能及时收汇,就向银行申请出具保函要求海运公司出具清洁提单。海运公司接受了保函,并签发了清洁提单。货物抵达目的港后,收货人认为包装有破损,但船方仍签发了清洁提单,已构成欺诈,于是将海运公司诉至法院。请问:在此案例中,海运公司应吸取的教训是什么?

第六章　国际货物运输保险

学习目标

1. 了解保险的基本原则;

2. 掌握国际货物运输中所面临的各种风险及由此可能产生的损失和费用;

3. 熟悉我国海运货物保险的险别,伦敦保险协会海运货物保险条款;

4. 掌握进出口货物运输保险实务。

开篇导入

"长江"号货轮满载货物驶离上海港。开航后不久,船舱内老化的电线短路引发大火,1 号货舱的 1 000 套出口服装完全烧毁。船到纽约港卸货时发现,装在同一货舱中的烟草和茶叶由于衣物燃烧散发出的焦糊味而不同程度受到串味损失。其中,由于烟草包装较好,串味不是非常严重,经过特殊加工处理,仍保持了烟草的特性,但品质已大打折扣,只能降价两成销售。而茶叶则完全失去了其特有的芳香,不能当作茶叶出售了,只能按廉价的填充物处理。卸货后,船继续往下一港口行驶时,不幸与另一艘货船相撞,船舶严重受损,2 号货舱破裂,仓内进入大量海水,剧烈的震荡和海水浸泡导致仓内装载的精密仪器严重受损。为了救险,船长命令动用 2 号舱内的出口毛毯临时堵住漏洞,造成大量毛毯损失。在船舶停靠洛杉矶港避难进行大修时,船方联系了岸上有关专家就精密仪器的抢修事宜进行了咨询,发现整理恢复工作花费金额十分庞大,已经超过了货物的保险价值。为了方便修理船舶,不得不将第三舱和第四舱部分纺织品货物卸下,在卸货时有一部分货物有钩损。

请问:上述货物损失属于什么损失?

第一节　保险的基本原则

保险的基本原则是投保人和保险人签订保险合同、履行各自义务以及办理索赔和理赔工作所必须遵守的原则。按投保标的的不同,保险可分为财产保险、责任保险、信用保险和人身保险。国际货物保险是财产保险的一种。不论哪一种保险,投保人和保险人均需签订保险合同并遵循以下基本原则。

一、保险利益原则

保险标的(Subject Matter Insured)是保险所要保障的对象,它可以是任何财产及其有关利益,也可以是人的寿命和身体。保险利益(Insurable Interest)又称可保利益,是指投保人对保险标的具有法律上承认的经济利益。

保险利益原则就是要求投保人或被保险人对保险标的具有可保利益。投保人或被保险人对保险标的无可保利益,则保险合同无效。具体来说,作为保险合同客体的可保利益必须具备以下三个条件:

第一,可保利益必须是合法利益,而不是违反法律规定、通过不正当手段获得的。

第二,可保利益必须是一种确定的、可实现的利益。

第三,可保利益必须是可以用货币计算的经济利益,而不是恢复原样或物质补偿。

在国际货物保险中,保险标的即买卖的货物。同其他保险一样,要求投保人或被保险人必须对保险标的具有保险利益。但是国际货物保险又具有其特殊性,它不要求被保险人在投保时便具有保险利益,而是仅要求在保险事故发生时,被保险人对保险标的具有可保利益。这种特殊规定是由国际贸易的特点所决定的,如在以 FOB、FCA、CFR、CPT 条件达成的交易中,货物风险的转移以货物在装运港船上或在出口国发货地或装运地交付承运人为划分点。但是,货物在装上船或交付承运人之前,仅卖方有保险利益,而买方并无保险利益。如果硬性要求被保险人在投保时就必须具有保险利益,则买方则无法在货物装船或交付承运人之前就及时对货物办理保险,贸易合同也就无法达成。因此,在国际货物运输保险业务中,保险人可视为买方具有预期的保险利益而同意承保。

【例 6-1】 2017 年 7 月 13 日,我国"华胜"进出口公司与美国 A 公司签订协议,按照 FOB 的贸易方式进口 1 000 件高级服装。合同签订后,华胜公司即联系运输事宜,并在 2017 年 9 月 1 日与某保险公司签订了预约保险合同,支付了保险费用。但是,2017 年 9 月 2 日,华胜公司接获通知,1 000 件服装在 A 公司的仓库遭受火灾全部烧毁。2017 年 9 月 5 日,华胜公司将险情告知了保险公司并提出索赔。请问:保险公司应当如何处理?

【分析】

保险公司应当拒赔,且退还保险费。在国际贸易货物运输保险中,投保人(被保险人)对投保货物是否具有保险利益,取决于货物风险是否转移,而货物风险是否转移又取决于买卖双方采用的贸易方式。在 FOB 贸易方式下,买卖双方的风险的划分点以货物在指定装运港装上买方指定船上为划分点,只有货物在装上船后,买方(投保人、被保险人)才对货物享有保险利益,保险合同才生效。

在本案中,货物损失发生在卖方的仓库,还没有被装上华胜公司指定的船上,华胜公司尚不具有对货物的保险利益,因此无权向保险公司索赔,该保险公司无效,所以保险公司也应当退还保险费。

二、最大诚信原则

最大诚信原则(Utmost Good Faith)是指投保人和保险人在签订保险合同以及在合

同有效期内,必须保持最大限度的诚意,双方都应恪守信用,互不欺骗隐瞒。保险合同是以最大诚信为基础的,因此,如果一方当事人不遵守最大诚信原则,另一方可声明该保险合同无效。

对被保险人来说,最大诚信原则主要有两方面的要求。

(一)重要事实的申报

重要事实的申报是指被保险人在投保时应将自己知道的或者在通常业务中应当知道的有关保险标的的重要事实如实告知保险人,以便保险人判断是否同意承保的条件。例如,在货物运输保险中,被保险人应当向保险公司提供保险标的、运输条件、航程以及包装条件等方面的真实情况。根据我国《海商法》规定,如果被保险人故意未将重要情况如实向保险人告知,保险人有权解除保险合同,并且不退还保险费。合同解除前发生保险事故造成的损失,保险人不负责赔偿责任;如果被保险人的不告知不是故意所为,保险人也有权解除合同或者要求相应增加保险费。

(二)保证

保证,也称担保,是指被保险人在保险合同中所做出的保证要做或不做出某种事情,保证某种情况的存在或不存在,或保证履行某一条件。例如,保证货物必须是合法的,载货船舶不驶入某些危险海域等。对于保险合同中的保证条款,不论其重要性如何,被保险人均需严格遵守,如有违反,保险人可以自保证被违反之日起解除合同。而且,被保险人即使在损失发生之前已经对违反的保证做出了弥补,也不能以此为由为其违反保证的事实提出辩护,保险人仍可按其违反保证处理。

三、补偿原则

保险补偿原则(Principle of Indemnity)又称损害赔偿原则,是指当保险标的遭受保险责任范围内的损失时,保险人应当依照保险合同的约定履行赔偿义务。

当保险标的发生保险责任范围内损失时,保险人在对被保险人进行理赔时,对补偿原则应当掌握的标准主要有:

(1)赔偿金额既不能超过保险金额,也不能超过实际损失。实际损失是根据损失时的市价来确定的。

(2)被保险人必须对保险标的具有保险利益。同时,赔偿金额也以被保险人在保险标的中所具有的保险利益金额为限。

(3)被保险不能通过保险赔偿而得到额外利益。保险的赔偿是使被保险人在遭遇损失后,经过补偿能恢复到在其受损前的经济状况,而不应使被保险人通过补偿而获得额外利益。具体有以下三种情况:

① 如果保险标的遭受部分损失,仍有残值,保险人在计算赔偿时,对残值做相应扣除;如保险事故发生后,保险人已支付了全部保险金额,并且保险金额等于保险价值的,受损保险标的的全部权利归保险人;保险金额低于保险价值的,保险人按照保险金额与保险价值的比例取得受损保险标的的部分权利。

② 如果保险事故是第三方责任造成的,被保险人从保险人处得到全部损失赔偿后,必须将对第三者请求赔偿的权利转让给保险人,被保险人不得再从第三者那里得到赔偿。

③ 如果投保人将同一标的、同一保险利益、同一保险事故分别与两个以上保险人订立了合同,且保险金额总和超过保险价值的(即重复保险),当保险事故发生后,被保险人从各保险人处获得的赔偿金总和不得超过保险价值。

四、近因原则

近因原则(Principle of Proximate Cause)是保险理赔工作中必须遵循的一项基本原则,也是保险标的发生损失时,用来确定保险标的所受损失是否能获得保险赔偿的一项重要依据。这一原则是指保险人只对承保风险与保险标的的损失之间有直接因果关系的损失负赔偿责任,而对保险责任外的风险造成的损失,不承担赔偿责任。在实践中,近因原则主要分以下几种情况:

(1) 如果造成保险标的损失的原因只有一个,而这个原因又是保险人的承保责任范围内的,那么这个原因就是损失近因,保险人应当负赔偿责任;反之,这个原因不是保险人的承保责任范围内的,保险人不赔偿。

(2) 如果造成保险标的损失的原因是两个或两个以上,则做具体分析:

① 如果损失是由多个原因造成,这些原因都是保险责任范围内的,该项损失的近因必定是保险事故,保险人应当赔偿;反之,如果造成损失的多种原因都是保险责任范围外的,保险人不负赔偿责任。

② 如果损失是由多个原因造成,这些原因既有保险责任范围内的,也由保险责任范围外的,则应根据情况具体分析。如果保险标的的损失是由多个事件连续发生而导致的,前后之间存在因果关系,则最先发生并导致一连串事件的原因为近因。这个前因属于保险范围的,则保险人应承担赔偿责任;反之,保险人不承担赔偿责任。如果保险标的的损失是由多个原因造成,而多种原因之间不存在明显的因果关系,此时那些对损失起主导或决定作用的原因为近因,保险人依据此近因判断是否承担赔偿责任。

【例6-2】 一架载有出口精密仪器的飞机在飞行过程中遇到雷击,致使机尾受到严重损坏,为了安全起见,飞机必须紧急迫降,而由于机尾受损,紧急迫降时机身发生剧烈的震动,机上的五台精密仪器受损完全报废。试分析在这次事故中,仪器受损的近因是什么。

【分析】

在这次事故中,其因果关系为:雷击→机尾受损→紧急迫降→震动→仪器报废。

从这个因果关系链看,导致五台仪器报废的最根本的原因还是在于雷击,仪器报废只是雷击造成的一系列后果之一,因此这次事故的近因为雷击。

【例6-3】 A国出口一批食品到B国,海洋运输途中,食品不慎遭受海水浸泡,外包装受潮后导致食品发生霉变,食品到达目的港后只能当作廉价肥料销售。请问:食品损失的近因是什么?

【分析】在该案例中,食品发生霉变损失的原因是外包装受潮水汽侵入,而外包装受潮是海水浸泡导致。所以,海水浸泡是损失的近因。

【例6-4】 在"二战"期间,某企业将准备出口的商品运送至码头仓库待运,公司为商品购买了一切险。在待运过程中,恰逢敌军飞机轰炸,引起仓库着火,使得该批商品都被烧毁。当被保险人要求保险公司赔偿时,保险公司却以货物损失不属于保险责任范围为由拒绝。请问:保险公司理由是否正确?

【分析】

该案例中,商品损失的原因有两个:投弹和火灾,两个原因是连续的,投弹引起火灾,是造成货物损失的直接原因,即是近因。而战争不属于一切险的责任范围,因此保险公司不承担责任,可以予以拒赔。

第二节 国际货物运输保险的承保范围

国际货物运输一般距离长、风险大,在运输途中容易遭受各种损失,为了转嫁风险降低损失,进出口商通常会选择办理货物运输保险,以保障自己能在遭遇损失后得到经济补偿。国际货物运输保险因运输方式不同而分为多种类型,但在各种保险中,海上运输货物保险起源最早,历史最久。不同货物运输保险,保险公司承担的责任有所不同,但所保障的范围都是相似的。由于国际货物买卖大多数通过海洋运输,而其他货物运输保险也是在海洋运输货物保险的基础上发展起来的,所以海洋运输货物保险在国际贸易中占有重要的地位。海洋运输货物保险的承保范围主要包括海上货物运输风险、损失和费用。准确掌握海洋运输货物保险保障的风险、损失以及不同险别的责任范围、保险期限等基本概念,是正确处理投保和索赔事宜的必要条件。

一、风险

海洋运输货物保险的风险分为海上风险和外来风险两类。

(一)海上风险

海上风险(Perils of the Sea)又称海难,一般是指船舶或货物在海上运输过程中发生的或随附海上输运所发生的风险,包括自然灾害和意外事故。

1. 自然灾害

自然灾害(Natural Calamity)是指不以人的意志为转移的自然界力量所引起的灾害,如恶劣气候、雷电、海啸、地震、洪水、火山爆发、浪击落海等。

2. 意外事故

意外事故(Fortuitous Accidents)是指由于偶然的,难以预料的原因造成的事故,如船舶搁浅、触礁、沉没、焚毁、互撞或遇流冰或其他固体物,如与码头碰撞以及失火、爆炸等原因造成的事故。

需要指出的是,按照国际保险的一般解释,海上风险并不仅局限于海上航行过程中发生的风险,还包括发生在与海上航运相关联的内陆、内河、内湖运输过程中发生的一些自然灾害和意外事故。

（二）外来风险

外来风险(Extraneous Risks)是指由于海上风险以外的其他外来原因引起的风险。外来风险又分为一般外来风险和特殊外来风险两种，如雨淋、短量、偷窃、玷污、渗漏、破碎、受潮、受热、串味、锈损和钩损等为一般外来风险；战争、罢工和交货不到、拒收等则为特殊外来风险。

二、海上损失

海上损失是指被保险人因被保险货物在运输途中遭受海上风险而造成的损失。海上损失一般指货物本身遭受到损坏或灭失，按货物损坏程度不同可分为全部损失或部分损失。

（一）全部损失

全部损失(Total Loss)简称全损，是指被保险货物在海洋运输中遭受全部损失。从损失的性质上来看，全部损失又分为实际全损和推定全损。

1. 实际全损

实际全损(Actual Total Loss)，又称绝对全损，是指该批被保险货物在运输途中完全灭失，或者受到严重损坏完全失去原有的形体、效用，或者不能再归被保险人所拥有。在保险业务上，构成实际全损的情况主要有以下几种：

（1）保险标的物全部灭失。例如，载货船舶在海洋运输途中遭遇海难沉入海底，被保险货物实体完全灭失。

（2）保险标的物的物权完全丧失且已经无法挽回。例如，载货船舶被海盗抢劫，或船舶被敌对国扣押，标的物虽存在，但被保险人已经丧失对货物的物权。

（3）保险标的物已经丧失原有商业价值或用途。例如，食物被海水浸泡发霉变质。

（4）载货船舶失踪，经过一定时间后仍然杳无音讯，视为实际全损。在国际贸易中，一般根据航程远近和航行区域来决定失踪多长时间后可认定为实际全损。

被保险货物在遭受实际全损时，被保险人可按投保金额获得保险公司全部损失的赔偿。

2. 推定全损

推定全损(Constructive Total Loss)，是指被保险货物在运输途中受损后，实际全损已经不可避免，或者为避免实际全损所需要支付的抢救、修理费用加上将货物继续运抵目的地的费用之和超过保险价值。

例如，有一台精密仪器价值 15 000 美元，货轮在航行途中触礁，船身剧烈震动而使仪器受损。事后经专家检验，修复费用为 16 000 美元。在这种情况下，被保险人可向保险公司申请认定推定全损。

在被保险货物发生推定全损时，被保险人可以要求保险人按部分损失赔偿，也可要求保险人按全部损失赔偿。如果要求按全部损失赔偿，被保险人必须向保险人发出委付通知(Notice of Abandonment)。所谓委付，就是被保险人表示愿意将保险标的的一切权利和义务转让给保险人,并要求保险人按全部损失赔偿的一种行为。委付必须经过保险人同意后才能生效,保险人应当在一个合理的时间内将接受委付或不接受委付的决定通知被保险人。委付一经保险人接受,不得撤回。

(二) 部分损失

部分损失(Partial Loss),是指不属于实际全损和推定全损的损失,即没有达到全部损失的程度。

在海上货物保险中,保险人对保险标的的部分损失所应承担的赔偿额计算方法如下:

$$\text{部分损失的赔偿金额} = \text{保险金额} \times \left(\text{实际完好价值} - \text{货损后的实际价值} \right) \div \text{实际完好价值}$$

在保险业务中,按照造成损失的原因不同,部分损失又分为共同海损和单独海损两种。

1. 共同海损

共同海损(General Average)是指在同一海上航程中,船舶、货物和其他财产遭遇共同危险,为了安全起见,船方有意地、合理地采取措施所直接造成的特殊牺牲、支付的特殊费用。

【例 6-5】　我国出口 1 000 台拖拉机到 A 国,拖拉机装于海轮的舱面上。航行中遇大风浪袭击,船一侧的 200 台拖拉机被卷入海中,海轮严重倾斜,如不立即采取措施,则有翻船的危险,船长下令将船另一侧的另外 200 台拖拉机抛入海中。

【分析】

在该案例中,被大风浪卷落海中的 200 台拖拉机是自然灾害造成的损失,而船长为防止剩余货物和船沉没,而将另一侧的 200 台拖拉机抛入水中则是属于共同海损。

构成共同海损,必须具备以下条件:

(1) 构成共同海损的危险必须是真实存在的或不可避免的,而非主观臆测的;

(2) 船方所采取的措施,必须是为了解除船、货共同风险,有意识而且合理的行为;

(3) 牺牲和费用的支出最终必须是有效的。也就是说采取的措施,船、货的全部或部分最后安全抵达终点,避免了船、货同归于尽的局面。

在发生共同海损后,所发生的牺牲和费用由受益各方(船方、货方和运费三方)按其获救财产价值进行分摊,即共同海损分摊(General Average Contribution)。

【例 6-6】　在某次共同海损事件中,经有关部门按规定理算,货物分摊价值 550 万元,其中货主甲、乙分别为 300 万元、250 万元;船舶分摊价值 250 万元,运费分摊 50 万元,全船价值分摊共 850 万元;共同海损为 170 万元。请问:各有关方如何进行分摊?

【分析】

共同海损的分摊应以实际遭受的损失和费用为准,由受益各方按比例分摊。

在此案中,实际发生的共同损失为 170 万元,由货方、船方和运费方共同依据获救价值按比例分摊。

170÷850×100%=20%

货主甲:300×20%=60(万元)

货主乙:250×20%=50(万元)

船方：$(250+50)\times20\%=60$（万元）

2. 单独海损

单独海损(Particular Average)是指除共同海损以外的部分损失，即被保险货物遭遇海上风险受损后，其损失为达到全损程度，而且该损失应由受损方单独承担的部分损失。

共同海损和单独海损均属于部分损失，两者的主要区别如下：

第一，单独海损是由海上风险直接造成的货物损失，没有人为的因素在内，而共同海损则是因采取了人为的、有意的措施而导致的损失；

第二，单独海损的损失由受损方自行承担，而共同海损的损失由受益各方按获救财产价值比例分摊。

三、海上费用

海上货物保险的费用是指为营救被保险货物所支出的费用。海上费用主要包括施救费用(Sue and Labour Expenses)和救助费用(Salvage Charges)。

（一）施救费用

施救费用是指被保险货物遭遇保险责任范围内的事故时，由被保险人或其代理人、雇佣人员和保单受让人对保险标的所采取的各种抢救、防止或减少货损的措施而支出的合理费用。保险人对这种施救费用承担赔偿责任。构成施救费用的条件如下：

（1）施救人员仅限于被保险人及其代理人、雇佣人员和保单受让人；

（2）支出的费用必须是合理的、必要的费用；

（3）必须是为防止或减少承保风险所致损失而采取的措施引起的费用。

（二）救助费用

救助费用是指保险标的遭受保险责任范围内的灾害事故时，由于保险人和被保险人以外的第三者采取了救助措施并获得成功，由被救方向其支付的救援费用。保险人对这种费用也负赔偿责任。构成救助费用的条件如下：

（1）救助人必须是保险人和被保险人以外的第三者；

（2）被救助的船舶或货物必须处于不能自救的危险境地；

（3）救助行为必须是成功有效的。

（三）其他费用

除了施救费用和救助费用外，为减少航行途中遇险后货物损失，在中途港或避难港，由于卸货、仓储和运送货物所产生的费用，以及保险索赔成立时，对保险标的进行的查验、公正、理算等相关行为所支付的额外费用，保险人均负赔偿责任。

四、外来风险损失

外来风险的损失则是指海上风险以外的其他外来风险造成的损失。按不同的原因分为一般外来风险的损失和特殊外来风险损失。

第三节　我国海洋运输货物保险险别

在我国,进出口货物运输保险最常用的保险条款是"中国保险条款"(China Insurance Clause,C. I. C)。该条款由中国人民财产保险股份有限公司根据我国保险业实际情况,参照国际保险市场习惯做法制定。该条款按运输方式来分,共有海洋、陆上、航空和邮包运输保险条款四大类;对于某些特殊商品,还配备有海运冷藏货物、陆运冷藏货物、海运散装桐油及活牲畜、家禽的海陆空运输保险条款;适用于各种运输方式的货物保险的附加险条款。本节主要介绍我国的海洋运输保险。

我国的货物运输保险险别,按照能否单独投保,分为基本险和附加险两类。基本险又称主险,可以单独投保,而附加险不能单独投保,只有在投保某一种基本险的基础上才能加保附加险。

一、我国海洋运输货物保险基本险别

按中国保险条款规定,我国海洋运输货物保险条款包括三种基本险别,即平安险(Free from Particular Average, FPA)、水渍险(With Average or With Particular Average, WA or WPA)和一切险(All Risks)。

(一)平安险

保险公司对平安险的承保责任范围是:

(1) 被保险货物在运输途中由于恶劣气候、雷电、海啸、地震、洪水自然灾害造成整批货物的全部损失或推定全损。当被保险人要求赔付推定全损时,须将受损货物及其权利委付给保险公司。被保险货物用驳船运往或运离海轮的,每一驳船所装的货物可视作一个整批。

(2) 由于运输工具遭搁浅、触礁、沉没、互撞,与流冰或其他物体碰撞以及失火、爆炸等意外事故造成被保险货物的全部或部分损失。

(3) 只要运输工具曾经发生搁浅、触礁、沉没、焚毁等意外事故,货物在此前后又在海上遭恶劣气候、雷电、海啸等自然灾害所造成的被保险货物的部分损失。

(4) 在装卸转船过程中,被保险货物一件或数件落海所造成的全部损失或部分损失。

(5) 运输工具遭自然灾害或意外事故,在避难港卸货所引起被保险货物的全部损失或部分损失。

(6) 运输工具遭自然灾害或意外事故,需要在中途的港口或者在避难港口停靠,因而引起的卸货、装货、存仓以及运送货物所产生的特别费用。

(7) 发生共同海损所引起的牺牲、公摊费和救助费用。

(8) 运输合同中订有"船舶互撞责任"条款,根据该条款规定应由货方偿还船方的损失。

（二）水渍险

保险公司对水渍险的承保责任范围是，除了包括上列"平安险"的各项责任外，还负责被保险货物在运输过程中由于恶劣气候、雷电、海啸、地震、洪水等自然灾害所造成的部分损失。

（三）一切险

保险公司对一切险的承保责任范围，除包括上列水渍险的所有责任外，还包括货物在运输过程中，因一般外来风险所造成保险货物的损失。例如，被窃、雨淋、渗漏、碰损、破碎、串味、受潮受热、钩损等。不论全损或部分损失，除对某些运输途耗的货物，经保险公司与被保险人双方约定在保险单上载明的免赔率外，保险公司都给予赔偿。

投保人可根据货物的特点、运输路线等情况选择三种基本险种的一种来进行投保。

对于这三种基本险，为了明确保险人承保海运保险的责任范围，中国人民保险公司《海洋运输货物保险条款》对海运基本险别的除外责任有下列五项：

（1）被保险人的故意行为或过失所造成的损失；

（2）属于发货人责任所引起的损失；

（3）在保险责任开始前，被保险货物以已存在的品质不良或数量短差所造成的损失；

（4）被保险货物的自然损耗、本质缺陷、特性以及市场跌落、运输延迟所引起的损失和费用；

（5）战争险和罢工险条款规定的责任及其险外责任。空运、陆运、邮运保险的除外责任与海运基本险别的险外责任基本相同。

二、我国海洋运输货物保险附加险别

在海运保险业务中，进出口商除了投保货物的上述基本险别外，还可以根据货物的特点和实际需要，选择若干适当的附加险别。附加险是对基本险的补充和扩大，投保人只能在投保一种基本险的基础上才能加保一种或数种附加险。目前，"中国保险条款"中的附加险有一般附加险和特殊附加险两种。

（一）一般附加险

一般附加险（General Additional Risk）所承保的是由于一般外来风险所造成的全部或部分损失。一般附加险包括偷窃提货不着险、淡水雨淋险、短量险、混杂玷污险、渗漏险、碰损破碎险、串味险、受潮受热险、钩损险、包装破裂险、锈损险等 11 种险别。

（1）偷窃、提货不着险（Theft，Pilferage and Non-Delivery，TPND）：保险有效期内，保险货物被偷走或窃走，以及货物运抵目的地以后，整件未交的损失，由保险公司负责赔偿。

（2）淡水雨淋险（Fresh Water Rain Damage）：货物在运输中，由于淡水、雨水以及雪融所造成的损失，保险公司都应负责赔偿。淡水包括船上淡水舱、水管漏水等。

（3）短量险（Shortage）：负责保险货物数量短少和重量的损失。通常包装货物的短少,保险公司必须要查清外装包是否发生异常现象,如破口、破袋、扯缝等。如属散装货物,往往以装船重量和卸船重量之间的差额作为计算短量的依据。

(4) 混杂、玷污险(Intermixture and Contamination):保险货物在运输过程中,混进了杂质所造成的损失。例如,矿石等,混进了泥土、草屑等因而使质量受到影响。此外,保险货物因为和其他物质接触而被沾污而引起的经济损失,如布匹、纸张、食物、服装等被油类或带色的物质污染。

(5) 渗漏险(Leakage):流质、半流质的液体物质和油类物质,在运输过程中因为容器损坏而引起的渗漏损坏。

(6) 碰损、破碎险(Clash and Heating):碰损主要是对金属、木质等货物来说的,破碎则主要是对易碎性物质来说的。前者是指在运输途中,因为受到震动、颠簸、挤压而造成货物本身的损失;后者是在运输途中由于装卸野蛮、粗鲁、运输工具的颠震造成货物本身的破裂、断碎的损失。

(7) 串味险(Taint of Odour):如茶叶、香料、药材等在运输途中受到一起堆储的皮第、樟脑等异味的影响使品质受到损失。

(8) 受热受潮险(Sweat and Heating):如船舶在航行途中,由于气温骤变,或者因为船上通风设备失灵等,使舱内水汽凝结、发潮、发热引起货物的损失。

(9) 钩损险(Hook Damage):保险货物在装卸过程中因为使用手钩、吊钩等工具所造成的损失,如粮食包装袋因吊钩钩坏而造成粮食外漏所造成的损失。

(10) 包装破裂险(Breakage of Packing):因为包装破裂造成物资的短少、沾污等损失。此外,对于因保险货物运输过程中续运安全需要而产生的候补包装、调换包装所支付的费用,保险公司也应负责。

(11) 锈损险(Rust):保险公司负责保险货物在运输过程中因为生锈造成的损失。不过这种生锈必须在保险期内发生,如原装时就已生锈,保险公司不负责任。

当投保人投保平安险或水渍险时,可加保上述 11 种一般附加险中的一种或数种。但如果投保了一切险,就不需要再投保一般附加险,因为它们已包括在一切险范围内。

(二) 特殊附加险

特殊附加险(Special Additional Risk)承保由于特殊外来风险所造成的全部或部分损失,共有以下 8 种。

1. 海上货物运输战争险

战争险(War Risk)是特殊附加险的主要险别之一,是保险人承保战争或类似战争行为导致的货物损失的特殊附加险。战争险的承保责任范围包括:

(1) 直接由于战争、类似战争行为、敌对行为、武装冲突或海盗行为等所造成运输货物的损失。

(2) 由于上述原因所引起的捕获、拘留、扣留、禁制、扣押等所造成的运输货物的损失。

(3) 各种常规武器(水雷、炸弹等)所造成的运输货物的损失。

(4) 由本险责任范围所引起的共同海损牺牲、分摊和救助费用。

但由于敌对行为使用原子或热核制造的武器导致被保险货物的损失和费用不负责赔偿。

2. 海上货物运输罢工险

罢工险(Strikes Risk)是保险人承保被保险货物因罢工等人为活动造成损失的特殊附加险。罢工险的保险责任范围包括:

(1)罢工者、被迫停工工人或参加工潮暴动、民众斗争的人员的行动所造成的直接损失,恐怖主义者或出于政治目的而采取行动的人所造成的损失。

(2)任何人的敌意行动所造成的直接损失。

(3)因上述行动或行为引起的共同海损的牺牲、分摊和救助费用。

海洋运输货物罢工险以罢工引起的间接损失为除外责任,即在罢工期间由于劳动力短缺或不能运输所致被保险货物的损失,或因罢工引起动力或燃料缺乏使冷藏机停止工作所致冷藏货物的损失。

按国际保险惯例,已投保战争险后另加保罢工险,不另增收保险费,如果仅要求加保罢工险,则按战争险费率收费。

3. 进口关税险

进口关税险(Import Duty Risk)承保的是被保险货物在遭受保险责任范围内的损失后,仍得在目的港按完好货物缴纳进口关税而造成相应货损部分的关税损失。保险人对相应货损部分的关税损失进行赔偿。

4. 舱面险

舱面险(On Deck Risk)承保装载于舱面(船舶甲板上)的货物被抛弃或海浪冲击落水所致的损失。一般来讲,保险人确定货物运输保险的责任范围和厘定保险费时,是以舱内装载运输为基础的。但有些货物因体积大或有毒性或有污染性或根据航运习惯必须装载于舱面,为对这类货物的损失提供保险保障,可以加保舱面货物险。

加保该附加险后,保险人除了按基本险责任范围承担保险责任外,还要依舱面货物险对舱面货物被抛弃或风浪冲击落水的损失予以赔偿。

5. 黄曲霉素险

黄曲霉素险(Aflatoxin Risk)承保被保险货物(主要是花生、谷物等易产生黄曲霉素)在进口港或进口地经卫生当局检验证明,其所含黄曲霉素超过进口国限制标准,而被拒绝进口、没收或强制改变用途所造成的损失。按该险条款规定,经保险人要求,被保险人有责任处理被拒绝进口或强制改变用途的货物或者申请仲裁。

6. 拒收险

当被保险货物出于各种原因,在进口港被进口国政府或有关当局拒绝进口或没收而产生损失时,保险人依拒收险(Rejection Risk)对此承担赔偿责任。

7. 交货不到险

交货不到险(Failure to Deliver Risk)承保自被保险货物装上船舶时开始,在6个月内不能运到原定目的地交货。不论何种原因造成交货不到,保险人都按全部损失予以赔偿,但是,被保险人应将货物的全部权益转移给保险人。被保险人在投保该险别时必须获得进口货物所有的一切许可手续。由于该附加险与提货不着险和战争险所承保责任范围有重叠之处,故保险公司在条款中规定,提货不着险和战争险项下所承担的责任,不在交货不到险的保险责任范围之内。

8. 出口货物到香港(包括九龙在内)或澳门存仓火险责任扩展条款

出口货物到香港(包括九龙在内)或澳门存仓火险责任扩展条款(Fire Risk Extension Clause For Storage of Cargo at Destination Hong Kong, Including Kowloon, or Macao, F. R. E. C.)是一种扩展存仓火险责任的特别附加险。它对于被保险货物自内地出口运抵香港(包括九龙)或澳门,卸离运输工具,直接存放于保险单载明的过户银行所指定的仓库期间发生火灾所受的损失,承担赔偿责任。该附加险的保险期限,自被保险货物运入过户银行指定的仓库之时起,至过户银行解除货物权益之时,或者运输责任终止时起满 30 天时止。

三、保险责任的起讫

保险责任的起讫(Duration of Insurance)又称保险期限,是指保险人承担责任的起讫时限。我国《海洋运输货物保险条款》对保险责任的起讫做出了具体规定。

(一)基本险的保险责任起讫

保险公司对"平安险""水渍险"和"一切险"三种基本险别的责任起讫,均采用国际保险业所惯用的"仓至仓"条款(Warehouse to Warehouse Clause,W/W Clause)。该条款规定,保险公司对被保险货物所承担的保险期限,自货物从保险单载明的起运港(地)发货人的仓库或储存处开始运输时生效,包括正常运输过程中的海上、陆上、内河和驳船运输的整个运输过程,直至货物运达保险单载明目的港(地)收货人的最后仓库或被保险人用作分配、分派或非正常运输的其他储存处所为止。如未抵达上述仓库或储存处所,则以被保险货物在最后目的港(地)卸离海轮满 60 日为止。在货物未经运抵收货人仓库或储存处所并在卸离海轮 60 天内,需转运到非保险单载明的目的地时,以该项货物开始转运时终止。

(二)特殊附加险的责任起讫

(1)罢工险承保责任起讫采用"仓至仓"条款。

(2)战争险的责任起讫与基本险的不同,不采用"仓至仓"条款,战争险的责任仅限于水上责任。

战争险的责任起讫采用"水面"条款,以"水上危险"为限,是指保险人的承保责任自货物装上保险单所载明的启运港的海轮或驳船开始,到卸离保险单所载明的目的港的海轮或驳船为止。如果货物不卸离海轮或驳船,则从海轮到达目的港当日午夜起算满 15 日之后责任自行终止;如果中途转船,不论货物在当地卸货与否,保险责任以海轮到达该港可卸货地点的当日午夜起算满 15 天为止,等再装上续运海轮时,保险责任才继续有效。

四、保险索赔期限

索赔期限(Time of Validity of a Claim)又称保险索赔时效,是指保险货物发生保险事故损失时,被保险人根据保险合同向保险人要求保险赔偿的有效时间。

我国《海洋运输货物保险条款》规定,保险索赔时效从被保险货物在最后卸货港全部卸离海轮后起算,最多不超过2年。

五、海洋运输特种货物保险条款

在我国海洋运输货物保险中,还有专门适用于海运冷藏货物的海洋运输冷藏货物保险、海运散装桐油的海洋运输散装桐油保险以及活牲畜、家禽运输的保险。这三种保险均属于基本险性质。

(一)海洋运输冷藏货物保险

海洋运输冷藏货物保险(Ocean Marine Insurance-Frozen Products)是承保需要冷藏运输的鲜货及需要保持冷藏温度的运输货物的保险。

1. 海洋运输冷藏货物保险种类

该保险分为冷藏险和冷藏一切险两种。被保险货物遭受损失时,本保险按照保险单上订明承保险别的条款规定,负赔偿责任。

(1)冷藏险的责任范围除负责水渍险承保的责任外,还负责赔偿由于冷藏机器停止工作连续达24小时以上所造成的腐败或物品损失。

(2)冷藏一切险的责任范围,除包括冷藏险的各项责任外,还负责赔偿被保险货物在运输途中由于一般外来原因造成的腐败或损失。

2. 海洋运输冷藏货物保险的除外责任

(1)被保险人的故意行为或过失所造成的损失。

(2)属于发货人责任所引起的损失。

(3)被保险货物在运输过程中的任何阶段,因未存放在有冷藏设备的仓库或运输工具中,或辅助运输工具没有隔温设备造成的货物腐败。

(4)被保险货物在保险责任开始时因未保持良好状态,包括整理加工和包扎不妥,冷冻上的不合规定及骨头变质所引起的货物腐败和损失。

(5)被保险货物的自然损耗、本质缺陷、特性及市价跌落、运输延迟所引起的损失和费用。

(6)本公司海洋运输货物战争险条款和货物运输罢工险条款规定的责任范围和除外责任。

3. 海洋运输冷藏货物保险的责任起讫

海洋运输冷藏货物保险的责任起讫与基本险责任起讫基本相同。本保险责任自被保险货物运离保险单所载起运地点的冷藏仓库装入运送工具开始运输时生效,包括正常运输过程中的海上、陆上、内河和驳船运输在内,直至该项货物到达保险单所载明的最后目的港,如在30天内卸离海轮,并将货物存入岸上冷藏库后,保险责任继续有效,但以货物全部卸离海轮时起算满10天为限。在上述期限内货物一经卸离海轮后不存入冷藏仓库,则责任即行终止。

（二）海洋运输散装桐油保险

海洋运输散装桐油保险（Ocean Marine Insurance-Woodoil Bulk）是保险公司承保不论任何原因引起的短少、渗漏、沾污、变质并造成桐油的质量损失的保险，包括货物本身的特性、缺点、潜在缺陷、自然损耗、运输途耗引起的损失。

海洋运输散装桐油保险的责任起讫也按"仓至仓"条款负责，但是，如果被保险散装桐油运达目的港不及时卸载，则自海轮抵达目的港时起满 15 天，保险责任即终止。

（三）活牲畜、家禽运输保险

活牲畜、家禽运输保险（Livestock & Poultry Insurance）是保险公司对于活牲畜、家禽在运输途中的死亡负责赔偿。

1. 除外责任

保险责任开始之前，被保险活牲畜、家禽健康状况不好，或被保险活牲畜、家禽因怀仔、防疫注射或接种所致死亡；或因传染病、患病、经管理当局命令屠杀或因缺乏饲料而致死，或由于被禁止进口或出口或检验不符所引起的死亡，对于以上情况，该保险公司不负赔偿责任。

2. 保险责任起讫

活牲畜、家禽运输保险的责任起讫，承保责任自被保险活牲畜、家禽装上运输工具时开始，直至目的地卸离运输工具时为止。如果货物不卸离运输工具，最长的保险责任期限从运输工具抵达目的地当日午夜起算满 15 日为限，但是在保险有效的整个运输过程中，被保险活牲畜、家禽必须妥善装运，专人管理，否则保险公司不负赔偿责任。

第四节　我国陆运、空运与邮包运输货物保险

陆运、空运与邮包运输货物保险是在海洋运输货物保险的基础上发展起来的。但由于其可能遭受的风险种类和损失不同，所以其承保范围也有所不同。

一、我国陆上运输货物保险险别和条款

根据《陆上运输货物保险条款》（火车、汽车）的规定，陆上运输货物保险的险别包括基本险别，分为陆运险与陆运一切险两种；适用于陆运冷藏货物的专门保险，即陆上运输冷藏货物险（其性质也属于基本险种）；属于附加险种的陆上运输货物战争险（火车）。

（一）陆运险和陆运一切险

1. 保险责任范围

陆运险（Overland Transportation Risks）的承保责任范围同海洋运输货物保险条款中的"水渍险"相似。保险公司负责赔偿被保险货物在运输途中遭受暴风、雷电、洪水、地震自然灾害，或由于运输工具遭受碰撞、倾覆、出轨，或在驳运过程中因为驳运工具遭受搁

浅、触礁、沉没、碰撞，或货物遭受隧道坍塌、崖崩或失火、爆炸意外事故所造成的全部或部分损失。此外,被保险人对遭受承保责任内危险的货物采取抢救、防止或减少货损的措施而支付的合理费用,保险公司也负责赔偿,赔偿金额不超过该批被救货物的保险金额为限。

陆运一切险(Overland Transportation All Risks)的承保责任范围与海上运输货物保险条款中的"一切险"相似。保险公司除了承担上述陆运险的赔偿责任外,还负责赔偿被保险货物在运输途中由于一般外来原因所造成的全部或部分损失。

2. 适用范围和除外责任

陆运险和陆运一切险责任范围均适用于火车和汽车运输,其除外责任与海洋运输货物险的除外责任相同。

3. 保险责任的起讫

陆上运输货物险的责任起讫也采用"仓至仓"条款。保险公司对被保险货物所承担的保险期限,自货物从运离保险单载明的起运地仓库或储存处开始运输时生效,包括正常运输过程中的陆上和与其有关的水上驳运在内的整个运输过程,直至货物运达保险单载明目地收货人的最后仓库或储存所或被保险人用作分配、分派的其他储存处所为止。如未抵达上述仓库或储存处所,则以被保险货物运抵最后卸载的车站满 60 日为止。

(二)陆上运输冷藏货物险

陆上运输冷藏货物险(Overland Transportation Insurance-Frozen Products)是陆上运输货物保险中的一种专门保险。

1. 保险责任范围

保险公司除了负责陆运险所列举的各项损失外,还负责赔偿在运输途中由于冷藏机器或隔温设备的损坏或者车厢内储存冰块的融化所造成的被保险货物解冻融化以致腐败的损失。

2. 除外责任

由于战争、罢工或运输延迟而造成的被保险冷藏货物腐败的损失,以及被保险冷藏货物在保险责任开始时未能保持良好状态,包括整理加工和包扎不妥,或冷冻上的不合规定及骨头变质所造成的腐败和损失,保险公司不负赔偿责任。对于一般除外责任条款,同样适用于本险别。

3. 保险责任起讫

陆上运输冷藏货物险的责任自被保险货物运离保险单载明的起运地点的冷藏仓库装入运输工具开始运输时生效,包括正常运输过程中的陆上和与其有关的水上驳运在内,直至货物运达保险单载明目地收货人的最后仓库为止。但最长保险责任的有效期限以被保险货物到达目的地车站后 10 天为限。保险条款还规定,装运的任何运输工具,必须有相应的冷藏设备或隔温设备;或供应和贮存足够的冰块使车厢内始终保持适当的温度,保证被保险冷藏货物不致因融化而腐败,直至目的地收货人仓库为止。

(三)陆上运输货物战争险(火车)

陆上运输货物战争险(火车)(Overland Transportation Cargo War Risks "by train")

是陆上运输货物保险的特殊附加险。只有在投保了陆运险或陆运一切险的基础上,投保人和保险公司协商后才能加保。对于陆运战争险,国外私营保险公司大多数都不予承保。目前,为了适应外贸业务发展,我国保险公司一般都接受加保该险,但仅限于火车运输。

1. 保险责任范围

投保人加保陆上运输货物战争险(火车)后,保险公司负责赔偿在火车运输过程中,直接由于战争、类似战争行为和敌对行为、武装冲突所致的损失,以及由于各种常规武器包括地雷、炸弹所致的损失。

2. 除外责任

由于敌对行为使用原子或热核武器所致的损失和费用,以及根据执政者、当权者或其他武装集团的扣押、拘留引起的承保运程中的丧失和挫折而造成的损失,保险公司不予承保。

3. 保险责任起讫

陆上运输货物战争险(火车)的责任起讫与海运战争险相似。保险责任以货物置于运输工具时为限,即自被保险货物装上保险单所载明的起运地的火车时开始,到保险单所载明的目的地卸离火车时为止。如果货物不卸离火车,则从火车到达目的地当日午夜起算满48小时责任自行终止;如果运输中途转车,不论货物在当地卸货与否,保险责任以火车到达该中途站的当日午夜起算满10天为止;如货物在此期限内重新装车继续运行,保险责任恢复有效。但需指出:如运输契约在保单所载目的地以外的地点终止,该地则视为本保单所载目的地。在货物卸离该地火车时为止,如不卸离火车,则保险责任以火车到达该地当日午夜起计算满48小时为止。

二、航空运输货物保险险别和条款

根据我国《航空运输货物保险条款》规定,航空运输货物保险的基本险别为航空运输险和航空运输一切险两种。此外,还有航空运输货物战争险。

(一)航空运输险和航空运输一切险

1. 保险责任范围

航空运输险(Air Transportation Risks)指在航空货物运输险责任范围内,保险公司负责赔偿被保险货物的全部或部分损失和合理的抢救费用。该保险公司的承保责任范围与海洋运输货物保险条款中的"水渍险"大致相同。保险公司负责赔偿被保险货物在运输途中遭受雷电、火灾、爆炸或由于飞机遭受恶劣天气或其他危难事故而被抛弃,或由于飞机遭受碰撞、倾覆、坠落或失踪意外事故所造成的全部或部分损失。

航空运输一切险(Air Transportation All Risks),保险公司承保责任范围与海洋运输保险条款中的"一切险"相似,保险公司承保责任范围除包括航空运输险的全部责任外,还包括被保险货物由于一般外来原因所造成的全部或部分损失。

2. 除外责任

航空运输险和航空运输一切险的除外责任与海洋运输货物险的除外责任基本相同。

3. 保险责任起讫

航空运输险和航空运输一切险的保险责任起讫期限也采用"仓至仓"条款,所不同的是如果货物运达保险单所载明的目的地而未运抵保险单所载明收货人仓库或储存处所,则以被保险货物在最后卸载地卸离飞机后满 30 天保险责任即告终止。如在上述 30 天内,被保险货物需转送到非保险单所载明的目的地时,保险责任以该项货物开始转运时终止。

(二)航空运输货物战争险

航空货物运输战争险(Air Transportation Cargo War Risks)是航空货物运输险的一种附加险,只有在投保了航空运输基本险的基础上,经过投保人与保险公司协商方可加保。

1. 保险责任范围

在航空货物运输战争险中,保险公司承担赔偿在航空运输途中由于战争、类似战争行为、敌对行为或武装冲突以及各种常规武器和炸弹所造成的货物的损失,但不包括因使用原子弹或热核制造的武器所造成的损失。

2. 保险责任起讫

航空运输货物战争险的保险责任是自被保险货物装上保险单所载明的启运地的飞机时开始,直到卸离保险单所载明的目的地的飞机时为止。如果被保险货物不卸离飞机,则从飞机到达目的地当日午夜起计算满 15 天为止。如被保险货物在中途转运时,保险责任从飞机到达转运地的当日午夜起计算满 15 天为止,直到装上续运的飞机,保险责任再恢复有效。

与海运、陆运险一样,航空运输货物在投保战争险的基础上,可加保罢工险,加保罢工险不另收费。如仅要求加保罢工险,则按战争险费率收费。航空运输罢工险的责任范围与海洋运输罢工险的责任范围相同。

三、我国邮包运输保险险别和条款

根据《邮包保险条款》规定,邮包保险基本险别分为邮包险和邮包一切险两种。此外还有邮包战争险。

(一)邮包险和邮包一切险

1. 保险责任范围

邮包险(Parcel Post Risks)的保险公司承包责任范围是被保险邮包在运输途中,由于遭受恶劣气候、雷电、流冰、海啸、地震、洪水等自然灾害,或由于运输工具搁浅、触礁、沉没、碰撞、出轨、坠落、失踪,或由于失火和爆炸等意外事故所造成的全部或部分损失。还负责被保险人对遭受承保责任内危险的邮包采取抢救、防止或减少货损的措施而支付的合理费用。

邮包一切险(Parcel Post All Risks)是指除包括上述邮包险的责任外,保险人还对被保险货物在邮运途中由于外来原因,包括偷窃、短少、破碎、渗漏等原因造成的全部或部分损失,也负赔偿责任。

2. 除外责任

邮包险和邮包一切险的除外责任和被保险人的义务与海洋运输货物保险相比较,其实质是一致的。因战争、敌对行为、类似战争行为、武装冲突、海盗行为、工人罢工所造成的损失,直接由于运输延迟或被保险物品本质上的缺点和自然损耗所造成的损失,以及属于寄件人责任和被保险邮包在保险责任开始前已存在的品质不良或数量短差所造成的损失,被保险人的故意行为或过失所造成的损失,对于以上情况,保险公司不负赔偿责任。

4. 保险责任起讫

邮包险和邮包一切险的保险责任是自被保险邮包离开保险单所载起运地点寄件人的处所运往邮局时开始生效,直至被保险邮包运达保险单所载明的目的地邮局,并由邮局发出到货通知书给收件人当日午夜起算满 15 天为止,但在此期限内,邮包一经递交至收件人的处所,保险责任即终止。

(二) 邮包战争险

邮包战争险(Parcel Post War Risks)是邮政包裹保险的一种附加险,只有在投保了邮包险和邮包一切险的基础上方可加保。

1. 保险责任范围

加保邮包战争险后,保险公司负责赔偿在邮包运输过程中由于战争、敌对行为或武装冲突以及各种常规武器包括水雷、鱼雷、爆炸所造成的损失。此外,保险公司还负责赔偿被保险人对遭受以上承保责任内危险的物品采取抢救、防止或减少损失的措施而支付的合理费用。

2. 除外责任

保险公司不承担因使用原子或热核制造的武器所造成的损失的赔偿。

3. 保险责任起讫

邮包战争险的保险责任是自被保险邮包经邮政机构收讫后自储存处所开始运送时生效,直至该项邮包运达本保险单所载目的地邮局送交收件人为止。

需要指出的是,在附加险方面,除战争险外,海洋运输货物中的一般附加险和特殊附加险险别和条款均可适用于陆、空、邮运输货物保险。

第五节　英国伦敦保险协会海运货物保险条款

在国际海运保险业务中,英国是一个具有悠久历史的发达国家。它所制定的保险规章制度,特别是保险单和保险条款,对世界各国影响很大。目前,世界上仍有许多国家和地区在国际货物运输保险业务中直接采用英国伦敦保险协会所制定的"协会货物条款"(Institute Cargo Clause, I. C. C.),或者在制定本国保险条款时参考或部分参考采用其内容。在我国,按 CIF 或 CIP 条件成交的出口贸易中,我国出口企业和保险公司对国外商人要求按 I. C. C. 投保,一般均可接受。

一、协会货物条款的种类

《协会货物条款》最早制定于 1912 年。为了适应不同时期国际贸易、运输、法律等方面的发展和变化,该条款后来经过多次修改和补充。伦敦保险协会曾在 1981 年进行条款修订,从 1983 年 4 月 1 日起实施。伦敦保险协会修订的保险条款一共有六种:

(1) 协会货物条款(A)[Institute Cargo Clause A, I. C. C. (A)];

（2）协会货物条款(B)［Institute Cargo Clause B, I. C. C. (B)］；

（3）协会货物条款(C)［Institute Cargo Clause C，I. C. C. (C)］；

（4）协会战争险条款(货物)［Institute War Clause (Cargo)］；

（5）协会罢工险条款(货物)［Institute Strikes Clause (Cargo)］；

（6）恶意损害条款(Malicious Damage Clause)。

以上六种保险条款中,前三种即协会货物条款(A)(B)(C)是主险或基本险,后三种则为附加险。

2006 年,英国联合货物保险委员会在全球范围内进行调查研究和咨询,于 2008 年 11 月 24 日公布了新版协会货物运输保险条款,经修订,"条款"于 2009 年 1 月 1 日起生效。新版条款中的保险主要险别仍然是 1983 年的六种险别,主要修订内容包括是澄清条款所载的不承保事项;条款改用现代化文字,以及加入某些词语的新释义。"条款"经过修订后,现更易为人明白,更重要的是扩大了保障范围,令受保人获得更全面的保障。

在六种险别中,除(A)(B)(C)三种险别可单独投保外,战争险和罢工险在需要时也可作为独立的险别进行投保。

二、协会货物保险主要险别的承保风险与除外责任

（一）ICC(A)险条款

ICC(A)险相当于中国保险条款中的一切险,其责任范围更为广泛,不便于把全部承保风险一一列出,因此对承保风险的规定采用"一切风险减除除外责任"的方式表明,即除了在除外责任项下所列风险所致损失不予负责外,其他风险所致损失均予以负责。

2009 年版的《协会货物条款》(A)险的除外责任直接采用除外条款表示,分为四类。

1. 一般除外责任

（1）被保险人的故意不法行为所造成的损失或费用;

（2）保险标的自然渗漏、重量或容量的内在缺陷或特征或自然磨损;

（3）由于保险标的包装不当或配载不当造成无法抵抗运输途中发生的通常交通事故而产生的损失和费用;

（4）直接由于延迟所引起的损失或费用;

（5）船舶所有人、经营人、租船人的经营破产或不履行债务造成的损失或费用;

（6）由于使用任何原子或热核武器所造成的损失或费用。

2. 不适航、不适货除外责任

所谓不适航、不适货除外责任,是指保险标的在装船时,如被保险人或其受雇人已经知道船舶不适航,以及船舶、装运工具、集装箱等不适货所造成的损失,保险人不负赔偿责任。

3. 战争除外责任

指由于战争、内战、敌对行为所造成的损失或费用;由于捕获、拘留、扣留等(海盗除

外)所造成的损失或费用,由于漂流水雷、鱼雷等武器所造成的损失或费用。

4. 罢工和恐怖主义除外责任

由于罢工者、被迫停工工人或参加工潮、暴动或民变人员所造成的损失或费用;由于罢工、被迫停工工、工潮、暴动或民变所造成的损失或费用;由于任何恐怖主义者或任何出于政治目的所采取的行动所造成的损失或费用。

(二)ICC(B)险条款

ICC(B)条款承保的责任范围比(A)条款小,它采用列明风险的方式逐项罗列了所保的风险。B条款对下述原因所致的保险标的的损失和损害负责赔偿:

(1) 火灾或爆炸。

(2) 船舶或驳船触礁、搁浅、沉没或倾覆。

(3) 陆上运输工具倾覆或出轨。

(4) 船舶、驳船或运输工具与水以外的任何外界物体碰撞或接触。

(5) 在避难港卸货。

(6) 地震、火山爆发或雷电。

(7) 共同海损牺牲。

(8) 抛弃或浪击落海。

(9) 海水、湖水或河水进入船舶、驳船、运输工具、集装箱、吊装车厢或储存处所。

(10) 货物在装卸时落水或坠落而造成的整件货物的全部损失。

此外,保险人还承保共同海损分摊和救助费用,但导致共同海损的原因必须不属于除外风险。

由此可见,(B)条款主要承保自然灾害和意外事故所致的损失,同时还承保共同海损的牺牲、分摊和救助费用。(B)险的除外责任,除对"海盗行为"和恶意损害险的责任不负责外,其余均与(A)险除外责任相同。

(三)ICC(C)险条款

ICC(C)险的风险承保责任规定,和(B)险一样,采用"列明风险"方式。但(C)险承保风险比(A)、(B)险要小得多,它只承保重大意外事故,而不承保自然灾害及非重大意外事故,其具体承保风险如下:

(1) 火灾、爆炸;

(2) 船舶或驳船触礁、搁浅、沉没或者倾覆;

(3) 陆上运输工具倾覆或出轨;

(4) 船舶、驳船或运输工具与水以外的任何外界物体碰撞或接触;

(5) 在避难港卸货;

(6) 共同海损牺牲;

(7) 抛货。

第六节　进出口货物运输保险实务

在货物进出口运输保险业务中,为了明确交易双方在货物运输保险方面的权利和责任,通常都订立保险合同,合同内容主要包括保险投保人、保险人、保险险别、保险费率和保险金额等事项。保险工作流程基本包括确定保险金额、办理投保和缴纳保险费、领取保险单证以及在发生保险损失时办理保险索赔。

一、投保人和保险人的确定

(一)投保人的确定

在每一笔进出口交易中,究竟是由买方还是卖方对货物进行投保,取决于买卖双方在贸易合同中约定的交货条件和贸易术语的使用。不同贸易术语下的投保人见表6-1。

表6-1　不同贸易术语下的投保人

贸易术语	FOB	CIF	CFR	FCA	CIP	CPT	EXW	FAS	DAT	DAP	DDP
投保人	买方	卖方	买方	买方	卖方	买方	买方	买方	卖方	卖方	卖方

(二)保险人的确定

为保障自身利益,在由卖方办理保险的贸易情况下,买方通常需要在合同中强调对保险公司资信的要求以及所采用保险条款的限定,以便日后保险索赔工作的顺利进行。例如,我国企业在按 CIF 和 CIP 条件出口时,买卖双方在合同中通常都订立:"由卖方向中国人民保险公司投保,并按该公司的保险条款办理。"

二、保险险别的确定

在按 CIF 和 CIP 条件成交时,保险由卖方办理。买卖双方约定的险别通常为平安险、水渍险和一切险三种基本险种的一种。但也可根据货物特性和实际情况加保一种或几种附加险。由于 CIF 和 CIP 货价中通常不包括战争险等特殊附加险费用,所以,如买方要求加战争险等特殊附加险时,其费用应由买方负担。

总之,在确定保险险别时,投保人通常要综合考虑的因素包括货物的种类、特点,货物包装情况,货物运输方式、运输工具、运输路线,装运港和卸货港情况,目的地的政治和市场状况等。

三、保险金额的确定

保险金额(Insurance Amount),也称投保金额,是指被保险人向保险公司投保的金额,也是保险人承担赔偿或者给付保险金的最高限额,还是保险人计算保费的基础。保险金额一般由买卖双方协商确定。按照国际保险市场的惯例,出口货物的保险金额一般按照 CIF 或 CIP 价格基础上再加上一定的百分率,即所谓的"投保加成"。该保险加成率主要是作为买方的预期利润,按照《2010 通则》和《跟单信用证统一惯例》(国际商会第 600 号出版物)规定,投保加成率一般为 10%。因此,当买卖双方未在合同中规定保险金额时,习惯上就按照 CIF 或 CIP 价的 110%投保。

保险金额的计算公式为:

$$保险金额＝CIF 价(或 CIP 价)×(1＋投保加成率)$$

在我国出口业务中,通常采用 CIF 或 CFR 两种贸易术语,由于保险金额一般是按 CIF 或 CIP 价格为基础加成确定的,所以,在采用 CFR 或 CPT 贸易条件下,两种贸易术语价格应按照下述方式换算:

$$CIF 价(或 CIP 价)＝CFR 价(或 CPT 价)÷[1－保险费率×(1＋投保加成率)]$$

在进口业务中,我国合同较多采用 FOB(或 FCA)贸易条件,为简化手续,方便计算,通常议定平均运费率和平均保险费率,再计算保险金额,其计算公式如下:

$$保险金额＝FOB 价(或 FCA 价)×(1＋平均运费率＋平均保险费率)$$

四、办理投保和保险费用的计算及交付

投保人在向保险公司办理投保手续时,应根据买卖合同或信用证规定,在货物备妥并确定装运日期和运输工具后,按规定格式逐笔填制投保单,具体列明被保险人的名称、被保险货物名称、数量、包装及标志、保险金额、起讫地点、运输工具名称、起航日期、投保险别等,送交保险公司,并交付保险费。

投保人交付保险费是保险合同生效的前提条件。保险费用由保险金额和保险费率计算而得,其计算公式为:

$$保险费＝保险金额×保险费率$$

保险费率是计算保险费用的依据。我国进出口货物保险费率是我国保险公司在货物损失率和赔付率的基础上,参照国际保险费率水平,并根据我国对外贸易发展的需要制定的。

目前,我国的出口货物保险费率按照不同商品、不同目的地、不同运输工具和不同险别分别有"一般货物费率"和"指明货物加费费率"两大类。前者适用于所有货物,后者仅指特别订明的货物。凡属于"指明货物加费费率"表中所列货物,在投保一切险时,在计算费率时,应先查出"一般货物费率",然后再加上"指明货物加费费率"。

"进口货物保险费率"分"一般货物费率"和"指明货物加费费率"两项。"一般货物费率"按不同运输方式,分险别和地区制定,但不分商品,适用于一切货物。"指明货物加费费率",针对一些指定的商品投保一切险时采用。

五、取得保险单据

保险单据简称"保单",是保险人与被保险人之间订立保险合同的书面证明,主要载明保险合同双方当事人的权利、义务及责任,也是保险人的承保证明。当发生保险责任范围内的损失时,它也是保险索赔和理赔的主要依据。在国际保险业务中,常用的保险单据主要有以下形式。

（一）保险单

保险单（Insurance Policy）俗称大保单，是一种正规的保险合同，也是使用范围最广的一种保险单据。它具有法律上的效力，对双方当事人均具有约束力。保险单除载明被保险人（投保人）的名称和地址、被保险货物（标的物）的名称、数量或重量、唛头、运输工具、保险的起讫地点、承保险别、保险金额和币种、保险费、出单日期和地点、保险人签章、赔款偿付地点等项目外，还在保险单的背面列有保险人的责任范围，以及保险人与被保险人各自的权利、义务等方面的详细条款，它是最完整的保险单据。保险单可由被保险人背书，随物权的转移而转让，它是一份独立的保险单据。

（二）保险凭证

保险凭证（Insurance Certificate）俗称小保单，是一种简化的保险单据。它有保险单正面的基本内容，但没有保险单反面的保险条款。保险凭证与保险单一样具有法律上的效力。但近年来，为实现单据规范化，不少保险公司已经废弃此类保险凭证。

（三）联合保险凭证

联合保险凭证（Combined Insurance Certificate）俗称承保证明（Risk Note），是一种将发票和保险单相结合的，比保险凭证更为简化的保险单据。由保险公司在出口公司提交的发票上加上保险编号、承保险别、保险金额、装载船只、开船日期等，并加盖保险公司印章即可，这种单据不能转让。这种凭证曾是我国保险公司在某些特定地区出口业务中使用的，但目前也已经不再使用。

（四）预约保险单

预约保险单（Open Policy）又称预约保险合同（Open Cover），它是一种长期性的货物保险合同，是被保险人（一般为进口商）和保险公司签订的保险总合同。预约保险单上载明保险货物的范围、险别、保险费率、每批运输货物的最高保险金额以及保险费的结付、赔款处理等项目，凡属于此保险单范围内的进出口货物，一经起运，即自动按保险单所列条件承保。但被保险人在获悉每批保险货物起运时，应立即将货物装船详细情况（包括货物名称、数量、保险金额、运输工具种类和名称、航程起讫地点、开船日期等情况）通知保险公司和进口商。

预约保单可以简化保险手续，又可使货物一经装运即可取得保障，可以防止因漏保或迟保而造成的无法弥补的损失。这种保险单据目前在我国一般适用于以 FOB 或 CIF 价格条件成交的进口货物以及出口展览品和小卖品。

（五）批单

保险单出立后，投保人如果需要补充或变更保险内容时，可根据保险公司的规定，向保险公司提出申请，经同意后即另出一种凭证，注明更改或补充的内容，这种凭证即称为批单（Endorsement）。保险单一经修改，保险公司就按照批改后的内容承担保险责任。

保险公司对申请批改的内容需要严格审核,如批改的内容涉及保险金额增加或保险责任范围扩大的,保险公司必须在证实保险货物并未发生事故的前提下才可以同意办理。批单一般需要粘贴在保单上,并由保险公司加盖骑缝章,作为保险单不可分割的一部分。

在保险业务中,保险标的可以转让,保险标的的受让人承继被保险人的权利和义务。保险标的的转让,被保险人或受让人应当及时通知保险人,但货物运输保险合同除外。货物运输保险单和保险凭证可以经过背书或其他方式进行转让,无须取得保险人同意,也无须通知保险人。即使在保险标的发生损失后,保险单据仍可有效转让。保险单据的形式和内容必须符合买卖双方约定的要求。在信用证支付条件下,也必须符合信用证相关规定。特别注意,保险单据的出单日期不得迟于运输单据所列明货物装船或发运或承运人接受监管的日期。因此,办理投保手续的日期不得迟于货物装运日期。

六、保险索赔

被保险货物在保险责任有效期内发生属于保险责任范围内的损失,被保险人按照保险单的有关规定向保险公司提出赔偿要求,称为保险索赔。在索赔过程中,被保险人需要做好以下工作和准备。

(一)损失通知

当被保险人获悉或发现被保险货物已经遭受损失,应当立即通知保险公司或保险单上所载明的保险公司在当地的检、理赔代理人,并申请检验。保险公司或其代理人在接到损失通知后即应采取相应的措施,包括检验损失、提出施救意见、核实损失原因、确定保险责任和签发检验报告等。检验报告是被保险人向保险公司申请索赔时的重要证件。

(二)向承运人等有关各方提出索赔

如被保险人或其代理人在提货时发现被保险货物整件短少或有明显残损痕迹,除向保险公司报损外,还应当立即向承运人或有关管理当局(如海关、港务局等)索取货损货差证明。如货损货差涉及承运人、码头、装卸公司等方面责任的,还应及时以书面形式向有关责任方提出索赔,并保留追偿责任。

(三)采取合理措施进行货物施救和整理

对于被保险货物遭受承保责任内的危险损害时,被保险人应当尽力迅速采取必要合理的措施来进行货物施救、整理,防止和减少货物的损失。被保险人收到保险公司发出的有关采取防止或减少损失的合理措施的特别通知时,应当按照保险公司通知的要求处理。因抢救、阻止或减少货物损失的措施而支付的必要合理费用,可由保险公司负责,但不超过该批货物保险金额。

(四)备妥索赔相关单证,提出赔偿要求

被保险货物的损失经过保险公司或其代理人检验并向承运人等第三者责任方办妥追偿手续后,被保险人应当立即向保险公司或其代理人提出赔偿要求。被保险人进行索赔

时,除需要提交检验报告外,通常还需要提供其他相关单证,主要有保险单或保险凭证正本,运输单据,发票,装箱单或重量单,向承运人等相关第三方责任人请求赔偿的书面文件,货损货差证明,海事报告摘录或海事声明书,列明索赔金额及其计算依据、相关费用的项目及其使用用途的索赔清单。

在计算索赔金额时,被保险人应当了解对于易碎和易短量的货物索赔是否有免赔的相关规定。损失赔偿分为不论损失程度均予赔偿和规定免赔率两种。免赔率是保险人对保险标的受损免除赔偿责任的比率(百分比)。免赔率又分为相对免赔率(Franchise)和绝对免赔率(Deductible)。如果损失金额没有超过免赔率,保险公司不予赔偿;超过免赔率的,在相对免赔率下,保险公司不扣除免赔率,所有损失都赔,而在绝对免赔率下,保险公司则要扣除免赔率内的货物损失,只赔偿超过部分。我国的保险公司目前实行的是绝对免赔率,而伦敦《协会货物条款》则没有免赔率的规定。

(五) 代位追偿

在保险业务中,为了防止被保险人双重获益,保险人在履行全损赔偿或部分损失赔偿后,在其赔付金额内,要求被保险人转让其对于造成损失的第三者责任方要求全损赔偿或相应部分赔偿的权利,这种权利称为代位追偿权。

代位追偿分为权力代位和物上代位。

1. 权力代位

权力代位指如果保险事故是由第三者的过失或非法行为引起的,第三者对被保险人的损失必须负赔偿责任。保险人可按保险合同的约定或法律的规定,先行赔付被保险人。然后,被保险人应当将追偿权转让给保险人,并协助保险人向第三者责任方追偿。

2. 物上代位

物上代位指在财产保险中,保险标的发生保险事故造成推定全损时,保险人按照合同履行赔偿责任后依法取得保险标的的所有权。

代位追偿中,保险人需要首先向被保险人进行赔付,才能获得代位追偿权。具体做法是:被保险在从保险人处获得赔偿时,签署一份权益转让书,作为保险人取得代位权的证明,保险人凭借此证明向第三者责任方进行追偿。

【例6-7】 2016年10月16日,某保险公司承保自鹿特丹运往上海的100件木质家具。投保人为某木业公司,保险条款为一切险附加战争险。该批货物于2016年10月20日装船,某外运公司的代理人签发了以外运公司为承运人的已装船清洁提单。该轮船于2016年11月6日抵达上海,11月16日收货人开箱后发现货物有水湿现象,遂由理货公司出具了发现货物水湿的报告。11月23日,保险公司委托某公估行对受损货物进行检验并出具了检验报告,认定货损原因系运输过程中淡水进入集装箱所致,货物实际损失为23 000美元。保险公司依保险条款向收货人赔偿后,取得代位追偿权益转让书,并据此向外运公司提起诉讼,请求判处被告赔偿损失。

【分析】法院认为,此案是一起海上货物运输保险代位追偿纠纷,并查明:

(1) 保险公司与木业公司的海上货物运输保险合同符合法律规定,依法成立且有效;

(2) 保险公司依照保险条款向收货人赔偿后得到权益转让书,取得了涉案货物的代位追偿权；

（3）被告外运公司是涉案货物的承运人，因其在运输途中的过失导致货物受损；

（4）货损的价值以公估行出具的检验报告为准。

因此，法院判决：被告外运公司赔偿原告货物损失 23 000 美元的诉讼请求。

七、买卖合同中的保险条款

保险条款是国际贸易买卖合同中的重要组成部分之一，必须订立得明确、合理。保险条款的内容依据买卖双方选用的不同贸易术语而有所区别。

以 FOB、CFR 或 FCA、CPT 条件成交的合同，保险条款的制定可以为："保险由买方负责"（Insurance：To be covered by the buyer）。

如果是以 CIF 或 CIP 条件达成的合同，条款内容则必须明确规定投保险别、保险金额的确定方法及保险条款的选择，并注明该保险条款的生效日期。保险条款可如下制定："保险由卖方按 CIF/CIP 发票金额的×％投保××险，以×年×月×日的中国保险条款的有关海洋运输货物保险条款为准"（Insurance：To be covered by the seller for ×××％ of CIF/CIP total invoice value against..., as per and subject to the relevant ocean marine cargo clause of the China Insurance Clause dated...）。

本章小结

在国际货物进出口贸易中，货物在运输、装卸和储存过程中，由于自然灾害和意外事故等风险可能会遭受损失。为降低货方的风险和损失，出口方或进口方按照贸易方式和约定，根据货物性质、运输方式、运输工具、运输路线等具体情况，选择合适的保险险别，向保险公司进行投保。保险条款是国际买卖合同中的重要组成部分。

目前，在我国，进出口货物运输保险最常用的保险条款是"中国保险条款"。该条款按照运输方式，将保险分为海洋、陆上、航空和邮包运输保险条款四大类。海洋货物运输保险是起源最早、历史最为悠久的保险。保险基本险别包括平安险、水渍险和一切险三种，附加险包括 11 种一般附加险以及战争险、罢工险等特殊附加险。投保时，投保人只能选择基本险种的一种投保，附加险需要在投保基本险的基础上再选择一种或多种投保。基本险别的保险起讫均采用国际保险行业惯用的"仓至仓"条款。陆运、空运货物和邮包运输保险都是在海运货物保险基础上发展起来的。由于陆运、空运货物和邮包运输保险与海上货物运输可能遭受的风险种类不同，所以保险的险别和承保范围也有所不同。在国际海上保险中，英国伦敦保险协会所制定的"协会货物条款"对世界各国保险业都有着广泛影响。

在货物进出口运输保险业务中，为了明确交易双方在货物运输保险方面的权利和责任，通常都订立保险合同，合同内容主要包括保险投保人、保险人、保险险别、保险费率和保险金额等事项。常用的保险单据主要有保险单和保险凭证两种。

关键词汇

保险利益原则　最大诚信原则　补偿原则　近因原则　海上风险外来风险
实际全损　推定全损　共同海损　单独海损　平安险　水渍险　一切险
仓至仓条款　保险单　保险凭证

本章习题

一、术语翻译

1. Subject Matter Insured　2. Insurable Interest　3. Utmost Good Faith

4. Principle of Indemnity　5. Principle of Proximate Cause　6. Perils of the Sea

7. Extraneous Risks　8. Total Loss　9. Partial Loss

10. Free from Particular Average　11. With Average or With Particular Average

12. All Risks　13. Duration of Insurance　14. Warehouse to Warehouse Clause

15. Time of Validity of a Claim　16. Insurance Amount　17. Insurance Policy

18. Franchise　19. Deductible

二、简答题

1. 简述保险的四项基本原则。

2. 什么是共同海损？构成共同海损的条件有哪些？

3. 共同海损和单独海损的区别有哪些？

4. 我国海洋运输货物保险的基本险别有哪三种？三种基本险别的责任范围有什么不同？

5. 解释国际保险业中所使用的"仓至仓"条款。

三、计算题

1. 我国某出口公司按 CIF 条件出口一批食品，根据交易双方约定，商品成交总金额为 20 000 美元，保险费率为 0.6%，保险加成率为 10%。请问：保险金额和保险费各是多少？

2. 某出口公司出口货物一批，报价为每公吨 1 000 美元 CFR 纽约港。现在客户要求改报 CIF 价，加一成投保一切险和战争险，经保险公司查看，一切险费率为 0.4%，战争险费率为 0.03%。请问：在不影响我公司收入的前提下，改报的 CIF 价格是多少？

3. 一批出口商品 CFR 价格为 300 000 美元，现客户要求改为 CIF 价格加两成投保海运一切险，保险费率为 0.6%。请问：我公司应当向客户收取多少保险费？

4. 一批货物共 600 箱，保险金额为 50 000 美元。货物在运输途中遭受了保险范围内的风险。经检查，其中 250 箱货物受损严重，只能按照原价四折出售。如果该批货物在目的地完好售价为每箱 95 美元。请问：保险公司需要赔偿多少？

5. 一批货物在海上航行过程中遭遇风暴，船身倾斜严重。为了避免船只覆灭，船长下令将部分货物抛入海中，最终船只安全到港。假设船只本身价值 500 万元，承运人此次运输收入为 20 万元,船上共有甲、乙、丙、丁四个货主的货物,货物价值分别为 60 万元、55 万元、40 万元、30 万元。经检查,被抛入海中的货物价值 15 万元。请问:这批共同海损如何进行分摊?(保留两位小数)

四、案例分析题

1. **案例一**:2015 年 2 月,中国某出口公司运输 1 000 件瓷器到日本,公司为该批货物投保了平安险。货物在运输途中突然遭遇特大风暴,船体受损严重,船货全部沉没。

案例二:2015 年 10 月,上海某进出口公司的货轮在航行过程中触礁,由于适逢强风暴时期,救援设施无法进入该领域施救。此前,进出口公司为该批货物投保了水渍险。

请对上面两个案例做出分析,说明这些损失分别属于哪种损失,保险公司是否赔偿。

2. 我国某公司出口一批货物,装载该批货物的货轮在航运中发生了火灾,为了防止火势蔓延,船长下令灌水施救,火被扑灭。事后查明该批货物损失如下:① 500 箱受严重水渍损失,无其他损失。② 300 箱已烧毁。试分析上述情况下海损的性质。

3. 我国向英国出口一批糖果,投保一切险。由于货轮陈旧,航行速度慢,加上船舶在航行过程中沿途揽货,延误航程。最终船舶到达目的港后,收货人检验货物,发现糖果因受热时间过长,已经全部软化,无法销售。请问:在这种情况下,保险公司是否赔偿?

4. 某农产品进出口公司以 CIF 伦敦向国外某贸易公司出口 1 000 箱花生仁。农产品公司为货物投保了一切险,并在信用证有效期内将货物装船并获得已装船清洁提单。货到目的港后经进口人复验发现下列情况:① 抽查 20 箱,发现其中 6 个箱内含沙门氏细菌超过进口国的标准;② 收货人只实收 998 箱,短少 2 箱;③ 有 15 箱货物包装箱因运输过程中被雨淋受潮,货物变质。试分析上述情况,进口人应分别向谁索赔,说明理由。

第七章　国际贸易货款的结算

学习目标

1. 熟悉汇票的内容及使用方法；
2. 了解本票、支票与汇票的区别；
3. 掌握汇付的分类与业务流程；
4. 掌握托收的分类与业务流程；
5. 掌握信用证的性质及业务流程；
6. 掌握汇付、托收及信用证业务的风险及防范。

开篇导入

　　世界上最早的互通有无就是"以物易物"，其后货币作为一般等价物参与了国际贸易的结算，债务人通过在国际间运送黄金、白银或铸币以结清债权债务关系。在这种贸易条件下，商人卖出货物收到的是现金，买进货物付出的也是现金，因此，为了完成一笔国际间的交易，商人必须带着巨额现金远涉重洋。虽然以现金作为支付工具可以避免信用风险，但是，大量现金的携带和长途运送风险极大，运输费用高，占压资金时间长，清点、辨伪麻烦，而且要承担潜在的利息损失，所以在国际贸易结算中逐渐被淘汰。随着国际贸易规模和区域的不断扩大，人们开始使用字据划账代替现金结算。商人们可以在甲国用甲国货币向汇兑商换取汇票，再拿到乙国向该汇兑商在乙国的分支机构或代理人换取乙国货币购买商品，或直接将该汇票交给乙国出口商，让出口商自行凭汇票到汇兑商在乙国的分支机构或代理人处换取乙国货币。于是，字据就如同现金一样流通起来，这种字据到后来就逐渐演变成现代的票据。

　　国际贸易货款的收付，是买卖双方的基本权利和义务，也直接影响了双方的资金周转和融通。

第一节　支付工具

　　随着国际贸易和现代银行信用的发展，进出口双方在贸易实践中普遍采用一些支付工具来结算彼此之间的债权、债务，传统的现金方式已经非常少见。这里所说的支付工具就是票据。

票据是国际通行的作为流通和支付手段的信贷工具,用于债权债务的清偿,具有现金的功能。在国际贸易中,票据是可以流通转让的债权凭证,是无条件支付一定余额货款的有价证券。所以,票据的形式或内容、票据行为、票据权力的行使及票据的制作都必须符合法律规定。在国际贸易货款的结算中经常使用的票据主要有汇票、本票和支票,其中以汇票为主。

一、汇票

(一)汇票的含义和基本内容

汇票(Bill of Exchange 或 Draft)是由出票人签发的,委托付款人在见票时或者在指定日期无条件支付确定的金额给收款人或者持票人的票据。按照日内瓦《汇票与本票统一法公约》和我国《票据法》的规定,汇票必须满足一定的形式要件才有效。汇票票样见样单7-1。

样单7-1

BILL OF EXCHANGE

INVOICE NO. **ASTO**9554

FOR **USD 116,770.60**   DATE:**06 - Apr - 09**

AT **30 DAYS FROM THE DATE OF NEGOTIATION** SIGHT OF THIS **SECOND** BILL OF EXCHANGE (FIRST BEING UNPAID) PAY TO STANDARD CHARTERED BANK (CHINA) LIMITED OR ORDER THE SUM OF

SAY U. S. DOLLARS ONE HUNDRED AND SIXTEEN THOUSAND SEVEN HUNDRED AND SEVENTY CENTS SIXTY ONLY

VALUE RECEIVED AND CHARGE THE SAME TO ACCOUNT OF

DRAWN UNDER **INTERNATIONAL FINANCE INV AND COMM BANK LIMITED, IFIC BANK LTD MOTIJHEEL BRANCH, 125/A MOTIJHEEL C/A DHAKA BANGLADESH**

L/C NO. **ILC0796090603516**   DATED 30 - **Mar** - 09

TO **INTERNATIONAL FINANCE INV AND COMM BANK**
    LIMITED, IFIC BANK LTD MOTIJHEEL BRANCH, 125/A
    MOTIJHEEL C/A DHAKA BANGLADESH ACCOUNT
                                    VERDATEX(HK)CO. , LIMITED
    ISLAM DRESSES LTD. 16/1, MALIBAGH CHOWDHURY
    PARA, DHAKA, HO: RANGS ARCADE, 5TH FLR 153/A,
    GULSHAN AVENUE DHAKA, BANGLADESH.

THE ISSUING BANK'S DOCUMENTARY CREDIT NUMBER ILC0796090603516 AND AD REFERENCE NUMBER 079609060249   L/C NO. ILC0796090603516   LCA NO. IFICB/ID - 69673 AND H. S. CODE NO. 5208. 1100 TO 5209. 5900

   GOODS ARE PACKED IN STANDARD SEAWORTHY EXPORT PACKING.

我国票据法规定,汇票应包括以下主要内容:

(1)注明"汇票"字样;

(2)确定的票据金额;

(3)无条件的支付命令;

（4）付款人/受票人的名称；

（5）付款期限；

（6）付款地点；

（7）收款人或其他指定人的名称；

（8）出票的日期及地点；

（9）出票人签名。

上述基本内容一般为汇票的主要项目，但并不是汇票的全部内容。按照日内瓦《汇票与本票统一法公约》的规定，汇票的这些项目必须齐全，否则受票人有权拒付。

（二）汇票的票据行为

票据行为是指以票据上规定的权利和义务所确定的法律行为，包括票据的签发、背书、承兑、付款、追索等。简单地说，票据行为是一张票据从最初的出票到票据关系得以消灭或解除过程中所经历的一系列步骤。汇票的票据行为主要包括以下几种。

1. 出票

出票（Issuance）是指出票人首次写成格式完整的汇票并将其交付给另一人（受款人）的行为。这是产生票据关系的一种基本票据行为。汇票的出立包括三个动作：出汇、签字和交付汇票。汇票通常为一式两份。出票人对汇票债务的责任有两个方面：保证承兑和保证付款。持票人得到了债权，获得付款请求权和追索权。

2. 背书

背书（Endorsement）的字面意思是指背书人在汇票背面签字。但背书实际上指的是持票人（背书人）在票据背面或粘单上签名并将汇票权利转让给他人（被背书人）的一种票据行为。背书主要包括两个动作：一是背书人在汇票背面签名或再加上受让人的名称；二是由背书人将汇票交付给受让人。

做成背书只是表明背书人有转让票据权利的意图，交付汇票之后才能完成票据权利的转让。转让具有不可分性，即必须转让汇票上的全部金额并且受让人是唯一的。背书主要有三种方式：

（1）记名背书（Special Endorsement）又称为特别背书，是指背书时记了被背书人的名称的背书。背书记载的具体事项是：被背书人名称、背书日期、背书人签名或者盖章。

记名背书的汇票，其持票人在转让时，必须再以背书的方式进行。汇票可以经过连续背书而多次转让。

（2）空白背书（Blank Endorsement）又称为无记名背书，是指仅有背书人签名于汇票的背面，不记载被背书人的名称的背书。在国际贸易中，使用的主要是空白背书。

（3）限制性背书（Restrictive Endorsement）是禁止汇票再度转让的背书。限制性背书规定汇票只交付一次、受让人只能自行使用汇票而无再次转让的权利，它与汇票的限制性抬头相匹配。

3. 提示

提示（Presentation）是指持票人将汇票提交付款人要求承兑或付款的行为。付款人见到汇票叫见票（Sight）。提示按付款时间可以分为付款提示（提示时即付款）和承兑提示(出具远期汇票,先提示承兑,到期提示付款)。

4. 承兑

承兑(Acceptance)是指远期汇票的付款人经持票人承兑提示,以其签名表示同意按照出票人的命令,承诺到期付款的行为。汇票的承兑包括:

(1) 付款人在汇票正面写明"承兑"字样并签名;

(2) 将承兑后的汇票交还持票人。

承兑是一种票据行为,付款人作成汇票承兑后便成为承兑人,他由原来的非票据债务人变为票据的主债务人,出票人则变成为票据的从债务人。

5. 付款

付款(Payment)是指即期汇票的付款人和远期汇票的承兑人或其各自指定的人在接到持票人付款提示时,履行付款义务以消灭票据关系的行为。当付款人付清全部票款后,汇票上的一切债权债务关系也即结束。持票人提示汇票是付款的前提。

6. 拒付

拒付(Dishonor)又称"退票",是指持票人提示汇票要求承兑或付款时遭到拒绝的行为。除受票人明确表示拒绝付款或承兑外,受票人避而不见、死亡或宣告破产等均可成为事实上的拒付。

按票据法规定,持票人提示汇票遭到拒付可以行使追索权来保护自己。

7. 追索

追索(Recourse)是指在票据遭到拒绝承兑或者拒绝付款时,持票人向其前手请求偿还票据金额及其他法定款项的行为。持票人的这种权利在法律上称为追索权,或者称为偿还请求权。

(三)汇票的种类

1. 按照出票人的身份分类

按照出票人的身份,可以划分为商业汇票和银行汇票。

(1) 商业汇票(Commercial Draft):由企业或者个人签发的汇票,但付款人可以是企业、个人或银行。

(2) 银行汇票(Banker's Draft):由银行签发的汇票,银行汇票的出票人和付款人都是银行。

2. 按照有无随附货运单据分类

按照有无随附货运单据,可以划分为光票和跟单汇票。

(1) 光票(Clean Draft):出票人签发的不附带任何商业单据的汇票。光票一般用于贸易中从属费用、佣金和货款尾款的结算。

(2) 跟单汇票(Documentary Draft):在使用过程中附带有商业单据的汇票,主要是附带与货物有关的单据,如商业发票、提单、保险单等。国际贸易中大多使用跟单汇票。

3. 按照付款时间的不同分类

按照付款时间的不同,可以划分为即期汇票和远期汇票。

(1) 即期汇票(Sight/Demand Draft):在汇票上规定付款人见票后即需付款的为即

期汇票。我国票据法规定：汇票上未记载付款日期的，为见票即付。

（2）远期汇票（Time Draft）：在汇票上规定付款人于将来可确定的日期或某固定日期付款的汇票。远期汇票付款时间的确定主要有以下几种规定方法：

① 付款人见票后若干天付款（at×××days after sight）；

② 付款人在出票日后若干天付款（at×××days after date of issuing）；

③ 付款人在提单签发日后若干天付款（at×××days after date of Bill of Lading）；

④ 付款人在确定日期付款（at fixed date）。

4. 按照远期汇票承兑人的不同分类

按照远期汇票承兑人的不同，可以划分为商业承兑汇票和银行承兑汇票。

（1）商业承兑汇票（Commercial Acceptance Draft）：由企业或者个人承兑的远期汇票，是建立在商业信用基础上的。

（2）银行承兑汇票（Banker's Acceptance Draft）：由银行承兑的远期汇票，是建立在银行信用基础上的。

二、本票

（一）本票的含义和基本内容

1. 含义

英国票据法关于本票的定义：本票（Promissory Note）是由一人向另一人签发的约定在见票时或在指定的或可以确定的将来时间向特定的人或其指定的人或持票人无条件支付一定金额的书面承诺。

按照我国票据法规定，本票是出票人签发的，承诺自己在见票时无条件支付确定的金额给收款人或者持票人的票据。

上述两种定义没有实质性差别。但是，我国《票据法》对本票的出票人做了限定，即本票的出票人是银行。因此，这种本票指的是银行本票。并且规定本票自出票日起，付款期限最长不得超过两个月。

2. 基本内容

（1）注明"本票"字样；

（2）无条件的支付承诺；

（3）确定的金额；

（4）收款人姓名和商号；

（5）出票日期；

（6）出票人签字。

（二）本票的种类

本票可分为商业本票和银行本票。由工商企业或个人签发的称为商业本票或一般本票，由银行签发的称为银行本票。商业本票有即期和远期之分。银行本票则都是即期的。在国际贸易结算中使用的本票，大都是银行本票。有的银行发行见票即付、不记载收款人的本票或是来人抬头的本票,它的流通性与纸币相似。

(三) 汇票与本票的区别

(1) 本票的票面有两个当事人,即出票人和收款人;而汇票则有三个当事人,即出票人、付款人和收款人。

(2) 本票的出票人即是付款人,远期本票无须办理承兑手续,而远期汇票则要办理承兑手续。

(3) 本票在任何情况下,出票人都是绝对的主债务人,一旦拒付,持票人可以立即要求法院裁定,命令出票人付款;而汇票的出票人在承兑前是主债务人,在承兑后,承兑人是主债务人,出票人则处于从债务人的地位。

(4) 本票只能开出一张,而汇票可以开出一套,多为一式两份,甚至数份。

三、支票

(一) 支票的含义和基本内容

1. 含义

支票是银行存款户对银行签发的要求银行对特定的人或其指定人或持票人在见票时无条件支付一定金额的书面命令。签发支票是以存款者在银行存款账户上有足够数额存款或事先同银行洽订有一定的透支额度作为前提条件的。实际上,支票是以银行为付款人的即期汇票。

2. 基本内容

(1) 注明“支票”字样;

(2) 无条件的支付委托;

(3) 确定的金额;

(4) 付款人姓名和商号;

(5) 出票日期;

(6) 出票人签字。

(二) 支票的种类

根据支票的付款方式,按我国《票据法》,支票可以分为普通支票、现金支票和转账支票。现金支票上印有“现金”字样,只能用于支取现金;转账支票上印有“转账”字样,只能用于转账;支票上未印有“现金”或“转账”字样的为普通支票,普通支票可以用于支取现金,也可以用于转账。在普通支票的左上角划两条平行线的,为划线支票,划线支票只能用于转账,不得支取现金。

按各国票据法规定,支票可以由银行加“保付”(Certified to Pay)而成为保付支票(Certified Check)。支票一经保付,付款责任即由银行承担,出票人、背书人都可免予追索。付款银行对支票保付后,即将票款从出票人的账户转入一个专户,以备付款,所以保付支票提示时,不会退票。

在我国出口贸易中,如国外进口商交来支票作为支付凭证,为防止对方开立空头支票,除可要求对方出具"保付支票"外,还可在收到对方支票后,立刻委托我国内银行凭该支票向国外付款行收款,待支票面额收妥后方可发货,以防上当受骗。

第二节 支付方式

在国际贸易中,交易双方要采用一定的支付工具并通过一定的支付方式,才能实现资金从债务人向债权人转移。而支付方式按银行是否提供信用,分为商业信用下的支付方式(即汇付和托收)和银行信用下的支付方式(即信用证、银行保函等)。

一、汇付

(一) 含义

汇付(Remittance)也称汇款,指的是银行(汇出行)应汇款人(债务人)的要求,以一定的方式将一定的金额,通过其国外联行或代理行作为付款银行(汇入行),付给收款人(债权人)的一种国际结算方式。简单地说,就是付款人通过银行或其他途径,将货款汇交收款人的国际结算方式。汇付一般都是通过银行完成的,是一种顺汇方式。

(二) 基本当事人

在汇付业务中,通常涉及四个当事人:

(1) 汇款人(Remitter),即汇出款项的人。在进出口贸易中,汇款人通常是进口方。

(2) 汇出行(Remitting Bank),即受汇款人的委托汇出款项的银行。汇出行办理的汇款业务叫作汇出汇款(Outward Remittance)。在进出口贸易中,汇出行通常是进口方所在地的银行。

(3) 收款人(Payer or Beneficiary),即收取款项的人。在进出口贸易中通常是出口方。

(4) 汇入行(Paying Bank),即受汇出行委托解付汇款的银行,又称解付行。解付行办理的汇款业务叫作汇入汇款(Inward Remittance)。在进出口贸易中,汇入行通常是出口方所在地银行。

(三) 汇付方式的种类

1. 电汇

电汇汇款(Telegraphic Transfer,T/T)是汇款人(付款人或债务人)委托汇出行以电报、电传或环球银行间金融电讯网络(SWIFT)电文的方式,指示出口地某一银行(其分行或代理行)作为汇入行,解付一定金额给收款人的汇款方式。电汇方式的优点是收款人可迅速收到汇款且安全系数高,但费用也较高。电汇业务的基本程序见图 7-1。

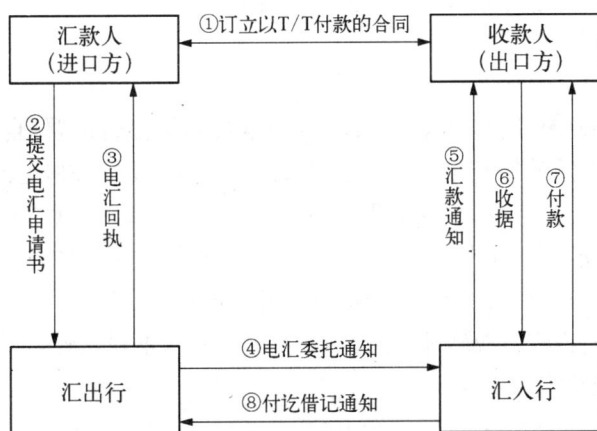

图7-1　电汇业务流程图

图7-1说明如下：

① 进出口双方在贸易合同中约定采用电汇支付方式。

② 汇款人填写汇款申请书,向汇款行交纳款项和支付汇款手续费。汇款人汇款给收款人时,要在汇出行柜台填写汇出汇款申请书,按照申请书上的内容如实填写,国际结算中的汇款的金额要注明货币名称(在我国,如果涉及使用外汇,要持国家外汇管理局的有关批汇文件,到银行以购汇当日的外汇卖出汇率来购买相应金额的外汇办理)。汇款金额大小写必须一致,在汇款方式一栏选择电汇,并将要汇出的金额和汇款的费用交给汇出行,汇出行接受,就代表汇款人与汇出行之间的契约关系成立,汇出行要按照汇款人的指示汇款给收款人。

③ 汇出行审核后,将汇款申请书其中的一联作为电汇回执交给汇款人。汇出行交给汇款人的回执代表汇出行已经收到款项并同意按汇出汇款申请书行事,还可以作为汇款人以后查询和判断汇出行是否违约的证明。

④ 汇出行发出加押电报、电传或 SWIFT 的电汇委托书给汇入行。委托汇入行解付委托书上所标注的金额给指定的收款人。

⑤ 汇入行收到汇出行的加押电报、电传或 SWIFT 后,核对密押无误,缮制电汇通知书,通知收款人收款。

⑥ 收款人取款。收款人收到通知书,核对款项正确后,在收据联上盖章,前往汇入行收款。如果其在汇入行开立了账户,可以指示汇入行把款项贷记在收款人的账户上;如果是个人,则要带有关的身份证明到汇入行柜台取款。

⑦ 汇入行解付款项给收款人。汇入行核对收款人的身份和取款通知书无误后,按照收款人的要求直接付款或汇入收款人的账户。

⑧ 汇入行将付讫借记通知书寄给汇出行,通知款项已解付完毕,并取得汇出行的资金偿付。

2. 信汇

信汇汇款(Mail Transfer,M/T)是汇出行应汇款人申请,将信汇委托书(M/T Advice)或支付委托书(Payment Order)邮寄给汇入行,授权其解付一定金额给收款人的一种汇款方式。采用信汇方式收汇在时间上比电汇慢,但费用较电汇低。信汇结算业务流程与电汇大致相同。

3. 票汇

票汇(Demand Draft,D/D)是汇款人向本地银行购买银行汇票,自行寄给收款人,收款人凭以向汇票上指定的银行取款的汇款方式。这种银行汇票和逆汇中的商业汇票不同,银行汇票用于银行代客拨款,故出票人和付款人是同一银行(代理行)。

票汇与电汇、信汇的不同在于票汇的汇入行无须通知收款人取款,而由收款人持票登门取款。这种汇票除有限制转让和流通的规定外,经收款人背书,可以转让流通,而电汇、信汇的收款人则不能将收款权转让。因此,票汇具有较大的灵活性,使用也较方便。

票汇业务流程如图7-2所示。

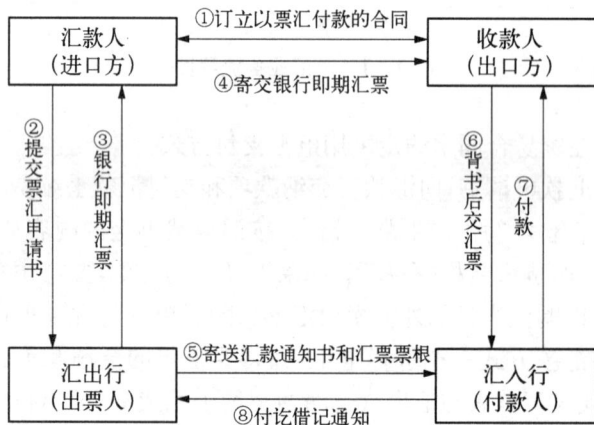

图7-2 票汇业务流程

图7-2说明如下:

① 进出口双方在贸易合同中约定采用票汇支付方式。

② 汇款人填写汇款申请书,说明使用票汇方式汇款,并将所汇款项和应支付的费用交给汇出行。

③ 收到汇款人款项后,汇出行作为出票人,开立银行即期汇票交给汇款人。

④ 汇款人亲自携带汇票出国,在完成一手交钱、一手交货的交易后,将其交给收款人或将汇票寄给收款人。

⑤ 汇出行将汇款通知书寄汇入行。汇入行凭此与收款人提交的汇票正本核对(现在基本取消这个步骤)。

⑥ 收款人向汇入行提示银行即期汇票,并要求付款。

⑦ 汇入行核对银行即期汇票的真实性后,解付款项给收款人。

⑧ 汇入行将付讫借记通知书寄给汇出行,通知它款项已解付完毕,并取得汇出行的资金偿付。

（四）汇付方式的使用

在国际贸易中,使用汇款方式结算买卖双方的债权债务,主要有以下两种做法。

1. 预付货款

预付货款(Payment in Advance)是进口商先将货款的一部分或全部汇交出口商,出口商收到货款后再发货的一种汇款结算方式。预付货款是对进口商而言,对出口商来说则是预收货款。

预付货款的结算方式,有利于出口商,而不利于进口商。出口商顾虑进口商不履行买卖合同,以预收部分货款作为担保,倘若进口商毁约,出口商就可以没收该预收货款。这种预付的货款,实际上是出口商向进口商收取的预付订金(Down Payment)。通常需要预付货款的商品,多数是热门货。

预付货款不但占压了进口商的资金,而且使进口商负担着出口商可能不履行交货和交单义务的风险。因此,进口商有时为了保障自身的权益,就规定了解付汇款的条件,即于收款人取款时,应提供书面担保,以保证在一定时间内将货运单据寄交汇入行,转交汇款人;或提供银行保证书,保证收款人如期履行交货交单义务,否则退还预收货款,并加付利息。

2. 货到付款

货到付款(Payment after Arrival of Goods)是出口商先发货,待进口商收到货物后,立即或在一定期限内将货款汇交出口商的一种汇款结算方式。这种方法实际上是一种赊账方式。广东、广西、福建等省常年向港澳地区出口牛、羊、猪、鲜花、蔬菜等鲜活商品,因为商品时间性较强,对港澳出口不能积压,出口商大都采用将提单随船带交给进口商的方式,便于进口方迅速提货,并按实际收到货物,汇付货款结算。另外就是在寄售业务中常常使用货到付款方式。寄售是出口商先将货物运至进口国,委托进口国的商人在当地市场代为销售,待售出后被委托人将货款按规定扣除佣金后全部汇交出口商。

二、托收

（一）含义

托收(Collection)是指出口方于货物装运后,开具以进口方为付款人的汇票,连同有关单据(提单、发票和保险单等)委托当地银行通过它的国外的分支行或代理行向进口方收取货款的一种支付方式。显然,托收支付方式的国际汇兑业务属于逆汇业务。托收方式可用于货款托收,也可用于非货款托收。

托收方式是以进口方为付款人,委托人与银行之间只是委托代理关系,银行不负责保证付款。因此,托收是商业信用。银行办理托收业务时,只是作为委托人的代理人,既无检查装运单据是否齐全或正确的义务,也无承担付款的责任。如果付款人借故拒绝付款赎单提货,除非另有约定,银行也无义务代为保管货物。

（二）基本当事人

1. 委托人

委托人（Principal）指开出汇票委托银行向国外付款人代收货款的人,也称为出票人。在国际贸易的货款托收中委托人通常为出口商。

2. 托收行

托收行（Remitting Bank）指接受出口商的委托代为收款的银行。在国际贸易中托收行通常为出口地银行。托收行有义务按照委托人的指示办理业务,其与委托人之间是委托代理关系。因此,托收行对单据的正确性不负责任。对于因委托人的指示,利用外国银行的服务而发生的一切费用和风险,托收行也不负责任。

3. 代收行

代收行（Collecting Bank）指接受托收行的委托向付款人收取票款的银行。代收行在国际贸易中通常为非出口地银行,多为进口地银行,但有时也有第三国银行（如托收货币的清算中心的银行）参与代收业务的。代收行应遵从托收行的指示尽快向付款人提示汇票,要求其付款或承兑,付款人付款或承兑后,应无延误地通知托收行。

4. 提示行

提示行（Presenting Bank）指负责向付款人提示汇票和单据的银行。代收行可以自己兼任提示行,也可以委托与付款人有账户往来关系的银行作提示行。

5. 付款人

付款人（Drawee）是提示行根据托收指示,向其做出提示的人。如使用汇票,即为汇票的受票人,在国际贸易中付款人通常为进口商。

（三）托收方式的种类

根据委托人签发的汇票是否附有单据,托收结算方式可分为光票托收和跟单托收。

1. 光票托收

光票托收（Clean Collection）指的是金融单据托收,而不伴随商业单据委托银行代收款项的一种托收结算方式。贸易上的光票托收,一般用于收取货款尾数、代垫费用、佣金、样品费,或其他贸易从属费用,其货运单据由卖方直接寄交买方,汇票委托银行托收。

2. 跟单托收

跟单托收（Documentary Collection）是指出口方将汇票连同装运单据一并交给银行,委托其收取货款的方式。依据交单条件的不同,可分为付款交单和承兑交单两种。

（1）付款交单（Documents against Payment,D/P）。

付款交单是指出口方的交单以进口方的付款为条件,即出口方将汇票连同装运单据交给银行托收时,指示银行只有在进口方付清货款时,才能交出装运单据。按支付时间的不同,付款交单又可分为即期付款交单和远期付款交单:

① 即期付款交单（Documents against Payment at sight,D/P at sight）,是指出口方装运之后,开具即期汇票,连同装运单据交给当地银行,通过银行向进口方提示,进口方见票后须立即付款,付清货款后,领取装运单据,即通常所说的"一手交钱,一手交货"。

② 远期付款交单(Documents against Payment after sight,D/P after sight),是指出口方装运之后,开具远期汇票,连同装运单据交给当地银行,通过银行向进口方提示,由进口方承兑远期汇票,于汇票到期日付清货款后领取装运单据。

在远期付款交单条件下,进口方为了抢行应市,不失时机地转销货物,可与代收行商量在汇票到期前借单提货,待汇票到期日再付清货款,这是代收行给予资信较好的进口方的一种通融方式。代收行要求进口方出具信托收据,借取装运单据,先行提货。所谓信托收据(Trust Receipt,T/R),是指进口方向代收行借取装运单据时,提供的一种书面担保的文件,用来表示愿意以代收行的受托人身份代为提货、报关、存仓、保险、出售并承认货物所有权仍属银行,货物售出后所得货款应交银行。这是代收行向进口方提供信用便利,而与出口方无关。因此,如在代收行借出单据后,当汇票到期不能收到货款,则代收行应对出口方负全部责任,这种形式具有银行信用的性质;如果由出口方主动授权代收行向进口方凭信托收据借装运单据提货,这种做法称为"付款交单凭信托收据借单"(D/P·T/R),若汇票到期,进口方拒付,则与代收行无关,由出口方自己承担拒付风险。

付款交单(D/P)托收方式的业务流程如图7-3所示。

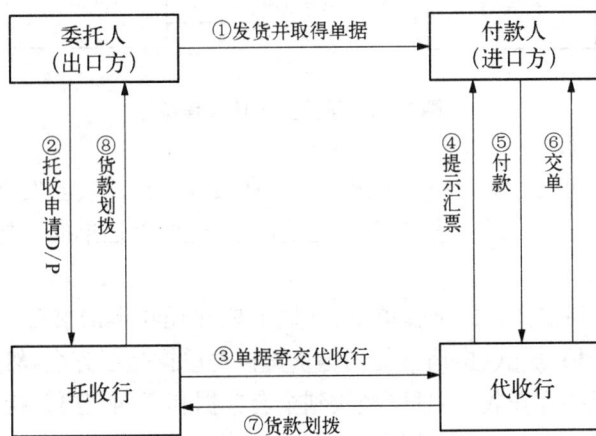

图7-3 付款交单托收方式业务流程图

图7-3说明如下:

① 出口方按合同规定备货并办理出口报关和报检手续后装船发货,获取货运单据。

② 出口方填写托收委托申请书,开具即期汇票,连同货运单据交托收行,委托其代收货款。

③ 托收行根据托收申请书缮制托收委托书连同汇票、货运单据寄交进口地代收行委托代收货款。

④ 代收行按照委托书的指示向进口方提示汇票与单据。

⑤ 进口方付款。

⑥ 代收行交单。

⑦ 代收行办理转账并通知托收行款已收妥。

⑧ 托收行向委托人转账付款。

（2）承兑交单（Documents against Acceptance，D/A）。

承兑交单是指出口方装运之后，开具远期汇票连同装运单据交给当地银行，通过银行向进口方提示，由进口方承兑远期汇票之后，即可取得装运单据，提取货物，待汇票到期再付清货款。这种方式下，出口方通过银行向进口方交单，是以进口方承兑远期汇票为条件的，所以对于出口方来说，风险较大。

承兑交单（D/A）托收方式业务流程如图7-4所示。

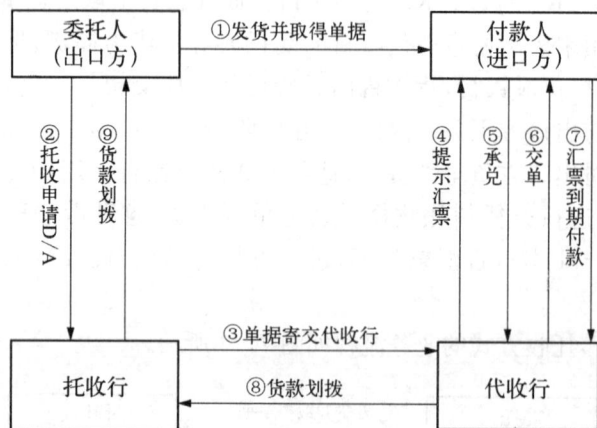

委托人（出口方） ①发货并取得单据 → 付款人（进口方）

②托收申请D/A　⑨货款划拨

④提示汇票　⑤承兑　⑥交单　⑦汇票到期付款

③单据寄交代收行 →

⑧货款划拨 ←

托收行　　代收行

图7-4　承兑交单托收程序

图7-4说明如下：

① 出口方按合同规定备货并办理出口报关和报检手续后装船发货，获取货运单据。

② 出口方填写托收委托申请书，开具远期汇票，连同货运单据交托收行，委托其办理承兑交单代收货款。

③ 托收行在收到委托人的全套单据、远期汇票和托收申请书后，如果决定为其办理承兑交单业务，则要根据托收申请书的内容认真核对单据是否齐全，然后给委托人一份回执，代表托收行同意办理托收，而且已经收到全套单据和远期汇票。托收行根据托收申请书来缮制托收指示书，连同全套单据和远期汇票寄给国外的代收行，委托其代为收取货款。

④ 代收行收到托收指示书后要仔细核对单据是否齐全，然后将远期汇票连同全套单据向付款人（进口商）进行第一次的提示，即承兑提示，要求付款人做出承兑。

⑤ 付款人审核单据无误后做出承兑。

⑥ 代收行交出全套单据。

⑦ 汇票到期，代收行会对付款人进行第二次提示，即付款提示。付款人向代收行付款。在汇票上加盖"付讫"章，交给付款人。

⑧ 代收行通知托收行款项已收妥，扣除自己应得的手续费和其他相应费用后，汇交货款给托收行。

⑨ 托收行将收到的款项贷记委托人账户。

（四）托收方式的性质

1. 卖方承担了较大的风险

卖方先发货后收款，并且收款主要依靠商业信用，承担了较大的风险；而买方则拥有较大的主动权，但在 D/P 条件下仍有遭遇单货不符或收到伪劣货物的风险。

2. 卖方的资金负担较重，但买卖双方都有了一些基于交易的融资手段

卖方承担了较重的资金负担，但比相应的货到后汇款方式下的资金负担略轻，并且有了一些基于交易的融资手段；而买方不但资金负担较轻，而且还有一些基于交易的融资手段。

3. 手续比较繁杂，费用较高

托收方式的手续比汇款方式复杂，费用也比汇款方式高；但与信用证方式相比，托收的手续相对简单，费用低。

（五）托收方式中的风险与防范

1. 风险

跟单托收方式是建立在商业信用基础上的，若进口商由于某种原因，不按合同履行付款义务，出口商就将蒙受损失。出口商在跟单托收中，可能承担如下风险：

（1）发货后进口地的货价下跌，进口商不愿付款赎单或承兑取单，可能以货物规格不符或包装不良等原因而要求减价。

（2）因政治或经济原因，进口国家改变进口政策，进口商没有领到进口许可证，或是申请不到进口所需的外汇，以致货物抵达进口地而无法进口，或不能付款。

（3）进口商因破产或倒闭而无力支付货款等。

2. 防范

虽然托收对出口方有一定风险，但对扩大出口是有利的。进口方可以免交开证押金和手续费，还有预借单据提货之便利。因此，在出口业务中，应该根据不同货物的销售情况、不同客户、不同国家的贸易习惯，适当使用托收方式。

（1）应该在调查研究的基础上，选择资信好的和经营作风正派的国外商人作为采用托收方式的交易对象。

（2）采用托收方式时，成交金额不宜过大，特别是不能超过国外商人的支付能力。

（3）要了解进口国家的贸易管制和外汇管理制度，以免货到目的港（地）后，进口方未领到进口许可证或未申请到外汇等，从而给出口方造成被动和损失。

（4）要了解进口国家的贸易习惯，以免影响安全迅速收汇。有的国外代收行只接受即期付款交单的托收委托，而把远期付款交单当作承兑交单处理，并不承担任何责任和风险；有的国家银行对 D/P 概念很陌生，常常要求将 D/P 远期改为 D/A；还有的国家商人在即期付款交单情况下，要按"当地习惯"，即在货物到达目的港（地）后，而不是代收行提示后即行"见票"，这种"习惯"在欧洲和非洲都有。按此"习惯"，万一货物到达不了目的港（地），进口商就可永不"见票"，永不付款。因此，为避免进口商以"当地习惯"为借口迟付或逃避付款，除应在出口合同中加列利息条款外，应明确规定进口商应在汇票第一次提示

时即行付款或承兑,还可以在合同中明确规定"自装船后××天交单付款"。

(5) 为避免或减轻托收方式带来的风险,可以按 CIF 价格成交,装运前投保卖方利益险和海运货物运输险,在拒付的情况下货物遭受损失、进口方又逃之夭夭时,可凭保险单向保险公司索赔。

(6) 采用托收方式成交,提单不应以进口方为收货人,最好采用"空白抬头、空白背书"提单,为了维护出口方利益,在取得代收行同意的条件下,也可以代收行作为提单抬头人。

(六)《托收统一规则》的相关规定

国际商会为给办理托收业务的银行与委托人提供可遵循的共同规则,以利于商业和金融业的发展,于 1958 年拟订了《商业单据托收统一规则》。此后,国际商会又于 1967 年、1978 年、1993 年多次对上述规则进行修订,并定名为《托收统一规则》(*Uniform Rules for Collection*)(即国际商会第 322 号出版物),现行的《托收统一规则》是 1995 年 5 月由国际商会银行委托会一致通过的国际商会第 522 号出版物,简称"URC522",于 1996 年 1 月 1 日实行。

1. **明确规定"URC522"适用条件**

在"URC522"第 4 条中规定:"一切寄出的托收单据均须附有托收指示书,注明该托收按照'URC522'办理,并给予完全而准确指示。"

2. **详细规定托收指示书的内容**

对托收指示书的内容做出规定,共 11 项:① 发出托收单据的银行的详情;② 委托人的详情;③ 付款人的详情;④ 提示行的详情;⑤ 托收金额及货币;⑥ 寄送单据清单及每一单据份数;⑦ 据以取得付款和/或承兑的条款及条件;⑧ 对应收取的费用,注明是否可以放弃;⑨ 如有应有利息,也须注明是否可以放弃;⑩ 付款方法及通知付款的方式;⑪ 发生不付款、不承兑和/或与其他指示不符合时的指示。

3. **详细列明银行负责条款**

在"URC522"的"D. 义务与责任"中,详细列明了负责条款:单据与货物/服务行为;受托方行为免责;对所收单据的负责;对单据有效性的负责;对寄送途中的延误、丢失及对翻译的负责;不可抗力等。

4. **规范用语**

在"URC522"中明确指出,用语要准确,诸如"第一""迅速""立即"及类似词语,在与提示相关或涉及付款人必须接受单据或必须采取任何其他行动的时限时不应使用。如果使用了这类词语,银行将不予理会。

三、信用证

自 19 世纪开始使用信用证以来,随着国际贸易的发展,信用证方式逐渐成为国际贸易中经常使用的一种支付方式。信用证是国际贸易发展到一定程度的历史产物,是在银行与金融机构参与国际贸易结算的过程中逐步形成的,与此同时,它也促进了国际贸易的发展。信用证支付方式把由进口方履行付款责任,转为由银行来付款,保证出口方安全迅速地收到货款,进口方按时收到货运单据。因此,在一定程度上解决了进出口方之间互不信任的矛盾;同时,也为进出口双方提供了资金融通的便利。所以,自出现信用证以来,这种支付方式发展很快,并在国际贸易中被广泛运用。如今,信用证付款已成为国际贸易中普遍采用的一种支付方式。

(一) 信用证的含义

信用证(Letter of Credit,L/C)是出证人以自身名义开立的一种信用文件,广义而言,它是由银行或其他人应客户请求做出的一项书面保证,按此保证,出证人承诺在符合信用证所规定的条件下,兑付汇票或偿付其他付款要求。在国际贸易中使用的信用证通常都是由银行开立的,是指开证银行应申请人的请求并按其指示,向第三者开具的载有一定金额、在一定期限内凭符合规定的单据付款的书面保证文件。

国际商会《跟单信用证统一惯例》(*The Uniform Customs and Practice for Documentary Credits*,2007 年修订本,国际商会第 600 号出版物,以下简称 UCP600)将信用证定义为:"意指这样一种约定,无论其如何命名或描述,该约定不可撤销并因此构成开证行对于相符提示予以兑付的确定承诺。"

简单而言,信用证是一种银行开立的有条件的承诺付款的书面文件。

(二) 信用证的特点

1. 信用证付款是一种银行信用

UCP600 中规定,在规定的单据符合信用证条款的情况下,开证银行自己或授权另一银行向受益人或其指定人进行付款,或承兑并支付受益人开立的汇票,或授权另一银行议付。因而,信用证是一种银行信用,即使开证申请人未能尽其应尽的义务或是受益人未能履行合约中的责任,只要受益人所提交的单据符合信用证条款的要求,同时也符合UCP600 中适用于这些单据的规定,开证行就必须履行第一性的、独立的付款责任,除非开证申请人涉嫌欺诈等特定原因,法院下令要求银行止付。

2. 信用证是一份独立自足的文件

虽然信用证的开立必须以贸易合同为基础,但一经开出,信用证即构成独立于贸易合同以外的一份自足契约。信用证项下各有关当事人的权利与义务仅以本信用证的条款为依据,与原依据的贸易合同无关,不受其约束。

3. 信用证是纯单据交易

信用证交易虽然产生于基础合同关系,但一旦形成即与基础合同关系相分离,成为一种独立的交易——单据买卖。在信用证交易中,银行从卖方购进单据,再由买方付款赎单。信用证交易各方当事人只处理单据,而不处理单据所代表的货物、服务或行为。受益人只要提供了符合信用证要求的单据,开证行就必须履行其付款义务。即使银行在支付价款前知悉货物、服务或行为不符合要求,银行也必须履行付款义务,开证申请人也必须偿还银行垫付之款。同样,受益人不能因货物、服务或行为符合要求而得到支付,除非受益人如期向银行提交符合信用证要求的单据。

（三）信用证的作用

信用证支付方式是随着国际贸易的发展、银行参与国际贸易结算的过程逐步形成的。由于货款的支付以取得符合信用证规定的货运单据为条件,避免了预付货款的风险,因此信用证支付方式在很大程度上解决了进、出口双方在付款和交货问题上的矛盾。它已成为国际贸易中的一种主要付款方式。

对出口商而言,信用证业务可保证其凭与信用证规定相符的单据取得货款,按时收汇,通过打包贷款或押汇取得资金融通。对进口商来说,可保证其取得代表货物的单据,按时、按质、按量收到货物,凭自己的资信及开证行对自己的信任,少交或免交部分押金,从而取得资金融通。对银行而言,可利用进口商在申请开证时交的押金或担保品为银行利用资金提供便利,在信用证业务中,银行每做一项服务均可取得收益,如开证费、通知费、议付费、保兑费、修改费等各种费用。

总之,信用证方式在国际贸易货款的结算中可以起到以下两个主要作用。

1. 提供付款保证

信用证使用的前提,即贸易双方缺乏一种双方互相满意的信任基础,因此需借助第三者即银行信用使国际间的贸易结算行为得以实施。银行以自身的信用为贸易双方的结算奠定基础,所以商业信用加上银行信用的信用证是国际贸易中已被广泛采用的一种支付方式。信用证的开立即为开证银行向契约各方保证,只要单证相符,开证行必须履行其对外付款的责任。

2. 提供融资手段

进口商在偿付全部货款前,只需缴纳一定比例的保证金,银行就能为进口商开立信用证。如果开立的是远期信用证,进口商凭承兑或开立信托收据从银行借单,取得货物后先将货物卖出,当远期汇票到期时再向银行付款,从而取得资金融通。有了开证银行的融资,进口商可扩大进口,并得到较低的货价和较长的付款期限。

出口商收到信用证后,可安心组织货源和及时装运。为加速资金的周转,出口商也可于装货前凭信用证向银行要求打包贷款,货物出运后通过议付单据取得资金。

当然,信用证方式也不是完美无缺的。比如:买方不按时开证、不按合同规定条件开证或故意设陷阱使出口方遭拒付而受损失。再如,受益人编造单据,从而使进口方成为欺诈行为的受害者。此外,使用信用证方式在具体业务操作上一般手续烦琐、费用较多、业务成本较高,而且技术性较强,稍有不慎,极容易造成错漏,以致引起损失。

（四）信用证的基本当事人

信用证的基本当事人一般有开证申请人、开证行和受益人;此外还有其他关系人,主要有通知行、议付行、保兑行、偿付行和付款行等。

1. 开证申请人

开证申请人(Applicant)即向开证银行申请开立信用证的人,一般是进口方,在信用证中又称开证人(Opener)。

2. 开证行

开证行(Opening Bank,Issuing Bank)指接受开证申请人的要求或指示,或根据其自身的需要,开立信用证的银行,一般是进口地的银行。开证人和开证行的权利和义务以开证申请书为依据。在信用证规定的单据全部提交指定银行或开证行,并且这些单据又符合信用证条款的规定时,开证行就必须承担第一性付款责任。

3. 通知行

通知行(Advising Bank)指受开证行的委托,将信用证通知或转交受益人的银行。通知行一般是出口方所在地的银行,而且通常是开证行的代理行。它只证明信用证的真实性,不承担其他义务。

4. 受益人

受益人(Beneficiary)即信用证上所指定的有权使用该信用证的人,一般为出口方,即买卖合同的卖方。受益人有权决定是否接受及要求修改信用证,有权按信用证规定签发汇票向指定的付款银行索取价款。但受益人必须按合同发货并提交符合信用证的单据,也在法律上以汇票出票人的地位对其后的持票人负有担保汇票必获承兑和付款的责任。

5. 议付行

议付行(Negotiating Bank)又称押汇银行或购票银行、贴现银行,指根据开证行的授权买入或贴现受益人开立和提交的符合信用证规定的汇票及/或单据的银行。开证行可以在信用证中指定议付行,也可以不具体指定。在不指定议付行的情况下,所有银行均是有权议付的银行。议付行审单无误,即可垫付汇票及/或单据的款项,在扣减垫付利息后将净款付给受益人。在信用证业务中,议付行通常又是以受益人的指定人和汇票的善意持有人的身份出现的,因此它对作为出票人的信用证受益人的付款有追索权。

6. 付款行

付款行(Paying Bank)一般为开证行,也可以是接受开证行委托代为付款的另一家银行(即代付行),指开证行授权进行信用证项下付款或承兑并支付受益人出具的汇票的银行。付款行通常是汇票的受票人,所以也称受票行。付款行如同一般的汇票受票人,一经付款,即使事后发现有误,对受款人也无追索权。

7. 保兑行

保兑行(Confirming Bank)指应开证行的请求在信用证上加批保证兑付的银行,它和开证行具有相同的责任和地位。

8. 偿付行

偿付行(Reimbursement Bank)又称清算银行(Clearing Bank),指接受开证银行在信用证中的指示或授权,对有关代付行或议付行的索偿予以照付的银行。偿付行接受开证行的指示或授权,凭代付行或议付行的索偿电讯或航邮进行偿付,但这种偿付并不构成开证行终局性的付款,因为偿付行并不审查单据,不负单证不符的责任。如开证行在见单后发现单证不符,应直接向寄单的议付行、代付行追回已经付讫的款项。

(五)信用证业务的办理程序

由于在以信用证方式结算的情况下,结算工具与资金流向相反,因此它属于逆汇。现以最为常见的即期不可撤销跟单议付信用证为例,简要说明其办理程序,以及各环节的具体内容(见图 7—5)。

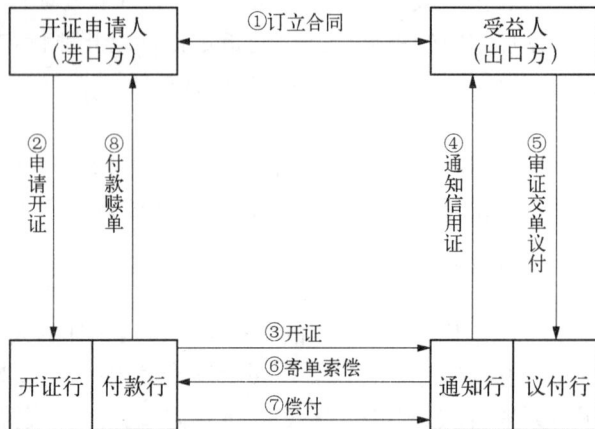

图 7—5 信用证业务的办理程序

图 7—5 说明如下:

① 进出口双方在贸易合同中约定采用信用证支付方式。

② 进口方向当地银行提交开证申请书,同时交纳押金或其他保证。

③ 开证行根据申请内容,向出口方(受益人)开出信用证,并寄交通知行。

④ 通知行核对印鉴或密押无误后,将信用证寄交给出口方。

⑤ 出口方审核信用证与合同相符合后,按照信用证规定装运货物,并备齐各项信用证要求的货运单据,在信用证有效期内,寄交议付行议付。议付行按照信用证条款审核单据无误后,按照汇票金额扣除利息,把货款垫付给出口方。

⑥ 议付行将汇票和货运单据寄开证行(或其指定的付款行)索偿。

⑦ 开证行(或其指定的付款行)核对单据无误后,付款给议付行。

⑧ 开证行通知进口方付款赎单,进口方付款并取得货运单据后,凭此向承运人提货。

根据上述示意图可知,信用证业务程序的主要环节如下。

1. 申请开证

进出口双方约定用信用证方式支付货款后,开证申请人即进口商便有责任在买卖合同规定的期限内向所在地的银行申请开立信用证。开证申请人应该按照合同条款填制开证申请书,以此作为开证行开立信用证的依据。

2. 对外开证

开证行一旦接受开证申请,就必须严格按照申请人的指示向指定的受益人开立信用证,并将其直接邮寄或用电讯通知出口地的代理行(通知行)转递或通知受益人。

信用证的开证方式有信开和电开两种。前者指开证时开立正本一份和副本若干份,航寄通知行。后者指开证行将信用证内容加注密押后用电讯工具通知受益人所在地的代理行,请其转交受益人。随着国际电讯事业的发展,为了争取时间、加快传递速度,信用证的"信开"方式越来越多地被"电开"及环球银行金融电讯协会(SWIFT)的方式所替代。

3. 通知、转递信用证

在大多数情况下,信用证不是由开证行直接通知受益人,而是通过其在受益人国家或地区的代理行,即通知行进行转递的。信用证可以通过空邮、电报或电传进行传递。通知行在收到信用证后,应即核对开证行的签字和密押,经核对证实无误,除留存副本或复印件备查外,必须尽快将信用证转交受益人。如收到的信用证是以通知行本身为收件人,则通知行应以自己的通知书格式照录信用证全文通知受益人。通知行通知受益人的最大优点就是安全,通知行的责任是应合理谨慎地审核它所通知信用证的表面真实性。

4. 审证、交单、议付

受益人在收到经通知行转来的信用证后,应即根据买卖合同和 UCP600 进行认真审核,审核信用证中所列的条款与买卖合同中的条款是否相符。如发现存在不符且无法接受照办时,应通知开证人,要求修改信用证。

受益人收到信用证或修改通知书经审核无误,即可据其规定发运货物。发货完毕后,缮制并取得信用证所规定的全部单据,开立汇票连同信用证正本(如经修改的还需连同修改通知书)在信用证规定的交单期和信用证有效期内,递交议付行办理议付。

5. 索偿与偿付

索偿就是议付行办理议付后,根据信用证规定,凭单向开证行或其指定的银行请求偿付的行为。具体做法是:由议付行按信用证要求将单据连同汇票和索偿证明分次以航邮寄给开证行或其指定的付款行。凡信用证规定有电汇索偿条款的,议付行就需以电报、电传或 SWIFT 网络传递的方式向银行进行索偿。

偿付是指开证行或被指定的付款行或偿付行向议付行进行付款的行为。开证行或被指定的付款行或偿付行收到议付行的汇票和单据后,经审核单据无误,与信用证规定相符,应即将票款偿付议付行。如发现单据与信用证规定不符,可以拒付。

6. 付款赎单

开证行履行偿付责任后,应即向开证人提示单据,开证人核验单据无误后办理付款手续。如申请开证时曾交付押金,则付款时予以扣减;如曾提交其他抵押品,则在付款时退还。开证申请人付款后,即可从开证行取得全套的单据,包括可凭此向承运人提货的运输单据。若此时货物已经到达,便可凭运输单据立即向承运人提货。

(六) 信用证的种类

1. 跟单信用证与光票信用证

根据业务流程中使用汇票时有无随附单据,信用证可划分为光票信用证和跟单信用证。

(1) 光票信用证(Clean Credit)是指开证行仅凭受益人开具的汇票或简单收据而无需附带货运单据付款的信用证。

(2) 跟单信用证(Documentary Credit)是指凭跟单汇票或仅凭单据付款、承兑或议付的信用证。这里的单据是指代表货物所有权或证明货物已经装运的货运单据,即运输单据以及商业发票、保险单据、商检证书、产地证书、包装单据等。

在国际结算中主要使用跟单信用证。

2. 不可撤销信用证

不可撤销信用证(Irrevocable Credit)是指一经通知受益人,在有效期内未经开证行、保兑行(如有)以及受益人同意,既不能修改也不能撤销的信用证。这种信用证为受益人提供了可靠的保证,只要受益人提交了符合信用证规定的单据,开证行就必须履行其确定的付款责任。

在实际业务中,由于开立可撤销信用证的情形极少,因此 UCP 600 已经删除了可撤销信用证的概念及有关规定,并规定信用证均为不可撤销的。

3. 保兑信用证与不保兑信用证

根据信用证是否有其他银行加以保兑,可划分为保兑信用证和不保兑信用证。

(1) 保兑信用证(Confirmed L/C)是指一份信用证上除了有开证银行确定的付款保证外,还有另一家银行确定的付款保证。保兑行(Confirming Bank)对信用证所负担的责任与信用证开证行所负担的责任相当。即当信用证规定的单据提交到保兑行或任何一家指定银行时,在完全符合信用证规定的情况下则构成保兑行在开证行之外的确定承诺。

(2) 不保兑信用证(Unconfirmed L/C)是指未经另一家银行加保的信用证。当开证银行资信较好或者成交金额不大时,一般可使用非保兑信用证。

4. 即期付款信用证、延期付款信用证、承兑信用证

根据信用证兑付方式的不同,可划分为即期付款信用证、延期付款信用证、承兑信用证与假远期信用证。

(1) 即期付款信用证(Sight Payment L/C)是指信用证规定受益人开立即期汇票或不需即期汇票仅凭单据即可向指定银行提示请求付款的信用证。对这种信用证,开证行、保兑行(如有的话)或指定付款行承担即期付款的责任,且付款后无追索权。

(2) 延期付款信用证(Deferred Payment L/C)又称迟期付款信用证或无承兑远期信用证,是指不需汇票,仅凭受益人提交的单据,经审核单证相符确定银行承担延期付款责任起,延长一段时间,及至到期日付款的信用证。

在业务处理上,延期付款信用证与承兑信用证类似,所不同的是受益人不需要出具汇票,只需将符合信用证规定的单据交到指定银行,指定银行在验单无误后收入单据,待信用证到期再行付款。

(3) 承兑信用证(Acceptance L/C)是指信用证规定开证行对于受益人开立以开证行自己为付款人或以其他银行为付款人的远期汇票,在审单无误后,应承担承兑汇票并于到期日付款责任的信用证。

具体做法是:受益人开出以开证行或指定银行为受票人的远期汇票,连同商业单据一起交到信用证指定银行;银行收到汇票和单据后,先验单,如单据符合信用证条款,则在汇票正面写上"承兑"字样并签章,然后将汇票交还受益人(出口商),收进单据。待信用证到期时,受益人再向银行提示汇票要求付款,这时银行才付款。银行付款后无追索权。这种信用证又称银行承兑信用证,通常使用于远期付款交易。

5. 可转让信用证与不可转让信用证

按受益人是否有权将信用证的使用权转让给他人,可可将信用证划分为可转让信用

证与不可转让信用证。

(1) 可转让信用证(Transferable L/C),指信用证的受益人(第一受益人)有权将该信用证全部或部分金额转让给一个或数个第三者(第二受益人)使用的信用证。根据UCP600的规定,在信用证中只有被明确注明"可转让"(Transferable)字样的信用证才可以被转让。使用诸如"可分割""可分开""可让渡"和"可转移"之类措辞,并不能使信用证成为可以转让的信用证。如已使用此类措辞,可不予以置理。并且除非信用证另有说明,可转让信用证只能转让一次。因此,第二受益人不得要求将信用证转让给其后的第三受益人。另外,只要不禁止分批装运/分批支款,可转让信用证可以分为若干部分予以分别转让(但总和不超过信用证金额),这些转让的总和将被认为该证只转让了一次。

(2) 不可转让信用证(Untransferable L/C),指受益人无权转让给他人使用的信用证。凡在信用证上没有注明"可转让"字样的信用证,均为不可转让信用证,只限于受益人本人使用。

6. 假远期信用证

假远期信用证(Usance Credit Payable at Sight),又称买方(进口商)远期信用证,是指信用证规定开立远期汇票,但开证行将对汇款进行贴现并即期付款,且所有贴现费用由申请人负担的信用证。即买卖双方签订的贸易合同规定为即期付款,但信用证要求出口商开立远期汇票,同时在信用证上又说明该远期汇款可即期议付,由开证行负责贴现,其贴现费用由进口商负担,相当于银行为进口商提供资金融通。

7. 对背信用证

对背信用证(Back to Back L/C)也称转开信用证,指信用证的受益人以这个信用证为基础和保证,要求一家银行(通常为原证的通知行,也可以是其他银行)开立以该银行为开证行,以原证受益人为申请人的一份内容相似的新的信用证。其中的原始信用证又称为主要信用证,而背对背信用证是第二信用证,主要用于中间商转售他人货物,从中谋利,或两国不能直接进行交易需通过第三国商人以此种办法沟通贸易而开立的。

8. 对开信用证

对开信用证(Reciprocal L/C)是以交易双方互为开证申请人和受益人、金额大致相等的信用证。对开信用证中,第一份信用证的开证申请人就是第二份信用证的受益人;反之,第二份信用证的开证申请人就是第一份信用证的受益人。第二份信用证也被称作回头证。第一份信用证的通知行一般就是第二份信用证的开证行。生效方法:① 两份信用证同时生效;② 两份信用证分别生效。

对开信用证广泛用于易货贸易、来料来件加工装配业务、补偿贸易等。由于双方顾虑对方只使用权利而不履行义务,于是采用互开信用证的方法把进口和出口联系起来。在来料来件加工装配业务中,为避免垫付外汇,我方进口原料、配件时可争取开立远期信用证,在出口成品时可争取对方开立即期信用证,以便用收到的加工出口的货款来偿付应付的到期原料、配件的货款。

9. 循环信用证

循环信用证(Revolving L/C)是指信用证被全部或部分使用后,其金额可恢复使用直至达到规定次数或累积总金额为止的信用证。这种信用证适用于分批均衡供应,分批结汇的长期合同,以使进口方减少开证的手续、费用和押金,使出口方既得到收取全部交易货款的保障,又减少了逐笔通知和审批的手续和费用。循环信用证的循环方式可分为按时间循环和按金额循环。

10. SWIFT 信用证

SWIFT 的全称是 Society for Worldwide Interbank Financial Telecommunication,即环球同业银行金融电讯协会。它是一个国际同业间非营利性的国际合作组织,成立于1973 年,总部在比利时的布鲁塞尔。SWIFT 专门从事传递各国之间的非公开性的国际金融电讯业务,其中包括外汇买卖、证券交易、开立信用证、办理信用证项下的汇票业务及托收等。发电成本低廉是 SWIFT 通讯方式的一大特点。目前,SWIFT 在全世界拥有会员国 130 多个,会员银行 4 000 多家,其环球计算机数据通信网在荷兰的阿姆斯特丹和美国的纽约设有运行中心,在各会员国设有地区处理站,为 SWIFT 会员提供安全、可靠、快捷、标准化的通信服务。

SWIFT 用统一的字母和数字来规范电文内容,比如 MT100 代表私人汇款业务,MT400 代表托收业务,MT700、MT701 代表信用证业务。采用 SWIFT 信用证必须遵守SWIFT 的规定,亦必须使用 SWIFT 手册规定的代号(Tag),而且信用证必须遵守UCP600 各项条款的规定。在 SWIFT 信用证中可省去开证行的承诺条款,但不能免除银行所承担的义务。SWIFT 信用证的特点是快速、准确、简明和可靠。因此,目前信用证的格式主要都是用 SWIFT 电文。

目前开立 SWIFT 信用证的格式代号为 MT700 和 MT701,表 7 - 1 和表 7 - 2 是这两种格式中的代号和栏位名称对照表。

表 7 - 1   MT700 Issue of a Documentary Credit

M/O	Tag(代号)	Field Name(栏位名称)	Content/Options(内容)
M	27	Sequence of Total 合计次序	1n/1n 1 个数字/1 个数字
M	40A	Form of Documentary Credit 跟单信用证类别	24x 24 个字
M	20	Documentary Credit Number 信用证号码	16x 16 个字
O	23	Reference to Pre-Advice 预通知的编号	16x 16 个字
O	31C	Date of Issue 开证日期	6n 6 个数字

M/O	Tag(代号)	Field Name(栏位名称)	Content/Options(内容)
M	31D	Date and Place of Expiry 到期日及地点	6n/29x 6 个数字/29 个字
O	51a	Applicant Bank 申请人的银行	A or D A 或 D
M	50	Applicant 申请人	4 * 35x 4 行×35 个字
M	59	Beneficiary 受益人	4 * 35x 4 行×35 个字
M	32B	Currency Code, Amount 币别代号、金额	3a15number 3 个字母,15 个数字
O	39A	Percentage Credit Amount Tolerance 信用证金额加减百分比	2n/2n 2 个数字/2 个数字
O	39B	Maximum Credit Amount 最高信用证金额	13x 13 个字
O	39C	Additional Amounts Covered 可附加金额	4 * 35x 4 行×35 个字
M	41A	Available With...By... 向……银行押汇,押汇方式为……	A or D A 或 D
O	42C	Drafts at… 汇票期限	3 * 35x 3 行×35 个字
O	42A	Drawee 付款人	A or D A 或 D
O	42M	Mixed Payment Details 混合付款指示	4 * 35x 4 行×35 个字
O	42P	Deferred Payment Details 延迟付款指示	4 * 35x 4 行×35 个字
O	43P	Partial Shipments 分批装运	1 * 35x 1 行×35 个字
O	43T	Transshipment 转运	1 * 35x 1 行×35 个字
O	44A	Loading on Board/Dispatch/Taking in Change at/from… 由……装船/发运/接管地点	1 * 65x 1 行×65 个字
O	44B	For Transportation to... 装运至……	1 * 65x 1 行×65 个字
O	44C	Latest Date of Shipment 最后装运日	6n 6 个数字

M/O	Tag(代号)	Field Name(栏位名称)	Content/Options(内容)
O	44D	Shipment Period 装运期间	6 * 65x 6 行×65 个字
O	45A	Description of Goods and/or Services 货物描述及/或交易条件	50 * 65x 50 行×65 个字
O	46A	Documents Required 应具备单据	50 * 65x 50 行×65 个字
O	47A	Additional Conditions 附加条件	50 * 65x 50 行×65 个字
O	71B	Charges 费用	6 * 35x 6 行×35 个字
O	48	Period for Presentation 提示期间	4 * 35x 4 行×35 个字
M	49	Confirmation Instructions 保兑指示	7x 7 个字
O	53A	Reimbursement Bank 清算银行	A or D A 或 D
O	78	Instructions to the Paying/Accepting/Negotiation Bank 对付款/承兑/议付银行之指示	12 * 65x 12 行×65 个字
O	57A	"Advise Through" Bank 收讯银行以外的通知银行	A,B or D A,B 或 D
O	72	Sender to Receiver Information 银行间的通知	6 * 35x 6 行×35 个字

表 7 - 2　**MT701　Issue of a Documentary Credit**

M/O	Tag(代号)	Field Name(栏位名称)	Content/Options(内容)
M	27	Sequence of Total 合计次序	1n/1n 1 个数字/1 个数字
M	20	Documentary Credit Number 信用证编号	16x 16 个字
O	45B	Description Goods and/or Services 货物及/或劳务描述	50 * 65x 50 行×65 个字
O	46B	Documents Required 应具备单据	50 * 65x 50 行×65 个字
O	47B	Additional Conditions 附加条件	50 * 65x 50 行×65 个字

注:(1) M/O 为 Mandatory 与 Optional 的缩写,前者是指必要项目,后者为任意项目。

(2) 合计次序是指本证的页次,共两个数字,前后各一,如"1/2",其中"2"指本证共 2 页,"1"指本页为第 1 页。

信用证样本见样单 7－2。

样单 7－2

信用证样本

TO：BANK OF CYPRUS LTD

LETTERS OF CREDIT DEPARTMENT

NTCOSIA COMMERCIAL OPERATIONS CENTER

INTERNATIONAL DIVISION

TEL：＊＊＊＊＊＊   FAX：＊＊＊＊＊＊

TELEX：2451 & 4933 KYPRIA CY

SWIFT：BCYPCY2N

DATE：23 MARCH 2005

APPLICATION FOR THE ISSUANCE OF A LETTER OF CREDIT

SWIFT MT700 SENT TO：MT700 转送至

STANDARD CHARTERD BANK UNIT 1～8 52/F SHUN NIND SQUARE O1 WANG COMMERCIAL CENTRE,5002,SHEN NAN ROAD EAST,SHENZHEN 518008－CHINA

渣打银行深圳分行

深南东路 5002 号

信兴广场地王商业大厦 52 楼 1－8 单元

27：SEQUENCE OF TOTAL 序列号

1/1 指只有一张电文

40A：FORM OF DOCUMENTARY CREDIT 跟单信用证形式

IRREVOCABLE 不可撤销的信用证

20：DOCUMENTARY CREDIT NUMBER 信用证号码

00143－01－0053557

31C：DATE OF ISSUE 开证日

如果这项没有填,则开证日期为电文的发送日期。

31D：DATE AND PLACE OF EXPIRY 信用证有效期

050622 IN CHINA   2005 年 6 月 22 日在中国到期

50：APPLICANT   信用证开证申请人

NICOSIA 注意应同发票上的买方是一致的

59：BENEFICIARY 受益人

CHAOZHOU HUALI CERAMICS FACTORY

FENGYI INDUSTRIAL DISTRICT, GUXIANG TOWN, CHAOZHOU CITY, GUANGDONG PROVINCE,CHINA. 潮州华利陶瓷洁具厂

32B：CURRENCY CODE,AMOUNT 信用证项下的金额

USD7841,89

41D：AVAILABLE WITH...BY... 议付适用银行

STANDARD CHARTERED BANK

CHINA AND/OR AS BELOW BY NEGOTIATION 渣打银行或以下的任何议付行

42C：DRAFTS AT 开汇票

SIGHT 即期

42A：DRAWEE 付款人

BCYPCY2NO10

BANK OF CYPRUS LTD 塞浦路斯的银行名

43P：PARTIAL SHIPMENTS 是否允许分批装运

NOT ALLOWED 不允许

43T：TRANSHIPMENT 转运

ALLOWED 允许

44A：LOADING ON BOARD/DISPATCH/TAKING IN CHARGE AT/FROM...装船港口

SHENZHEN PORT 深圳

44B：FOR TRANSPORTATION TO 目的港

LIMASSOL PORT 利马索尔港

44C：LATEST DATE OF SHIPMENT 最迟装船期

050601

045A：DESCRIPTION OF GOODS AND/OR SERVICES 货物/服务描述

SANITARY WARE 陶瓷洁具

FOB SHENZHEN PORT, INCOTERMS 2000　FOB 深圳港, INCOMTERMS 2000

046A：DOCUMENTS REQUIRED 须提供的单据文件

＊FULL SET(AT LEAST THREE)ORIGINAL CLEAN SHIPPED ON BOARD BILLS OF LADING ISSUED TO THE ORDER OF BANK OF CYPRUS PUBLIC COMPANY LTD, CYPRUS, NOTIFY PARTIES APPLICANT AND OURSELVES, SHOWING FREIGHT PAYABLE AT DESTINATION AND BEARING THE NUMBER OF THIS CREDIT. 全套清洁已装船提单原件(至少三份)，作成以"塞浦路斯股份有限公司"为抬头，通知开证人和我们自己，注明运费在目的港付，注明该信用证号码。

＊PACKING LIST IN 3 COPIES. 装箱单一式三份。

＊ CERTIFICATE ISSUED BY THE SHIPPING COMPANY/CARRIER OR THEIR AGENT STATING THE B/L NO(S)AND THE VESSEL(S)NAME CERTIFYING THAT THE CARRYING VESSEL(S)IS/ARE：

A)HOLDING A VALID SAFETY MANAGEMENT SYSTEM CERTIFICATE AS PER TERMS OF INTERNATIONAL SAFETY MANAGEMENT CODE AND

B) CLASSIFIED AS PER INSTITUTE CLASSIFICATION CLAUSE 01/01/2001 BY AN APPROPRIATE CLASSIFICATION SOCIETY 由船公司或代理出具注明 B/L 号和船名的证明书，证明他们的船是：

A)持有根据国际安全管理条款编码的有效安全管理系统证书；和

B)由相关分级协会根据 2001 年 1 月 1 日颁布的 ICC 条款分类的。

＊ COMMERCIAL INVOICE FOR USD 11,202.70　IN 4 COPIES DULY SIGNED BY THE BENEFICIARY/IES, STATING THAT THE GOODS SHIPPED：

A)ARE OF CHINESE ORIGIN。

B)ARE IN ACCORDANCE WITH BENEFICIARIES PROFORMA INVOICE NO. HL050307 DATED 07/03/05. 由受益人签署的商业发票一式四份，总额 USD 11,202.70,声明所运输货物：

A)原产地为中国。

B)同号码为 HL050307 开立日为 07/03/05 的形式发票内容一致。

047A：ADDITIONAL CONDITIONS 附加条件

＊ THE NUMBER AND DATE OF THE CREDIT AND THE NAME OF OUR BANK MUST BE

QUOTED ON ALL DRAFTS(IF REQUIRED). 信用证号及日期和我们的银行名必须体现在所有单据上(如果有要求)。

＊ TRANSPORT DOCUMENTS TO BE CLAUSED："VESSEL IS NOT SCHEDULED TO CALL ON ITS CURPENT VOYAGE AT FAMAGUSTA,KYRENTA OR KARAVOSTASSI CYPRUS". 运输单据注明"船舶在其航行途中不在塞浦路斯的 Famagusta、Kyrenta 或 Karavostassi 这些港口停泊"。

＊ INSURANCE WILL BE COVERED BY THE APPLICANTS. 保险由申请人办理。

＊ ALL DOCUMENTS TO BE ISSUED IN ENGLISH LANGUAGE. 所有单据由英文缮制。

＊ NEGOTIATION/PAYMENT:UNDER RESERVE/GUARANTEE STRICTLY 保结押汇或是银行保函 PROHIBITED. 禁止。

＊ DISCREPANCY FEES USD 80,FOR EACH SET OF DISCREPANT DOCUMENTS PRESENTED UNDER THIS CREDIT,WHETHER ACCEPTED OR NOT PLUS OUR CHARGES FOR EACH MESSAGE CONCERNING REJECTION AND/OR ACCEPTANCE MUST BE BORNE BY BENEFICIARIES THEMSELVES AND DEDUCTED FROM THE AMOUNT PAYABLE TO THEM. 修改每个单据不符点费用 80 美元,由受益人负担,将从货款总额中扣除。

＊ IN THE EVENT OF DISCREPANT DOCUMENTS ARE PRESENTED TO US AND REJECTED, WE MAY RELEASE THE DOCUMENTS AND EFFECT SETTLEMENT UPON APPLICANT'S WAIVER OF SUCH DISCREPANCIES,NOT WITHSTANDING ANY COMMUNICATION WITH THE PRESENTER THAT WE ARE HOLDING DOCUMENTS AT ITS DISPOSAL,UNLESS ANY PRIOR INSTRUCTIONS TO THE CONTRARY ARE RECEIVED. 如果存在不符点的单据提交我方时被拒绝,我方将放弃这些单据,并让申请人来决定是否接受这些不符点,我方对此完全保持中立,除非我方收到申请人的相反指示。

＊ TRANSPORT DOCUMENTS BEARING A DATE PRIOR TO THE L/C DATE ARE NOT ACCEPTABLE. 不接受早于开证日期的运输单据。

＊ DIFFERENCE OF USD 3,363.81(30 PERCENT OF INVOICE VALUE)BETWEEN L/C AMOUNT AND INVOICES AMOUNT REPRESENTS AMOUNT PAID BY APPLICANTS DIRECT TO BENEFICIARIES OUTSIDE THE L/C TERMS WITHOUT ANY RESPONSIBILITY ON OURSELVES AND TO BE SHOWN ON INVOICES AS SUCH. L/C 跟发票上 USD 3363.81 的差额(30％发票额)由申请人直接用 L/C 以外的方式给予受益人。

71B：CHARGES

BANK CHARGES OUTSIDE CYPRUS INCLUDING THOSE OF THE REIMBURSING

BANK ARE FOR BEN. A/C. 在塞浦路斯以外银行产生的费用包括偿付行的费用由信用证受益人负担。

48：PERIOD FOR PRESENTATION 单据提交期限

DOCUMENTS MUST BE PRESENTED WITHIN 21 DAYS AFTER B/L DATE,BUT WITHIN THE VALIDITY OF THE CREDIT. 在信用证有效期内,最迟装运期后 21 天内,向银行提交单据。

49:CONFIRMATION INSTRUCTIONS 保兑指示

WITHOUT 不保兑

53A：REIMBURSING BANK 偿付行

BCYPGB2L BANK OF CYPRUS UK INTERNATIONAL DEPARTMENT,87/93 CHASE SIDE, SOUTHGATE N14 5BU LONDON - UNITED KINGDOM。

78：INSTRUCTIONS TO THE PAY/ACCEP/NEG BANK 议付行

NEGO OF DOCS THRU BANK OF CHINA LIMITED CHINA IS ALLOWED. PLEASE 可通过中国银行议付。

DEDUCT RROM YOUR PAYMENT TO BENEFICIARIES THE AMOUNT OF USD 15.00 REPRESENTING RECORDING FEES NEGOTIATION BANK TO OBTAIN 于受益人账户中扣去 USD 15.00 作为记录费。

REIMBURSEMENT FROM OUR ACCOUNT WITH REIMBURSING BANK 3 BUSINESS DAYS FOLLOWING THEIR AUTHENTICATED TELEX/SWIFT ADVICE TO US, STATING A）OUR CREDIT NUMBER, B）AMOUNT CLAIMED, C）VALUE OF DOCUMENTS D）SHIPMENT/ DISPATCH DATE AND　E）THAT DOCS ARE IN STRICT COMPLIANCE WITH CREDIT TERMS. ON EXECUTION FORWARD TO US, BANK OF CYPRUS PUBLIC COMAPNY LTD, NICOSIA COMMERCIAL OPER. CENTER INTERN. DIV. ,10 KYRIACOS MATSI AV. 1082 AY. OMOLOYITES, NIGOSIA, CYPRUS, ALL DOCS IN ONE LOT BY COURIER SERVICE AT BENEFICIARIES EXPENSE. 所有单据应由偿付行于三个工作日内通过快件形式发给我们,费用由受益人承担,注明信用证号、金额、单据价值、发货日期以及单据与信用证条款完全一致。所有单据应该通过邮件一次提交给我方,邮寄费用由受益人负担。

72：SENDER TO RECEIVER INFORMATION 附言 CREDIT IS SUBJECT TO U. C. P. 1993 I. C. C PUBL. NO. 500. 本信用证根据跟单信用证统一惯例 UCP500(1993 年版)开出。

第三节　不同支付方式的结合使用

一笔交易的顺利完成,在某种程度上也仰仗于结算方式的合理选用。在选择具体的结算方式时要考虑买卖双方各自承担的风险及所能承受的能力;要确保安全收汇,资金得以活化融通;要树立信用管理观念,对客户的信用状况及其代理行的信用等级进行分析和调查。

在现有的结算方式中,基本的有三种:汇款、托收、信用证。另外,还有一些延伸的结算方式,如银行保函、备用信用证等。在实务中,现在还出现了一些比较新的结算方法,如电汇中加入第三方(船方)来控制风险。不同的支付方式对于贸易双方而言,在贸易结算中的风险以及经营中的资金负担各不相同。

一、常用支付方式简介及风险分析

汇款是指汇款人(债务人)主动将款项交给银行,委托其使用某种结算工具,通过其在国外的分支行或代理行,将款项付给国外收款人的一种结算方式。它是产生最早、使用最简单的结算方式,也是其他各种结算方式的基础。

汇款按照使用的结算工具不同,可以分为电汇、信汇和票汇。按货物、货款的运送及支付顺序不同,汇款方式在国际贸易实务中有两种运用方式:预付货款和货到付款。其中,预付货款对于出口商而言较为有利:既可以降低货物出售的风险,同时减轻了资金负担;货到付款则对于进口商较为有利:既可降低资金风险,也能先收货后筹款,相当于得到资金融通。如付款的期限较长,甚至可以将货物售出后,用所售收入支付款项。因此,用汇款方式进行结算,风险承担和资金负担在买卖双方之间不均衡。结算的风险(如货物运出后能否顺利收回货款以及货款付出后能否顺利地收到货物)和资金压力完全由一方承担,另一方则相对有利。

托收是指由债权人开立汇票,委托银行通过其海外分支行或代理行,向国外债务人收取货款或劳务价值的一种结算方式。虽然托收与贸易汇款都属于商业信用基础,但是跟单托收通过用单据代表货物控制货物所有权,从而将结算风险及资金负担在进出口双方之间进行了平衡。对于出口商来说,出口商通过控制货权单据来控制货物,不付款或承兑就不会交单。一般不会受到"钱货两空"的损失,比赊销安全。对于进口商来说,只要付款或承兑,马上就能取得单据,从而得到货物的所有权,比预付货款方式安全。

在贸易实务中,托收按照是否附有货运单据可以分为光票托收和跟单托收。对不附有全套货运单据的款项的托收称为光票托收;对附有全套货运单据的款项的托收称为跟单托收。其中,根据交单条件的不同,跟单托收可分为 D/P(付款交单)和 D/A(承兑交单)。D/P(付款交单)按照付款的时间不同又可以分为 D/P 即期和 D/P 远期。不同的托收方式中存在的结算风险也有所不同。在 D/P 条件下,代收行在买方支付了全部票据金额以后才能将有关票据交给买方,这样卖方的货款得到了有效的保障。而在 D/A 下,代收行在买方承兑有关汇票后就可以将有关单据交付买方,这时卖方已经交出了货物的物权凭证,一旦买方的信用出现危机,到期不付款,卖方手中仅有一张已承兑汇票能约束买方的义务,仍可能遭受钱货两空的损失,对于出口商来说,选用 D/A 一定要慎重。

信用证支付方式是近年来国际贸易中最常见、最主要的支付方式。信用证(L/C)是开证行根据买方(开证申请人)的请求,开给卖方的一种保证承担支付货款的书面凭证。这种方式把应由买方承担的付款义务转化为银行的付款义务,从而加入了银行信用,由于银行承担了第一性的付款责任,有审单的义务,使得结算的程序更为严格、规范,对于买卖双方而言,结算的风险进一步得到控制;资金融通也更为便利。因此,该种方式被贸易各方广泛接受。

二、选择支付方式时应考虑的因素

由于各种支付方式的特点不同,因此在选择合适的支付方式时,应该考虑以下因素。

(一) 客户信用等级的高低

如果客户的信用等级很一般或是贸易双方是首次进行交易,应该选用 L/C 的方式;如果客户的信用等级较高,可以选用 D/P,既可以达到节省开证费的目的,也可以在一定程度上把握物权凭证的安全性;如果客户的信用等级非常高,就可以选用 D/A 甚至是 T/T 的方式。

(二) 货物供求状况的不同

如果是畅销的货品,卖方可选择对自身有利的支付方式,如要求用 L/C 进行结算,甚至要求买方预付货款。如果是滞销的货品,则所选择的支付方式可能会有利于进口商,如 D/A,甚至可以货到付款。

(三) 选用的贸易术语和合同金额的高低

不同的贸易术语对于买卖双方的责任规定以及风险分担有所不同,因此也应根据贸易术语不同来选择合适的支付方式。对于象征性交货组中的 CIF 和 CFR,可以选用托收和 L/C 的方式;而对于 EXW 和实际交货的 D 组术语,一般就不会采取托收的形式进行结算;对于 FOB 和 FCA 等术语,由于运输的事宜是由买方安排的,出口人很难控制货物,所以在一般情况下也不会选择托收的方式。另外,合同金额如果不大,则可以考虑选择速度较快、费用低廉的 T/T 方式或光票托收方式。

选择支付方式的最终目的是尽量降低结算的成本,分散结算的风险,促使进出口贸易的顺利进行。以上所列举的各个因素会在不同的时间、不同的国家和地区、不同的历史阶段、不同的具体客观情况而对货款的支付有不同程度的影响。

三、各种支付方式的结合使用

从国际贸易实践情况来看,单纯某一种结算方式总是不能满足交易各方的要求。面对不断变化的市场,有必要采用综合支付的方式进行结算。

(一)汇款和托收相结合

如先采取 T/T 的形式预付定金 10%,在装船后 T/T 合同款的 40%,剩余的 50% 采用 D/P 即期付款的形式。这种选择既能保证供货方及时履行发货的义务,又能约束进口人及时付款,同时节省了更多银行费用的支出,也节约了宝贵的贸易时间。

(二)汇款和信用证相结合

如定金的部分以 T/T 办理,主要的货款采用 L/C 的方式进行支付,余款以 T/T 的方式进行。

(三)托收与信用证结合使用

这样的组合既可尽量地避免不必要的开支,也能对作为物权凭证的单据起到保护的作用。如将 D/A 和信用证和银行保函结合在一起使用,或要求使用由代收银行开具的银行承兑汇票,这样,原来的商业信用就被转变为银行信用,将出口商的风险转嫁给银行。

综上所述,国际贸易支付方式选择是否恰当,会直接导致出口人是否能够安全、快捷地得到货款。在选择时,不仅要考虑自己的风险,也要考虑对方的成本,力图达到双赢的目标。所以,要根据对方的资信等级、货物的供求状况、合同金额的高低、运输方式和种类、财务结算成本高低等因素来决定。同时,灵活运用组合的、综合的支付方式来进行国际贸易的结算,以分散结算的风险。

第四节　合同中的支付条款

支付条款是在国际贸易合同中,规定付款方式及时间的款项。它是买卖合同中必不可缺的重要组成部分。在国际贸易中,货款的收付直接影响双方的资金周转和融通,以及各种金融风险和费用的负担,它关系到买卖双方的利益和得失。因此,买卖双方在交易磋商时,都力争约定对自己有利的支付条件。

一般而言,国际贸易的主要支付方式有汇付、托收和信用证三种方式,因此国际贸易合同的支付条款一般应具体为汇付条款、托收条款和信用证条款。

一、汇付条款

合同中的汇付条款是当交易双方商定通过汇付方式进行货款交付时,合同中对货款交付的具体细节的规定,它是国际贸易合同中支付条款的一个具体类型。合同中的汇付条款可以规定如下:

买方应不迟于 12 月 15 日,将 100％的货款用电汇预付至卖方。

The Buyer should pay 100％ of the sale amount to the Seller in advance by telegraphic transfer not later than Dec. 15th.

二、托收条款

合同中的托收条款是当交易双方商定通过托收方式进行货款交付时,合同中对货款交付的具体细节的规定。托收又分为 D/P(付款交单)与 D/A(承兑交单)。合同中的托收条款可以规定如下:

(1) 付款交单。

买方应凭卖方开具的即期汇票于见票时立即付款。

The Buyer should make immediate payment against the presentation of the draft issued by the Seller.

(2) 承兑交单。

买方对卖方开具的见票后 20 天付款的跟单汇票于提示时应予以承兑,并应于汇票到期日付款。

The Buyer should accept the documentary draft at 20 days' sight upon the presentation and make payment on the maturity.

三、信用证条款

合同中的信用证条款是当交易双方商定通过信用证(L/C)方式进行货款交付时,合同中对货款交付的具体细节的规定。合同中的信用证条款可以规定如下:

(1) 即期信用证。

买方应于装运月份前××天通过卖方可接受的银行开立并送达卖方不可撤销的即期信用证,有效期至装运月份后 15 天在中国议付。

The Buyers shall open through a bank acceptable to the Sellers an Irrevocable Sight Letter of Credit to reach the Sellers ×× days before the month of shipment, valid for negotiation in China until the 15th day after the month of shipment.

(2) 远期信用证。

买方应于××年×月×日前(或接到卖方通知后×天内或签约后×天内)通过××银

行开立以卖方为受益人的不可撤销(可转让)的见票后××天(或装船日后××天)付款的银行承兑,议付有效期延至上述装运期后 15 天在中国到期。

The Buyers shall arrange with ×× Bank for opening an Irrevocable(Transferable) bankers acceptance Letter of Credit in favour of the Sellers before... (or within... days after receipt of Sellers advice; or within... days after signing of this contract), The said Letter of Credit shall be available by draft(s) at sight(or after date of shipment) and remain valid for negotiation in China until the 15th after the aforesaid time of shipment.

(3) 假远期信用证。

本项下的远期汇票由付款人承兑和贴现,所有费用由买方负担,远期汇票可即期收款。

Drawee will accept and discount usance drafts drawn under this Credit. All charges are for buyers account, usance draft payable at sight basis.

本章小结

本章主要介绍了进出口贸易中的支付工具、结算方式、不同结算方式的选用和相关支付条款的制定等内容。

国际贸易中,支付工具主要是票据,包括汇票、本票和支票,以汇票为主。汇票行为一般包括出票、提示、背书、承兑、付款等,其基本原理和法律规则同样适用于本票和支票。

主要结算方式有汇付、托收和信用证。汇付是付款人通过银行,使用各种结算工具将货款汇交收款人的一种结算方式,属于商业信用。由于使用的结算工具不同,汇付通常可以分为电汇、信汇和票汇三种。汇付结算方式多用于预付货款和货到付款的交易方式。托收结算方式是由卖方委托银行向买方收取货款的一种结算方式。跟单托收可分为付款交单和承兑交单。托收是商业信用,所以在国际贸易中只是有条件地使用。信用证是随着国际贸易、航运、保险以及国际金融的发展而形成的一种结算方式。信用证的特点表现在独立性、单据买卖和银行信用。

每一种结算方式都有其利弊,采用何种结算方式,需要考虑商品、客户、市场、价格、双方各自承担风险的能力和安全收汇等诸多因素。而不同结算方式的结合使用可以降低某些单一结算方式带来的风险。

关键词汇

汇付　托收　信用证　汇票　本票　支票　银行保函　备用信用证　付款交单
承兑交单　延期付款　分期付款　银行汇票　商业汇票　光票托收　跟单托收
出口托收押汇　议付行　对背信用证　保兑信用证　承兑信用证　银行保函

本章习题

一、术语翻译

1. Remittance　2. Collection　3. Letter of Credit　4. Bill of Exchange

5. Promissory Note　6. Documents against Acceptance

7. Advance against Documentary Collection　8. Letter of Guarantee

9. Opening Bank；Issuing Bank　10. Beneficiary　11. Advising Bank；Notifying Bank

12. Paying Bank；Drawee Bank　13. Negotiating Bank　14. Confirming Bank

15. Sight Payment L/C　16. Negotiation L/C　17. Transferable L/C

二、简答题

1. 与国际结算有关的国际商业惯例有哪些？

2. 票据有哪些功能？

3. 电汇的风险有哪些？

4. 托收方式有什么特点？D/P 与 D/A 的风险有什么不同？

5. 信用证方式有风险吗？请具体分析。

6. 作为出口方,应如何防范货款结算的风险呢？

三、案例分析题

1. 我方出口一批货物,付款方式为 D/P 90 天托收。汇票及货运单据通过托收银行寄抵国外代收行后买方进行了承兑,但货到目的地后,恰好这时行市上涨,于是付款人出具信托收据(T/R)向银行借得单证。请问:我方于汇票到期时还能否收回货款？

2. 某公司收到一份国外开来的不可撤销信用证。出口公司按信用证要求将货物装出,但在尚未将单据送交当地银行前,突然接到开证行通知,称开证人已倒闭,因此开证行不再承担付款责任。请问:出口公司应如何处理？

3. 我外贸企业与某国 A 商达成一项出口合同,付款条件为付款交单后 45 天付款。但汇票及所附单据通过托收行寄抵进口代收行后,A 商及时在汇票上履行了承兑手续。货抵目的港时,由于用货心切,A 商出具信托收据向代收行借得单据,先行提货转售。汇票到期时,A 商因经营不善,失去偿付能力。代收行以汇票付款人拒付为由通知托收行并建议由我外贸企业径直向 A 商索取货款。对此,你认为我外贸企业应如何处理？

第八章 国际贸易争议的预防与处理

学习目标

1. 认识商检和索赔工作的重要性；
2. 了解不可抗力的构成因素和具体规定；
3. 熟悉对外贸易仲裁的特点，并掌握国际贸易争议预防与处理的方法。

开篇导入

进口方委托银行开出的信用证上规定，卖方须提交"商品净重检验证书"。进口商在收到货物后，发现除质量不符外，卖方仅提供重量单。买方立即委托开证行向议付行提出拒付，但货款已经押出。事后，议付行向开证行催付货款，并解释卖方所附的重量单即为净重检验证书。

请问：重量单与净重检验证书一样吗？开证行能否拒付货款给议付行？

第一节 国际贸易商品的检验

一、国际贸易商品检验的意义

国际贸易中的商品检验（Commodity Inspection），简称商检，是指商品检验机构对进出口商品的品质、规格、数量、重量、包装、卫生、安全等项目所进行的检验、鉴定和管理的工作。

商品检验制度是国际贸易产生与发展的产物，是国际贸易中的一个重要环节，各国对此都出台了相应的法律和法规。《联合国际货物销售合同公约》规定："买方必须在按情况实际可行的最短时间内检验货物或由他人检验货物""如果涉及货物的运输，检验可推迟到货物到达目的地后进行"。我国的《进出口商品商检法》中规定："商检机构和经国家商检部门许可的检验机构，依法对进出口商品实施检验。"同时，列入现行《出入境检验检疫机构实施检验检疫的进出境商品目录》的进出口商品和其他法律、行政法规规定须经商检机构检验的进出口商品，必须经过商检机构或者国家商检部门、商检机构指定的检验部门检验。

在国际贸易中，买卖双方分处不同的国家和地区，一般不能当面交接货物，往往容易在交货的质量和数量等问题上发生争议,货物在运输过程中也经常发生残损、短少甚至灭失等现象,这就需要一个公正的、具有商品专业知识的第三方机构,对货物进行检验或鉴定,以查明货损原因,确定责任归属,以利于货物的交接和交易的顺利进行。因此,货物检验是国际贸易中不可缺少的重要环节,检验条款是国际贸易合同中的一项重要条款。

二、商品检验的内容

商品检验的内容主要包括品质检验、数量和重(质)量检验、包装检验、卫生检验和残损鉴定等。

(一) 品质检验

品质检验主要是对商品的外观、化学成分、物理性能等进行检验。一般采用仪器检验和感官检验两种方法。仪器检验是利用各种有关仪器和机械对商品进行物理检验、化学检验和微生物检验等。感官检验是通过眼、耳、鼻、口和手对商品进行鉴定。

(二) 数量和重(质)量检验

数量和重(质)量检验是指按合同规定的计量单位和计量方法对商品的数量和重(质)量进行检验。

(三) 包装检验

包装检验是指对货物包装的牢固度、完整性进行检验,看其是否适合货物的性质和特点,是否适于货物流转过程的装卸、搬运,是否符合合同及其他有关规定,是否合乎标准或合同规定的内包装和衬垫物料或填充物料,并对包装标志的各项内容进行核对,看其是否与合同规定相符。

(四) 卫生检验

卫生检验是指对肉类罐头食品、奶制品、禽蛋及蛋制品、水果等货物是否无菌、无寄生虫等进行检验。

(五) 残损鉴定

残损鉴定是指对受损货物的残损部分予以鉴定,分析残损原因及其对商品使用价值的影响,估计损失程度,出具证明等。

三、检验的时间和地点

商检的时间和地点是指在何时、何地行使对货物的检验权。确定检验的时间和地点,实际上就是确定买卖双方中以哪一方提供的检验证书为准。检验的时间和地点关系到买卖双方的切身利益,也是交易双方商定检验条款的核心所在。检验的时间和地点通常与合同中使用的贸易术语、商品的特性、使用的包装方式以及当事人所在国的法律、行政法规的规定密切相关。

在国际货物买卖合同中,根据交易习惯,关于商检时间和地点的规定,主要有以下三种。

(一) 在出口国检验

1. 工厂检验

由工厂的检验单位或买方的验收人员在货物出厂前进行检验或验收。在这种条件下,卖方只承担货物在离厂前的责任,运输途中的品质、数量变化的风险,概由买方负担。这对卖方是最为有利的一种选择。

2. 装船前或装船时检验

装船前或装船时检验是指出口货物在装船前交由双方约定的机构或人员进行检验,商品的品质、数量以当时的检验结果为准。这就是国际上通常所说的"离岸品质、重量"(Shipping Weight/ Quality)。目前,有些散装货物采用传送带或其他机械操作办法装船,其抽样检验和衡量工作,一般是在装船时进行。尽管如此,它还没有脱离离岸品质、重量的范畴。

从交货时间和地点上看,在出口国检验适合于 EXW、FAS、FCA、FOB 这四个出口地交货的贸易术语。

(二) 在进口国检验

1. 卸货时检验

一般是指货物到达目的地卸货后,在约定的时间内进行检验。检验地点可因商品性质的不同而异,一般货物可在码头仓库进行检验,易腐货物通常应于卸货后,在关栈或码头尽快进行检验,并以其检验结果作为货物质量和数量的最后依据。这也就是国际贸易上通常所说的"到岸品质、重量"(Landed Weight/Quality)。在采用这种条件时,卖方应承担货物在运输途中品质、重量变化的风险,买方有权根据货物到达目的港时的检验结果,在分清卖方、船方和保险公司责任的基础上,对属于卖方应该负责的货损、货差,向卖方提出索赔,或按事先约定的价格调整办法进行调整。

2. 用户所在地检验

对于一些不便在目的港卸货时检验的货物,如密封包装,在使用之前打开有损于货物质量或会影响使用的货物,或是规格复杂、精密程度高、需要在一定操作条件下用精密仪器或设备检验的货物,一般不能在卸货地进行检验,需要将检验延迟到用户所在地进行。这时,货物的品质和重量(数量)是以用户所在地的检验结果为准。

从交货时间和地点上看,在进口国检验适合于 DAT、DAP、DDP 这三个进口地交货的贸易术语。

3. 出口国检验、进口国复验

出口国检验、进口国复验是指卖方以装运港(地)的检验证书作为议付货款的依据,货物到达目的港(地)后,买方有复验权。由卖方凭商检证书连同其他装运单据,交银行议付货款。货物到达目的港后,再由双方约定的机构在约定的时间内,对货物进行复验。如经双方同意的检验机构复验发现货物与合同规定不符,并证明这种不符情况不属于承运人或保险公司的责任范围,买方可以凭复验证书向卖方提出异议和索赔。而检验机构的选定,涉及由谁实施检验和提出有关证书的问题,关系到买卖双方的利益,这是检验条款中必须明确的另一个重要问题。

从交货时间和地点上看,这种规定方式适合于 CIF、CFR、CPT、CIP 这四个象征性交货的贸易术语。这是当卖方以交单象征货物交货时,由于装运时买方并不在场,不能因此剥夺了买方收取合格货物的权利。这种做法兼顾了在象征性交货买卖双方的利益,较为公平合理。由于实际业务中常用六个象征性交货贸易术语,因而这是国际货物买卖中最常见的一种规定检验时间和地点的方法,也是我国进出口业务中最常用的一种方法。

四、检验机构

世界上大多数国家设有自己的商品检验、鉴定或公证机构,特别是发达国家,由于商品进出口量大,对品质要求高,所设立的检验机构也是种类繁多。在国际贸易中,从事商品检验的机构主要有官方机构和非官方机构两大类。

(一)官方检验机构

官方检验机构是指由国家或地方政府投资,按照国家有关法律法令对出入境商品实施强制性检验、检疫和监督管理的机构。例如,中华人民共和国国家出入境检验检疫局、美国食品药物管理局(FDA)、美国动植物检疫署、美国粮谷检验署(FGES)、日本通商省检验所等。

(二)非官方检验机构

非官方检验机构主要是指由私人创办的、具有专业检验、鉴定技术能力的公证行或检验公司。例如,英国劳埃氏公证行(Lioyd's Surveyor)、瑞士日内瓦通用鉴定公司(Societe Generale de Surveillance S. A. ,S. G. S.)、日本海事鉴定协会(NKKK)、中国香港天祥公证化验行等。

一些检验机构甚至承担着由国家政府授权、代表政府行使某项商品检验或某一方面检验管理工作。例如,根据美国政府的规定,凡是进口与防盗信号、化学危险品以及与电器、供暖、防水等有关的产品,必须经美国保险人实验室(Underwriters Laboratory)这一半官方检验机构检验认证合格,并贴上该实验室的英文缩写标志"UL",方可进入美国市场。

五、检验证书

进出口商品经商检机构检验、鉴定后出具的证明文件,称为检验证书(Inspection Certificate)。在交易中,经买卖双方同意,也可由出口商品的生产单位或进口商品的使用单位出具证明,该项证明也起检验证书的作用。

(一)检验证书的种类

(1) 品质检验证书(Inspection Certificate of Quality);

(2) 重量检验证书(Inspection Certificate of Weight);

(3) 数量检验证书(Inspection Certificate of Quantity)；

(4) 兽医检验证书(Veterinary Certificate)；

(5) 集装箱检验证书(Inspection Certificate of Container)；

(6) 卫生检验证书(Sanitary Inspection Certificate)；

(7) 消毒检验证书(Inspection Certificate of Disinfections)；

(8) 产地检验证书(Certificate of Origin)；

(9) 货载衡量检验证书(Inspection Certificate of Measurement&./or Weight)；

(10) 温度检验证书(Inspection Certificate of Temperature)；

(11) 植物检疫证书(Phytosanitary Certificate or Plant Quarantine Certificate)；

(12) 价值检验证书(Certificate of Value)；

(13) 熏蒸证书(Inspection Certificate of Fumigation)；

(14) 生丝品级及公量检验证明(Inspection Certificate for Raw Silk Classification & Conditional Weight)。

在国际商品买卖业务中，卖方究竟提供何种证书，要根据成交商品的种类、性质、有关法律和贸易习惯以及政府的涉外经济贸易政策而定。因此，为了明确要求，分清责任，在检验条款中应订明所需证书的类别。

(二)检验证书的作用

上述各种检验证书是针对不同商品的不同检验项目而出具的，而它们所起的作用基本相同，包括交货的依据、接受货物的依据、通关的依据、索赔的依据、仲裁的依据等。

六、合同中的检验条款

(一)检验条款示例

国际货物买卖合同中的货物检验条款一般包括下列内容：有关检验权的规定、检验或复验的时间和地点、检验机构、检验项目和检验证书等。

案例1：买卖双方同意以装运港(地)中国出入境检验检疫局签发的质量和重量(数量)检验证书作为信用证下议付所提交的单据的一部分，买方有权对货物的质量和重量(数量)进行复验，复验费由买方承担。但若发现质量和/或重量(数量)与合同规定不符时，买方有权向卖方索赔，并提供经卖方同意的公证机构出具的检验报告。索赔期限为货物到达目的港(地)后××天内。

It is mutually agreed that the Certificate of Quality and Weight(Quantity)issued by the China Exit and Entry Inspection and Quarantine Bureau at the port/place of shipment shall be part of the documents to be presented for negotiation under the relevant L/C. The Buyers shall have the right to reinspect the quality and weight(quantity)of the cargo. The reinspection fee shall be borne by the Buyers. Should the quality and/or weight(quantity)be found not in conformity with that of the contract, the Buyers are entitled to lodge with the Sellers a claim which should be supported by survey reports issued by a recognized surveyor approved by the

Sellers. The claim, if any, shall be lodged within. . . days after arrival of the goods an the port/place of destination.

上例的索赔期限,也就是买方复验货物的期限。具体期限应根据货物的性质、国内运输、检验的繁简等情况而定。例如,对较易变质和损坏的货物,可以短一些;不易变质或损坏的货物,可以长一些。需安装、调试的机械设备还可长至安装、调试所需的合理时间。

案例 2：双方同意以制造厂(或某公证行)出具的质量和数量/重量检验证书作为有关信用证下付款的单据之一。货到目的港(地)卸载后××天内经中国出入境检验检疫局复验,如发现质量或数量/重量与本合同不符时,除属保险公司或承运人负责者外,买方凭中国出入境检验检疫局出具的检验证书,向卖方提出退货或索赔。所有退货或索赔引起的一切费用(包括检验费)及损失,均由卖方负责。在此情况下,如抽样是可行的,买方可应卖方要求,将有关货物的样品计交卖方。

It is mutually agreed that the Certificate of Quality and Quantity(Weight)issued by the Manufacturer(or. . . Surveyor)shall be part of the documents for payment under the relevant L/C. In case the quality, quantity or weight of the goods be found not in conformity with those stipulated in this contract after reinspection by the China Exit and Entry Inspection and Quarantine Bureau within. . . days after discharge of the goods at the port/place of destination, the Buyers shall return the goods to or lodge claim against the Sellers for compensation of losses upon the strength of Inspection Certificate issued by the said Bureau, with the exception of those claims for which the insurers or the carriers are liable. All expenses(including inspection fees)and losses arising from the return of the goods or claims should be borne by the Sellers. In such case, the Buyers may, if so requested, send a sample of the goods in question to the Sellers, provided that the sampling is feasible.

（二）注意事项

1. 关于质量标准、数量条款、包装条款

我国出口商品的品质规格一般应按照我国法律、法规规定的检验标准或其他必须执行的标准执行,如对方提出要按对方或第三国的标准时,应和有关部门仔细研究后再对外签约。对出口商品的品质条款应订得科学合理、切合实际,并能够检验。进口商品一般按生产国的标准进行检验,或按买卖双方协商同意的标准和方法进行检验,或按国际标准和国际习惯进行检验。凡凭样品成交的出口商品,交货品质应与样品一致,还应将样品送交一份给商检机构,以便凭以实施检验。订立数量条款时,应规定具体明确的计量单位和计量方法,不要用不规范、不准确的计量标准,散装货要规定溢短装比例。进出口商品的包装应与商品的性质、运输方式的要求相适应,并应在合同中订明包装容器所使用的材料、结构及包装方法等,避免采用笼统的、不明确的语言。

2. 关于复验时间、地点及复验费用

复验时间的长短直接关系到品质、数量等索赔的期限。因此,在合同中应明确复验时间。订立复验时间时主要应考虑商品的特性和检验所需时间的长短,如农副产品,复验时间可以短一些,机电仪器产品和成套设备的复验时间应长一些。复验地点的选择与时间也有密切关系,地点选择不当,实际检验的时间就难以保障。因此,我国进口商品一般以货到目的港卸货后或货物运抵目的地收货人的最后仓库之日起若干天内向卖方提出索赔。为了避免不必要的纠纷,合同中还应明确规定复验费用由谁负担。

3. 关于检验机构和检验证书

在订立检验条款时,对检验机构应当有明确的规定。如在我国检验,应订明"由中华人民共和国出入境检验检疫局进行检验"。在出口合同中,如允许买方有复验权,卖方应争取在合同中规定"须以卖方同意的公证机构出具的检验报告作为索赔的依据",以便在某些公证机构偏袒对方时,卖方有权要求另行委托其他比较合适的公证机构进行复验,维护卖方的正当利益。

4. 关于复杂商品的检验

对于一些规格复杂的商品和机械仪器或设备的进口,应根据商品的不同特点,在合同条款中加列一些特殊性规定,如详细的检验标准、检测方法、产品所使用的材料及其质量标准、技术说明书等,以便于检验。

第二节　国际贸易中的争议与索赔

一、争议、索赔和理赔的含义

在国际贸易中经常会出现一些贸易纠纷,使双方产生争议。争议的解决可以通过双方协商或通过仲裁机构的索赔来完成。所谓争议(Disputes),是指买卖一方认为对方未能全部或部分履行合同规定的责任与义务所引起的纠纷。

在国际货物买卖业务中,产生争议、纠纷的原因很多,如合同是否成立,双方国家法律和国际贸易惯例解释不一致;合同条款规定得不够明确,双方对条款的解释不同,习惯上无统一的解释;在履约中产生了双方不能控制的因素,致使合同无法履行或无法按期履行,而双方对是否可以解除合同或延期履行合同看法不一致;买方不按时开证,不按时付款赎单,无理拒收货物或在买方负责运输的情况下,不按时派船;卖方不按时交货或不按合同规定的品质、数量、包装交货,不提供合同和信用证规定的单据等。

所谓索赔(Claim),是指在进出口交易中,因一方违反合同规定直接或间接地给另一方造成损失,受损方根据合同或法律规定向违约方提出予以补救的主张,即提出赔偿的要求,以弥补其所受损失。索赔一般有三种情况,一是进出口双方间的贸易行为的索赔,二是货物托运人向承运人的索赔,三是投保人向保险人的保险索赔。三者既有联系又有区别,这里着重谈买卖双方的贸易索赔问题。

理赔(Settlement)是指违约方对受损方所提出的赔偿要求的受理和处理行为。

索赔是受损方提出要求的行为,理赔则是违约方受理该项要求的行为。

二、不同国家的法律对违约行为的不同解释

违约(Breach of Contract)是指买卖双方之中任何一方没有合理的履行合同规定的义务的行为。买卖合同是对缔约双方具有约束力的法律性文件。一方违约,就应承担违约的法律责任,而受害方(Injured Party)有权根据合同或有关法律规定提出损害补偿要求。但是对违约方的违约行为及其应承担的法律后果如何,则取决于有关法律对此所做的解释和所确定的法律责任。

(一)英、美的法律对违约的规定

1. 英国法律对违约的规定

英国的法律把违约分成违反要件(Breach of Condition)与违反担保(Breach of Warranty)两种形式。若当事人一方违反合同中的带实质性的主要约定条件,如卖方交货的品质或数量不符合合同规定或不按合同规定的期限交货,均作为"违反要件",受损害的一方有权解除合同,并可要求赔偿损失。若违反的是合同中的次要条件,从属于合同的条款称为"违反担保",或"违反随附条件",则受损害的一方不能解除合同,仍须承担履行合同的义务,只是有权请求违约的一方给予损害赔偿。但英国法律对哪些条件属于违反担保并无明确规定,需要根据合同所做的解释来判断。

在实际业务中,受损害的一方对于另一方违反要件,可以放弃作为要件处理,即不要求解除合同。此外,英国法院在司法实践中已承认了一种新的违约类型,称之为"违反中间性条款或无名条款",即既不是要件,也不是担保的合同条款。违反这类条款应承担的责任须视违约的性质及其后果是否严重而定。如果性质及后果严重,受损害的一方有权解除合同,并可要求损害赔偿;否则只能要求损害赔偿。

2. 美国法律对违约的规定

美国法律规定与英国基本相似,把违约分为轻微违约和重大违约两种形式。若双方当事人任何一方违约,致使另一方无法取得该交易的主要利益,则是"重大违约"(Material Breach)。在此情况下,受损害的一方有权解除合同,并要求全部损害赔偿。如果一方违约,情况较为轻微,并未影响对方在该交易中取得的主要利益,则为"轻微违约"(Minor Breach),受损害的一方只能要求损害赔偿而无权解除合同。

(二)《公约》对违约的规定

《公约》把违约分为根本性违约和非根本性违约两种形式,指出:"一方当事人违反合同的结果,如使另一方当事人蒙受损害,以致实际上剥夺了他根据合同规定有权期待得到的东西,即为根本违反合同……"此时,受损害的一方就可以宣告合同无效,同时有权向违约方提出损害赔偿的要求。如违约的情况尚未达到根本违反合同的程度,则受损害方只能要求损害赔偿而不能宣告合同无效。

(三)我国法律对违约的规定

我国把违约分为不履行债务和延迟履行债务两种形式。我国《涉外经济合同法》第

18条规定:"当事人一方不履行合同或者履行合同义务不符合约定条件,即违反合同的,另一方有权要求赔偿损失或者采取其他合理的补救措施。采取其他补救措施后,尚不能完全弥补另一方受到的损失的,另一方仍然有权要求赔偿损失。"

三、买卖合同中的索赔条款

(一)异议和索赔条款

进出口合同中的索赔条款有两种规定方式,一种是异议和索赔条款(Dispute and Claim Clause),另一种是罚金条款(Penalty Clause)。在一般的商品买卖合同中,多数只订异议和索赔条款,只有在大宗商品买卖的合同中,除订有异议和索赔条款外,还要另订有罚金条款。

异议和索赔条款是为了防止争议的产生和对争议进行妥善处理而订立的。例如,"买方对于装运货物的任何异议,必须于货物抵运目的港30天内提出,并须提供给卖方认可的公证机构出具的检验证书。如果货物已经加工,买方即丧失索赔权利。属于保险公司或轮船公司责任范围的索赔,卖方不予受理"。

在异议和索赔条款中,除了明确规定一方如违反合同,另一方有权提出异议索赔外,还包括索赔依据、索赔期限、赔偿损失的方法和赔偿金额的计算。在货物到达目的港后,如果货物的质量、数量等与合同不符则要受损方提供索赔依据。索赔依据主要是指提出索赔必须提供的证据以及出证机构。凡是证据不足或出证机构不符合规定要求的索赔,都将遭到拒绝。因此,在提供索赔依据时,要注意与检验条款规定的内容相一致。

索赔一定要在索赔的有效期内提出,逾期提出的索赔是无效的。不同的商品有不同的索赔有效期。例如,对食品、农产品及易腐商品,索赔期应规定得短一些;对一般货物的索赔期,通常限定为货物到目的地后30天或45天;对于机器设备则可更长一些,即机器的试用期为索赔期。索赔期一般不宜太长,这样会加大卖方的风险和责任。

赔偿损失的方法和赔偿金额的计算应在合同中约定清楚。

(二)罚金条款

罚金条款是指一方未能按时履约或未完全履约,而向对方支付约定的罚金。与异议和索赔条款的不同之处在于,罚金条款适用于卖方延期交货与买方延期接货或买卖双方中的任何一方未履行合同义务的情况,同时还规定了计算罚金的具体办法。一般罚金的多少由延误时间的长短来定,如"若卖方不能按期交货,在卖方同意由付款行从议付的货款中或从买方直接支付的货款中扣除罚金的条件下,买方可同意延期交货。延期交货的罚金不得超过交货金额的5%。罚金按每7天收取延期交货金额的0.5%,不足7天按7天计算。如卖方未按合同规定的装运期交货超过10周时,买方有权撤销合同,并要求卖方支付上述延期交货罚金"。

第三节　不可抗力

一、不可抗力的含义

不可抗力(Force Majeure)又称人力不可抗拒。它是指在货物买卖合同签订以后,不是由于订约者任何一方当事人的过失或疏忽,而是由于发生了当事人既不能预见和预防,又无法避免和克服的意外事故,以致不能履行或不能如期履行合同,遭受意外事故的一方,可以免除履行合同的责任或延期履行合同。不可抗力是合同中的一项条款,也是一项法律原则。对此,在国际贸易中不同的法律、法规等各有自己的规定。

在英美法中有合同落空原则的规定,其意思是说合同签订以后,不是由于当事人双方自身的过失,而是由于事后发生了双方意想不到的根本性的不同情况,致使订约目的受到挫折,据此而未履行的合同义务,当事人得以免除责任,否则就构不成合同落空。在大陆法系国家的活动中有"情势变迁"或"契约失效"原则的规定,其意思也是指不属于当事人的原因而发生了预想不到的变化,致使合同不可能再履行或须对原来的法律效力做相应的变更。不过,法院对于以此原则为理由请求免除履约责任的要求是很严格的。

《公约》在其免责一节中做了如下规定:"如果他(指当事人)能证明此种不履行义务是由于某种非他所能控制的障碍,而且对于这种障碍没有理由预期他在订立合同时能考虑到或能避免或能克服它或它的后果。"该《公约》指明了一方当事人不能履行义务,是由于发生了他不能控制的障碍,而且这种障碍在订约时是无法预见、避免或克服的,可予以免责。

二、不可抗力的事故范围

不可抗力的事故范围较广,通常可分为两种情况:一种是由于自然力量引起的,如水灾、火灾、冰灾、暴风雨、大雪、地震等;另一种是由于社会力量引起的,如战争、罢工、政府禁令等。其中对自然力量引起的灾害,国际上的解释比较一致,对于社会原因引起的意外事故,在解释上经常发生分歧。这一方面是由于社会现象比较复杂,解释起来有一定困难,另一方面由于不可抗力是一项免责条款,买卖双方通常主要是卖方都可以援引它来解释自身所承担的合同义务,这种援引多数情况下是扩大不可抗力范围,以减少自己的合同责任。有的卖方除把各种自然灾害列入外,还把生产过程的意外事故,战争预兆、罢工、怠工、货物集运中的事故,以及航、陆运机构的怠慢,未按预定日期出航等,统统归入不可抗力的范围。因此在交易中应认真分析,区别不同情况,做出不同处理,防止盲目接受。对于一些含义不清或根本不属于不可抗力的范围的事件,如战争预兆、航运公司怠慢等解释上容易引起分歧、没有确定标准的概念,则不应列入;至于一些属于政治性的事件,如罢工等,可由买卖双方在事件发生时根据具体情况,另行协商解决。

三、不可抗力事件的认定与处理

（一）不可抗力的认定

认定为不可抗力一般需具备四个要件：

（1）意外事故发生在合同签订以后；

（2）不是由于订约当事人的过失或疏忽造成的；

（3）意外事故及其后果是无法预见、无法预防、无法控制和无法避免的；

（4）发生"不可抗力"事件的一方有义务及时将"不可抗力"及其后果通知对方，并取得必要的证明文件。在我国，一般由中国国际贸易促进委员会出具证明文件。

（二）不可抗力事件的处理

不可抗力事件作为法定免责事由，一旦发生，就可以根据发生事件的原因、性质、规模及其对履行合同影响的程度，做出相应的处理。不可抗力事件发生后，违约方必须及时通知另一方，以减轻可能给另一方造成更大的损失，并及时提供必要的证明文件。我国企业在发生不可抗力事件后，应尽快通知对方客户，并应在 15 天内向中国对外贸易促进委员会即国际商会申请出证，提供给对方客户。

四、不可抗力条款的规定

进出口合同中的不可抗力条款，基本上有概括式规定、列举式规定和综合式规定三种规定方法。

（一）概括式规定举例

由于不可抗力的原因，致使卖方不能全部或部分装运，或延迟装运合同货物，卖方对于这种不能装运或延迟装运本合同货物不负有责任。但卖方须用电报或电传通知买方，并须在 10 天内，以航空挂号信件向买方提交由中国国际经济贸易促进委员会出具的证明此类事件的证明书。

（二）列举式规定举例

由于战争、地震、水灾、火灾、暴风雨、雪灾的原因，致使卖方不能全部或部分装运或延迟装运合同货物，卖方对于这种不能装运或延迟装运本合同货物不负有责任。

（三）综合式规定举例

如因战争、地震、暴风雨、严重的水灾、火灾、雪灾以及双方同意的其他不可抗力的原因，致使卖方不能全部或部分装运或延迟装运合同货物，卖方对于这种不能装运或延迟装运或不能履行合同的情形均不负责任。

第四节　国际贸易仲裁

一、仲裁的含义和特点

在国际贸易中,当双方发生争议时,一般通过友好协商解决。如协商得不到解决时,则分情况采取调解(Conciliation)、仲裁(Arbitration)或诉讼(Litigation)等方式进行处理。

(一)仲裁的含义

仲裁是解决对外贸易争议的一种重要方式。它是指买卖双方在争议发生前或发生后达成协议,自愿将有关争议交给双方同意的仲裁机构做裁决(Award),而这个裁决对双方都具有约束力,双方必须遵照执行。

(二)仲裁的特点

(1) 仲裁机构是贸易界的知名人士或专家组成的、为解决贸易纠纷而设立的民间组织,因此仲裁不具有强制性。

(2) 仲裁员的指定是争议双方协商一致的意见。只要双方都同意仲裁,仲裁结果就具有法律效力,是终局性的,对双方都有约束力。

(3) 仲裁机构或仲裁员审理案件,必须以争议双方同意的仲裁协议为依据,这就排除了争议双方去法院诉讼的可能,排除了法院对有关争议的管辖权,同时也使仲裁机构和仲裁员获得了有关争议案件的管辖权。

(4) 仲裁的程序简单、费用较低。

二、仲裁协议的作用和形式

仲裁协议是买卖双方在争议发生之前或争议发生之后自愿将其争议交付仲裁解决的一种书面协议。仲裁协议是仲裁机构和仲裁员受理争议案件的依据,仲裁机构不受理没有仲裁协议的争议纠纷。

(一)仲裁协议的作用

(1) 双方当事人如果决定采用仲裁,就要受仲裁协议的约束,只能以仲裁的方式解决问题而不能向法院起诉。

(2) 可以有效地排除法院对有关争议案件的管辖权。

(3) 使仲裁机构或仲裁员取得对有关争议案件的管辖权。

(二)仲裁协议的形式

仲裁协议必须是书面的,根据争议的时间,有两种形式。

1. 争议发生之前

争议发生之前的仲裁协议,通常就是在买卖合同中订立的仲裁条款(Arbitration Clause)。

2. 争议发生之后

争议发生之后双方当事人订立的"提交仲裁协议"(Submission Agreement or Arbitration Agreement),既可以是双方以正式书面文件形式订立的,也可以是通过来往函件、电报或电传达成的协议。

三、合同中的仲裁条款

合同中的仲裁条款通常包括仲裁地点、仲裁机构、仲裁效力等内容,如"凡因执行本合约或有关合约所发生的一切争执,双方应以友好方式协商解决;如果协商不能解决,应提交中国国际经济贸易仲裁委员会,根据该会的仲裁规则进行仲裁。仲裁裁决是终局的,对双方都有约束力"。

(一)仲裁地点的规定

仲裁地点是指在哪个国家进行仲裁。它是仲裁条款的主要内容,是一个双方都关注的关键问题,因为在什么地点仲裁就适用哪个国家的仲裁规则或有关法律。除非仲裁协议另有规定,交易双方都会首先选择在本国进行仲裁,或者在自己比较熟悉和信任的地方进行仲裁。国际上对仲裁地点的选择与安排,一般有以下几种情况:在买方所在国、在卖方所在国、在第三国、在被告所在国、在原告所在国、在货物所在地进行仲裁。

我国对外规定仲裁地点时有三种办法。

1. 规定在我国仲裁

例如,"由于本合同或者由于违背合同、终止合同或者合同无效而发生的或与此有关的任何争端、争议或要求,双方应通过友好协商解决;如果协商不能解决,应提交北京中国国际贸易促进委员会对外经济贸易仲裁委员会,根据该会仲裁程序暂行规则进行仲裁。仲裁裁决是终局的,对双方都有约束力"。

2. 规定在被诉人所在国仲裁

例如,"由于本合同或者由于违背合同、终止本合同或者本合同无效而发生的或与此有关的任何争端、争议或要求,双方应通过友好协商解决;如果协商不能解决,应提交仲裁。仲裁在被诉人所在国进行。如在中国,由中国国际贸易促进委员会对外经济贸易仲裁委员会根据该会仲裁程序暂行规则进行仲裁。如在……(对方所在国名称),由……(对方所在国仲裁机构名称)根据该仲裁机构的仲裁程序规则进行仲裁。仲裁裁决是终局的,对双方都有约束力"。

3. 规定在双方同意的第三国进行仲裁

例如,"由于本合同或者由于违背本合同、终止本合同或者合同无效而发生的或与此有关的任何争端、争议或要求,双方应通过友好协商解决;如果协商不能解决,应提交……(某第三国某地名称及仲裁机构名称)根据该仲裁机构的仲裁程序规则进行仲裁。仲裁裁决是终局的,对双方都有约束力"。

（二）仲裁机构的选择

目前，国际上进行仲裁的机构有以下几种。

1. 常设仲裁机构

常设仲裁机构有三类：第一类是国际性的和区域性的仲裁机构，如国际商会仲裁院（Arbitration Court of International Chamber of Commerce）；第二类是全国性的仲裁机构，如中国国际经济贸易仲裁委员会、瑞典斯德哥尔摩商会仲裁院（Arbitration Institute of the Stockholm Chamber of Commerce）、伦敦国际仲裁院（London Court of International Arbitration，LCIA）、日本国际商事仲裁协会（Japanese Commerce Arbitration Association）等；第三类是附设在特定行业内的专业性仲裁机构，如伦敦谷物及饲料贸易协会（Crain and Feeding Trade Association，GAFTA）。它们都有一套机构和人员，负责组织和管理有关仲裁事务，可为仲裁的进行提供各种方便。所以，大多数仲裁案件都被提交在常设仲裁机构进行审理。

2. 临时仲裁机构

它是由双方当事人指定仲裁员自行组成的一种仲裁庭，案件处理完毕即自动解散。

3. 专业性仲裁机构

这类仲裁机构有伦敦羊毛协会、伦敦黄麻协会、伦敦油籽协会、伦敦谷物商业协会等行业内设立的仲裁机构。

当事人双方选用哪种或哪个国家（地区）的仲裁机构审理争议，应在合同中做出具体说明。

（三）仲裁规则

仲裁规则是对进行仲裁的程序和做法所做的规定，一般包括如何提出仲裁申请、答辩的方式和期限、仲裁庭的组成、裁决的做出和裁决的效力以及仲裁费用等内容。仲裁规则的作用主要是为当事人和仲裁员提供一套进行仲裁的行为规则，便于在仲裁过程中有所遵循，可以补充和细化仲裁地国仲裁立法的规定，但不得与其相抵触。一般情况下，在哪个仲裁机构仲裁，就应遵守哪个机构的仲裁规则。

（四）仲裁效力

仲裁效力是指仲裁裁决是否具有终局性，对双方当事人有无约束力，能否向法院起诉等。多数国家都规定仲裁裁决具有终局效力，对双方当事人都有约束力，任何一方都不能向法院或者其他机关提出变更和起诉。

我国由中国国际经济贸易仲裁委员会做出的裁决都是终局的，不允许向法院提起上诉，对双方均有约束力。

（五）仲裁费用

仲裁的费用一般都规定由败诉一方负担，或规定按仲裁庭的裁决办理。

四、仲裁程序

仲裁程序是指双方当事人将所发生的争议根据仲裁协议的规定提交仲裁时应办理的各种手续。仲裁程序一般包括仲裁申请、答辩和反诉、仲裁庭的组成、审理、裁决。

（一）仲裁申请

申请人向仲裁机构提交仲裁申请书。申请书应写明申诉人和被诉人的名称、地址，所依据的仲裁协议，申诉人的要求及所依据的事实和证据。

（二）答辩和反诉

被诉人对仲裁委员会已经受理的案件，在收到仲裁申请书之日起的 45 天内，根据申请书提出的问题——进行答辩，并附上有关证明文件后提交至仲裁委员会。如被诉人有反诉，应在反诉书中写明其要求及所依据的事实和证据，并附具有关证明文件，在收到仲裁申请书之日起 45 天内提出。被诉人提出反诉时，应当按照仲裁规则的规定预缴仲裁费用。

（三）仲裁庭的组成

双方当事人各自在仲裁委员会仲裁员名册中指定或委托仲裁委员会主席指定，仲裁委员会主席应在仲裁员名册中指定第三名仲裁员为首席仲裁员，组成仲裁庭，共同审理案件，双方当事人可以在仲裁名册中共同指定或者委托仲裁委员会主席指定一名仲裁员为独任仲裁员，成立仲裁庭，单独审理案件。

仲裁案件有两个或者两个以上申诉人及（或）被诉人时，申诉人之间及（或）被诉人之间应当经过协商，在仲裁名册中各自共同指定一名仲裁员。被指定的仲裁员如果与案件有利害关系，应当自行向仲裁委员会请求回避，当事人也有权向仲裁委员会提出书面申请，要求该仲裁员回避。

（四）审理

仲裁庭一般应开庭审理案件，但经双方当事人申请或者征得双方当事人同意，也可以不开庭审理，只依据书面文件进行审理并做出裁决。仲裁委员会受理的案件，如果双方当事人自行达成和解，申诉人应当及时申请撤销案件。案件的撤销，发生在仲裁庭组成以前的，由仲裁委员会做出决定；发生在仲裁庭组成之后的，由仲裁庭做出决定。

（五）裁决

裁决是仲裁程序的最后一个环节，裁决做出后，审理案件的程序即告终结，因而这种裁决被称为最终裁决。根据我国仲裁规则规定，除最终裁决外，仲裁庭认为有必要接受当事人之提议，在仲裁过程中，可就案件的任何问题做出中间裁决或部分裁决。中间裁决是指对审理清楚的争议所做的暂时性裁决，以利于案件的进一步审理；部分裁决是指对整个争议中的某些问题已经审理清楚，而先行做出的部分终局性裁决，这种裁决构成最终裁决的一部分。

仲裁裁决必须于案件审理终结之日起 45 天内以书面形式做出,仲裁裁决除由于调节达成和解而做出的裁决书外,应说明裁决所依据的理由,并写明裁决是终局的和做出裁决书的日期与地点,以及仲裁员的署名。

当事人对于仲裁裁决书,应按照其中所规定的期限自动履行。裁决书未规定期限的,应立即履行。一方当事人不履行的,另一方当事人可以根据法律的规定,向法院申请执行,或根据有关国际公约的规定办理。

本章小结

本章主要介绍了国际贸易商品的检验、外贸业务中的索赔和理赔、不可抗力条款以及国际贸易仲裁等内容。

商品的检验是进出口商品交接过程中不可缺少的环节,其主要内容包括对商品的品质、规格、数量、重量、包装及安全性能、卫生、残损等进行各种检验、分析、测量和鉴定,并出具检验证书。商品的检验可以在出口国进行,也可以在进口国完成。检验证书是通关、征税、议付、计收运费、交接货物以及索赔、仲裁或诉讼的依据凭证。

在国际贸易中,由于种种原因往往会引起双方的争议,甚至导致索赔事件的发生,因此双方订立合同时,应就索赔条款做出明确具体的规定,订好争议和索赔合同条款。另外,在合同履行中,还会发生不可抗力事件,影响合同义务的履行,只有有效地在合同中订立不可抗力条款,才能减少争议的出现。买卖双方发生合同争议时,通过签订书面仲裁协议,自愿将争议提交双方所同意的仲裁机构进行仲裁,才能有效地解决问题。

关键词汇

商品检验　检验证书　索赔　理赔　违约　异议与索赔条款　违约金条款
不可抗力　不可抗力条款　仲裁

本章习题

一、术语翻译

1. Breach of condition；Breach of warranty　2. Claim；Dispute　3. Claim Settlement
4. Discrepancy　5. Force Majeure　6. Arbitration　7. Arbitration Clause
8. Penalty Clause

二、简答题

1. 国际货物买卖中商品检验的意义是什么?

2. 什么是检验证书,种类有哪些? 检验证书的作用是什么?

3. 在国际货物买卖合同中,对货物检验的时间和地点有几种规定方法? 哪一种方法容易被买卖双方所接受? 为什么?

4. 异议和索赔条款的基本内容是什么?

5. 不可抗力有哪几个要件?

6. 仲裁条款的基本内容是什么?

7. 仲裁的程序是什么?

三、案例分析题

1. 河南某公司与中国香港某客户在 2018 年 6 月签订了进口一批尼龙帘子的合同,合同总价款 100 万美元,CIF 长沙交货,索赔期为 60 天。2018 年 7 月,此货到河南公司时,发现货物质量与合同规定严重不符,不仅布幅明显窄于合同规定的宽度,伸张拉力强度不够,而且经线纬线松紧密度均低于合同规定指标。河南公司立即请省商检局进行检验,出具了"该商品不符合原合同规定"的商检证书。河南公司请求客户前来复验,向客户提出索赔要求,并明确提出两点意见供客户选择:① 全部退货。除退还货款外,还应赔偿我方四个月资金占压的利息及国内短途运保费,负责赔偿工厂因停工待料引起的间接损失或者补偿以高价购买原料的损失部分。② 降价。因幅度和张力强度问题,致使消耗定额增大,且与设备的设计相矛盾,应降价 20%。河南公司坚持既定的意见,通过传真电传信函及电报等方式向对方重申自己的意见,并警告对方,拖延下去,只会加重其赔偿金额。中国香港客商与生产代表商于 10 月底来河南公司,河南公司陪同他们前往工厂随机抽样 8 卷帘子布复验,结果拉伸、挂胶、成型的全过程证明河南公司提出的索赔理由是充分的,耗料增加的比例也是属实的。试分析河南公司索赔能否成功。

2. 申诉人(中国香港 A 贸易有限公司)与被诉人(中国陕西 B 进出口公司)于 2018 年 7 月底签订合同。合同规定,申诉人以 CIF 香港每吨 500 美元的价格向被诉人购买 2018 年出产的苹果 200 吨,装船期为 2018 年 10 月,总价 100 000 美元。签订合同后,申诉人向被诉人开出了信用证,但是被诉人于 2018 年 10 月 15 日电告申诉人:"由于今年 6 月至 8 月份,我省大部分地区遭受冰雹灾害而导致我省大部分地区的苹果减产,即使是收获下来的少量苹果,也有很多伤疤,我方认为要执行合同项下的 200 吨苹果已不可能了,希望贵公司能谅解。"2018 年 10 月 20 日,申诉人电复被诉人称,全部苹果已预售给客户,合同必须执行。之后,双方进行了八次磋商,试图在交货数量和交货期上达成新的协议,但无结果。被诉人强调,由于当地发生冰雹灾害属不可抗力事项,对未能交付 200 吨苹果,不承担责任。申诉人则持相反意见。双方争议无法解决,申诉人于 2019 年 3 月根据规定向中国国际经济贸易仲裁委员会北京总会申请仲裁。试分析仲裁结果。

第九章 国际货物贸易合同的履行

学习目标

1. 掌握进出口合同履行过程各环节的基本知识；
2. 掌握进出口合同的履行过程；
3. 理解报关、报检、外汇核销与出口退税的有关规定；
4. 掌握申请开证、审证与改证、租船订舱、投保与装运、审单与付款，以及进口索赔等方面的要求与操作。

开篇导入

2012 年 3 月我国某出口公司与外商签订一笔服装出口合同，合同规定，单价每件 RMB 302.60 元（含佣金 3%），合同总金额为 RMB 151 300 元，交货期为 2012 年 8 月。客户于 2012 年 5 月 19 日开出信用证，我方于 5 月 28 日收到，信用证总金额为 RMB 146 761 元（已扣除 3%佣金），装运期不迟于 7 月 31 日，信用证有效期为 8 月 15 日。我出口公司于 7 月 17 日制单托运。但 8 月 25 日才装运完毕，取得倒签为 7 月 31 日的提单，并电告客户要求配合接单，但对方表示拒绝接受逾期单据。银行也以信用证有效期已过为由，拒绝支付信用证项下的金额。我方于是委托银行办理托收。我方办理装运期间，客户曾于 8 月 3 日和 13 日先后两次来电询问装运情况，要求电告船名，但我方两次均未能满意地答复对方的询问。该批服装于 11 月中旬到达目的港，已错过销售季节。拖至 2013 年 1 月，我公司按照调整后的价格每件 RMB 170 元主动向客户提出，希望对方立即赎单提货，但客户坚持不接受，并提出提供 5 件样品，协助我方另找用户试销，经与代收行联系，代收行不同意从货中抽样。我公司于是航寄了一件样品给客户。对方收到样品后，称销售季节已过，待下一个季节再协助推销。延至 2013 年 6 月，我公司经与客户协商，终以降价至每件 RMB 117 元售出。2013 年 12 月收回货款 RMB 56 772.16 元。与原售价相比，损失了 RMB 89 988.84 元。

试从此案分析出口业务中履行合同要注意的关键环节。

第一节 出口合同的履行

在履行出口合同过程中，工作环节较多，涉及面较广，手续也较繁杂。各进出口企业为圆满履行合同义务，必须十分注意加强同各有关单位的协作和配合，把各项工作做到精确细致,防止出现工作脱节、延误装运期等情况发生。进出口企业同各相关部门之间相互协作,共同配合,以保证出口合同的顺利履行。

我国绝大多数出口合同都采用 CIF 或 CFR 贸易术语,并且一般都采用信用证付款方式。因此,我们围绕货(备货、报验)、证(催证、审证和改证)、船(租船订舱、办理货运手续)、款(制单结汇)四个方面的工作,侧重介绍信用证支付方式下出口合同履行的一般程序,主要包括备货、催证、审证、改证、租船订舱、报验、报关、投保、装船和制单结汇等。现将出口合同履行所涉及的各项业务环节分述如下。

一、备货与报验

(一)备货

备货工作是指卖方根据出口合同的规定,按质、按量地准备好应交的货物,以保证按时出运。目前在我国的发货人有两种类型:一种是生产型企业,另一种是贸易型企业。

生产型企业备货是向生产加工或仓储部门下达联系单(不同企业的单据名称不同),要求该部门按联系单的要求,对应交的货物进行清点、加工整理、包装、刷制运输标志以及办理申报检验和领证等项工作。而贸易型企业没有固定的生产加工部门,那么就要向国内有关生产企业联系货源,订立国内采购合同。在备货工作中,企业应注意以下几个问题。

1. 备货时间

应与信用证规定的装船时间及船期相互衔接,防止船货脱节。

2. 货物的品质与数量

货物品质应按合同的要求核实,必要时应进行加工整理,以保证货物的品质、规格与合同或信用证规定一致。货物数量应保证满足合同或信用证对数量的要求,备货的数量应适当留有余地,万一装运时发生意外或损失,以备调换和适应舱容之用。

3. 货物的包装

凡是合同中对商品包装有明文规定的,卖方必须严格照办;对于合同没有明文规定的,应注意符合有关法律的要求。因此,在备货时除了注意按要求的包装材料、包装方式包装之外,还要注意对包装尺寸的要求。另外,要认真刷制运输标志,注意要清楚、醒目、涂料不易脱落、文字大小适当,并贴放好必要的条形码。

(二)报验

凡属国家规定法检的商品,或合同规定必须经中国检验检疫机构检验出证的商品,在货物备齐后,应向检验检疫机构申请检验。只有取得出入境检验检疫机构签发合格的检验证书或出境货物通关单,海关才准放行。经检验不合格的货物,一般不得出口。

二、催证、审证和改证

针对信用证付款的合同,在履行过程中,对信用证的掌握、管理和使用,直接关系到进出口企业的收汇安全。信用证的掌握、管理和使用,主要包括催证、审证和改证等几项内容,这些都是与履行合同有关的重要工作。

(一) 催证

在出口合同中,买卖双方如约定采用信用证方式付款,买方则应严格按照合同的规定按时开立信用证。如合同中对买方开证时间未做规定,买方应在合理时间内开出,因为买方按时开证是卖方正常履约的前提。但在实际业务中,有时经常遇到国外进口商拖延开证,或者在行市发生变化或资金发生短缺的情况时,故意不开证。对此,我们应催促对方迅速办理开证手续。特别是针对大宗商品交易或应买方要求而特制的商品交易,更应结合备货情况及时进行催证。必要时,也可请驻外机构或有关银行协助代为催证。

(二) 审证

信用证是依据买卖合同开立的,信用证内容应该与买卖合同条款保持一致。但在实践中,由于种种原因,如工作的疏忽、电文传递的错误、贸易习惯的不同、市场行情的变化或进口商有意利用开证的主动权加列对其有利的条款,往往会出现开立的信用证条款与合同规定不符;或者在信用证中加列一些出口商看似无所谓但实际是无法满足的信用证付款条件(在业务中也被称为"软条款")等,使得出口商根本就无法按该信用证收取货款。为确保收汇安全和合同顺利执行,防止给我方造成不应有的损失,我们应该在国家对外政策的指导下,对不同国家、不同地区以及不同银行的来证,依据合同进行认真的核对与审查。

在实际业务中,银行和进出口公司应共同承担审证任务。其中,银行着重审核该信用证的真实性、开证行的政治背景、资信能力、付款责任和索汇路线等方面的内容。银行对于审核后已确定其真实的信用证,应打上类似"印鉴相符"的字样。出口公司收到银行转来的信用证后,则着重审核信用证内容与买卖合同是否一致。但为了安全起见,出口商也应尽量根据自身能力对信用证的内容进行全面审核或复核性审查,此项审核一般应包括两个方面:一是关于信用证基本内容的审核,包括信用证的到期日和到期地点、信用证中注明的买方和卖方名称、地址的准确性、信用证金额、信用证要求受益人提交的单据等方面内容;二是对信用证基本因素的审核,如买方在证内是否对开证行付款责任方面加列"限制性"条款或"保留"条件的条款,买卖双方签订的合同号、销售确认书或买方的采购订单号是否在信用证上注明,支付货币和金额是否描写清楚等。

(三) 改证

对信用证进行了全面细致的审核以后,如果发现问题,应区别问题的性质,分别同银行、运输、保险、商检等有关部门研究,做出恰当妥善处理。凡是属于不符合我国对外贸易方针政策,影响合同执行和安全收汇的情况,我们必须要求国外客户通过开证行进行修改,并坚持在收到银行修改信用证通知书后才能对外发货,以免发生货物装运后而修改通知书未到的情况,造成我方工作上的被动和经济上的损失。

在办理改证工作中,凡需要修改的各项内容,应做到一次向国外客户提出,尽量避免由于我方考虑不周而多次提出修改要求。否则,不仅会增加双方的手续和费用,而且会延误装运,影响合同履行。按 UCP600 第 10 条规定:除可转让信用证另有规定外,"未经开证行、保兑行(如有保兑的话)及受益人同意,信用证既不得修改,也不得撤销"。因此,信用证中任何条款的修改,都必须在有关当事人全部同意后才能生效。此外,对来证不符合合同规定的各种情况,还需要做出具体分析,不一定坚持要求对方办理改证手续。只要来证内容不违反政策原则并能保证我方安全迅速收汇,我们也可灵活处理。

总之,对国外来证的审核和修改,是保证顺利履行合同和安全迅速收汇的重要前提,我们必须给予足够的重视,认真做好审证工作。

三、货运、报关和投保

出口企业在备货的同时,还必须及时办理运输、报关和投保等手续。

(一)办理货运

国际物流新理论、新技术的发展和创新,使得国际货运市场发生了天翻地覆的变化,国际货运代理服务也得到了空前发展,其服务范围、服务手段和运作方式等都有了很大的扩展和提高。出口商在办理货物托运时要注意以下内容。

1. 妥善选择货运代理公司

随着技术的进步,货主越来越少地与运输工具承运人(如船公司)直接打交道,而是由专业化较强的货运服务机构为其提供"门到门"的运输一体化的中介服务。这大大方便了进出口商,也形成了成本低、效率高的货物供应链,为双方持续地发展贸易创造了良好条件。选择良好的货运代理公司不仅涉及货物的安全运送,也涉及贸易双方的长期合作关系。

2. 托运订舱

托运人编制出口托运单,即可向货运代理办理委托订舱手续。货运代理根据货主的具体要求按航线分类整理后,及时向船公司或其代理订舱。货主也可直接向船公司或其代理订舱,船公司或其代理签发装货单后,即完成定舱工作。

3. 货物集港

当船舶到港装货计划确定后,按照港区进货通知并在规定的期限内,由托运人办妥集中托运手续,将出口货物及时运至港区集中等待装船。要注意各个部门的相互联系,按时完成进货,防止因工作脱节而影响装船进度。

4. 装船工作

在装船前,理货员代表船方收集经海关放行货物的装货单和收货单,经过整理后,按照积载图和舱单,分批接货装船。装船过程中,托运人委托的货运代理机构应有人在现场监装,随时掌握装船进度并处理临时发生的问题。装货完毕,理货组长要与船方大副共同签署收货单,交与托运人。

5. 取得海运提单

装船完毕,托运人除向收货人发出装船通知外,即可凭收货单向船公司或其代理换取已装船提单,这时运输工作即告一段落。

（二）报关

报关是指进出口货物出运前向海关申报的手续。按照我国海关法规定：凡是进出关境的货物，必须经由设有海关的港口、车站、国际航空站进出，并由货物的发货人或其代理人向海关如实申报，交验规定的单据文件，请求办理查验放行手续。经过海关放行后，货物才可提取或者装运出口。

目前，我国的出口企业在办理报关时，可以自行办理报关手续，也可以通过专业的报关经纪行或国际货运代理公司来办理。

无论是自理报关，还是由报关行来办理，都必须填写出口货物报关单，必要时，还需提供出口合同副本、发票、装箱单或重量单、商品检验证书及其他有关证件，向海关申报出口。

（三）投保

如果需要卖方投保，例如按 CIF 价格成交的出口合同卖方需替买方办理保险，那么，卖方在装船前，须及时向保险公司办理投保手续，填制投保单。出口商品的投保手续，一般都是逐笔办理的。投保人投保时，应将货物名称、保额、运输路线、运输工具、开航日期、投保险别等一一列明。保险公司接受投保后，即签发保险单或保险凭证。

从以上出口合同履行的环节可以看出，在出口合同履行过程中，货、证、船的衔接是一项极其细致而又复杂的工作。因此，进出口企业为做好出口合同的履行工作，必须加强对出口合同的科学管理，建立起能反映出口合同执行情况的进程管理制度，采取相应的合理措施，力求做到证、货、船三方面的衔接和平衡。尽力避免交货期不准、拖延交货期或不交货等现象的发生。

四、制单结汇

出口货物装运之后，出口企业即应按照信用证的规定，正确缮制各种单据。在信用证规定的交单有效期内，递交银行办理议付结汇手续。

在信用证付款条件下，我国目前出口商在银行可以办理出口结汇的做法主要有三种：收妥结汇、押汇和定期结汇。不同的银行，其具体的结汇做法不一样。即使是同一个银行，针对不同的客户信誉度，以及不同的交易金额等情况，所采用的结汇方式也有所不同。现将上述在我国常见的三种结汇方式简单介绍如下。

（一）收妥结汇

收妥结汇又称收妥付款，是指信用证议付行收到出口企业的出口单据后，经审查无误，将单据寄交国外付款行索取货款的结汇做法。这种方式下，议付行都是待收到付款行的货款后，即从国外付款行收到该行账户的贷记通知书（Credit Note）时，才按当日外汇牌价，按照出口企业的指示，将货款折成人民币拨入出口企业的账户。

（二）押汇

押汇又称买单结汇,是指议付行在审单无误情况下,按信用证条款贴现受益人(出口公司)的汇票或者以一定的折扣买入信用证项下的货运单据,从票面金额中扣除从议付日到估计收到票款之日的利息,将余款按议付日外汇牌价折成人民币,拨给出口企业。议付行向受益人垫付资金、买入跟单汇票后,即成为汇票持有人,可凭票向付款行索取票款。银行之所以做出口押汇,是为了给出口企业提供资金融通的便利,这有利于加速出口企业的资金周转。

（三）定期结汇

定期结汇是指议付行根据向国外付款行索偿所需时间,预先确定一个固定的结汇期限,并与出口企业约定该期限到期后,无论是否已经收到国外付款行的货款,都主动将票款金额折成人民币拨交出口企业。

第二节　进口合同的履行

进口合同签订以后,交易双方都要坚持"重合同、守信用"的原则,及时履行合同规定的义务。即买方应及时开证,卖方应按合同规定履行交货义务。

在我国的进口业务中,一般按 FOB 价格条件成交的情况较多,如果是采用即期信用证支付方式成交,履行这类进口合同的一般程序是:开立信用证、租船订舱、装运、办理保险、审单付款、接货报关、检验、拨交、索赔。这些环节的工作,是由进出口公司、运输部门、商检部门、银行、保险公司以及用货部门等各有关方面分工负责、紧密配合而共同完成的。

现将履行进口合同的主要环节分别介绍和说明如下。

一、开立信用证

进口合同签订后,进口商应按照合同规定填写开立信用证申请书(Application for Letter of Credit)向银行办理开证手续。开证申请书是开证银行开立信用证的依据。进口商申请开立信用证,应向开证银行交付一定比率的押金(Margin)或抵押品,开证申请人还应按规定向开证银行支付开证手续费。

信用证的内容,应与合同条款一致,如品质、规格、数量、价格、交货期、装货期、装运条件及装运单据等,应以合同为依据,并在信用证中一一做出规定。

信用证的开证时间,应按合同规定办理,如合同规定在卖方确定交货期后开证,买方应在接到卖方上述通知后开证;如合同规定在卖方领到出口许可证或支付履约保证金后开证,则买方应在收到卖方已领到许可证的通知,或银行转知保证金已照收后开证。

卖方收到信用证后,如提出修改信用证的请求,经买方同意后,即可向银行办理改证手续。最常见的修改内容有展延装运期和信用证有效期、变更装运港口等。

二、派船接运货物

履行 FOB 交货条件下的进口合同,应由买方负责派船到对方口岸接运货物。卖方在交货前一定时间内,应将预计装运日期通知买方。买方接到上述通知后,应及时向货运代理公司办理租船订舱手续。在办妥租船订舱手续后,应按规定的期限将船名及船期及时通知对方,以便对方备货装船。同时,为了防止船货脱节,注意催促卖方按时装运。对数量大或重要物资的进口,如有必要,买方亦可请我驻外机构就地督促外商履约,或派人员前往出口地点检验监督。

国外装船后,卖方应及时向买方发出装船通知,以便买方及时办理保险和做好接货等项工作。

三、办理保险

FOB 或 CFR 交货条件下的进口合同,保险由买方办理。由进口商(或收货人)在向保险公司办理进口运输货物保险时,有两种做法:一种是逐笔投保方式,另一种是预约保险方式。

逐笔投保方式是收货人在接到国外出口商发来的装船通知后,直接向保险公司填写投保单,办理投保手续。保险公司出具保险单,投保人缴付保险费后,保险单随即生效。

预约保险方式是进口商或收货人同保险公司签订预约保险合同,其中对各种货物应投保的险别做了具体规定,故投保手续比较简单。按照预约保险合同的规定,所有预约保险合同项下按 FOB 及 CFR 条件进口货物的保险,都由该保险公司承保。因此,每批进口货物,在收到国外装船通知后,即直接将装船通知寄到保险公司或填制国际运输预约保险启动通知书,将船名、提单号、开船日期、商品名称、数量、装运港、目的港等内容通知保险公司,即作为已办妥保险手续,保险公司则对该批货物负自动承保责任,一旦发生承保范围内的损失,由保险公司负责赔偿。

四、审单和付汇

银行收到国外寄来的汇票及单据后,对照信用证的规定,核对单据的份数和内容。如内容无误,即由银行对国外付款。同时进出口公司用人民币按照国家规定的有关外汇牌价向银行买汇赎单。进出口公司凭银行出具的"付款通知书"向用货部门进行结算。如审核国外单据发现单、证不符时,应做出适当处理。处理办法很多,如停止对外付款;相符部分付款;不符部分拒付;货到检验合格后再付款;凭卖方或议付行出具担保付款;要求国外改正单据;在付款的同时,提出保留索赔权等。

五、报关、纳税

(一)报关

进口货物运到后,由进出口公司或委托货运代理公司或报关行根据进口单据填具"进口货物报关单",并随附发票、提单、装箱单、保险单、许可证及审批文件、进口合同、产地证和所需的其他证件向海关申报。如属法定检验的进口商品,还须随附商品检验证书。货、证经海关查验无误,才能放行。

(二)纳税

海关按照《中华人民共和国海关进出口税则》的规定,对进口货物计征进口税。货物在进口环节由海关征收(包括代征)的税种主要有关税、增值税和消费税。

六、验收和拨交货物

(一)验收货物

进口货物运达港口卸货时,港务局要进行卸货核对。如发现短缺,应及时填制"短缺报告"交由船方签认,并根据短缺情况向船方提出保留索赔权的书面声明。卸货时如发现残损,货物应存放于海关指定仓库,待保险公司会同商检机构检验后做出处理。对于法定检验的进口货物,必须向卸货地或到达地的商检机构报验,未经检验的货物不准投产、销售和使用。如进口货物经商检机构检验,发现有残损短缺,应凭商检机构出具的证书对外索赔。对于合同规定的卸货港检验的货物,或已发现残损短缺有异状的货物,或合同规定的索赔期即将届满的货物等,都需要在港口进行检验。

一旦发生索赔,有关的单证,如国外发票、装箱单、重量明细单、品质证明书、使用说明书、产品图纸等技术资料、理货残损单、溢短单、商务记录等都可以作为重要的参考依据。

(二)办理拨交手续

在办完上述手续后,如订货或用货单位在卸货港所在地,则就近转交货物;如订货或用货单位不在卸货地区,则委托货运代理将货物转运内地并转交给订货或用货单位。关于进口关税和运往内地的费用,由货运代理向进出口公司结算后,进出口公司再向订货部门结算。

📐 本章小结

本章按照进出口合同签订后的履约顺序,对履行进出口合同的各具体环节分别进行了介绍。另外,对合同履行中所出现的索赔与理赔问题,也进行了讨论。进出口合同的履行,涉及完成进出口合同的当事人的方方面面,既要重视法律与管理的相关规定,遵守合同所规定的具体责任与义务,同时也要注重履行进出口合同的程序。总之,不论履行出口或进口合同,都要贯彻"重合同、守信用"的原则,以维护合同的严肃性。

🔖 关键词汇

托运单 装货单 出境货物报检单 收货单 商业发票 原产地证海关发票
出口收汇核销 出口退税

本章习题

一、术语翻译

1. Commercial Invoice　2. Certificate of Origin　3. Inspection Certificate

4. GSP Certificate of Origin　5. Beneficiary's Certificate　6. Customs Invoice

7. Amendment to the L/C　8. Shipping Order　9. Packing List

二、简答题

1. 出口前备货应该注意哪些问题？

2. 简述向银行申请开立信用证的手续。

3. 出口企业对国外开来的信用证应重点审核哪些方面？

4. 简述普通海运出口托运的基本程序。

5. 简述进出口报关的基本程序。

三、案例分析题

1. 某公司向美国 MAY WELL 公司出口工艺品。该公司以前曾多次与其交往关系不错，但没有成交。第一笔成交客户坚持要以 T/T 付款，称这样节约费用，对双方有利。考虑双方长时间交往，还算了解，我方就答应了客户的要求，在装完货收到 B/L 后即 FAX 给客户。客人很快将货款 USD 11 000 汇给我方。第一单非常顺利。一个月后客户返单，并再次要求 T/T 付款。我方同意后，三个月内连续 4 次返单总值 FOB DALIAN USD 44 000，目的港为墨西哥。但由于我方疏忽，在出发后既没有及时追要货款，更没有采取任何措施，使客户在没有正本 B/L 的情况下从船公司轻松提货。待 4 票货全部出运后，我方再向客户索款已为时过晚：客户开始均以各种理由拖延，一会儿说资金紧张，一会儿说负责人不在，一会儿说马上付款；半年后客户人去楼空，传真、E-mail 不通，4 万多美元如石沉大海，白白损失。请问：我们应该从中吸取哪些教训？

2. 公司与国外客户签订了一批合同规定按照 CIF 即期信用证支付，合同规定 11 月装运，但未规定具体开证日期，后因该商品市场价格趋降，外商便拖延开证。我方为了防止延误装运期，从 10 月中旬起多次催开信用证，终于使该商在 11 月 16 日开来了信用证。但由于该商品开证太晚，使我方安排装运困难，遂要求对方信用证的装运期和议付有效期进行修改，分别推迟一个月，但外商拒不同意，并以我方未能按期装运为由单方面宣布解除合同，我方也就此作罢。请问：我方处理是否得当？应从中吸取哪些教训？

3. 我某外贸企业向国外一新客户订购一批初级产品，按 CFR 中国某港口，即期信用证付款条件达成交易，合同规定由卖方以程租船的方式将货物运交我方。我开证银行也凭国外议付行提交的符合信用证规定的单据付了款，但装运船只一直未到达目的港，后经多方查询，发现承运人原是一家小公司，而且在船舶启航后不久已宣告倒闭。另外，承运船舶是一条旧船，船、货均已告失踪，系卖方与船方互相勾结进行诈骗。此事导致我方蒙受重大损失。请问：我方应从中吸取哪些教训？

参考文献

[1] 喻淑兰,夏丽萍,王成林. 国际贸易理论与实务[M]. 北京:北京大学出版社,2015.

[2] 赵劼,于岚. 国际贸易实务[M]. 北京:清华大学出版社,2013.

[3] 吴百福,徐小薇,聂清,周秉承,李正方. 进出口贸易实务教程[M]. 上海:上海人民出版社,2015.

[4] 冷柏军. 国际贸易实务[M]. 北京:高等教育出版社,2006.

[5] 黎孝先,石玉川. 国际贸易实务[M]. 第六版. 北京:对外经济贸易大学出版社,2016.

[6] 徐景霖,李勤昌. 国际贸易实务[M]. 第十一版. 大连:东北财经大学出版社,2019.

[7] 徐进亮,张啸晨. 国际贸易实务[M]. 双语版. 北京:对外经济贸易大学出版社,2019.

[8] 刘文广,张晓明. 国际贸易实务[M]. 第四版. 北京:高等教育出版社,2014.

[9] 张晓明,刘文广. 进出口业务实训教程[M]. 北京:高等教育出版社,2011.

[10] 张晓明,刘文广. 进出口业务实训[M]. 北京:清华大学出版社,2019.

[11] 吴百福,徐小薇,聂清. 进出口贸易实务教程[M]. 第七版. 上海:格致出版社,2015.

[12] 冷柏军,段秀芳. 国际贸易实务[M]. 第三版. 北京:北京大学出版社,2017.

[13] 高成兴,朱立南,黄卫平. 国际贸易教程[M]. 第五版. 北京:中国人民大学出版社,2015.

[14] 韩玉军. 国际贸易学[M]. 第二版. 北京:中国人民大学出版社,2017.

[15] 薛荣久. 国际贸易[M]. 第六版. 北京:对外经济贸易大学出版社,2016.

[16] 黎孝先,王健. 国际贸易实务[M]. 第六版. 北京:对外经济贸易大学出版社,2017.

[17] 冷柏军. 国际贸易实务[M]. 第三版. 北京:高等教育出版社,2012.

[18] 马祯,武汉生. 国际贸易实务[M]. 北京:对外经济贸易大学出版社,2014.

[19] 刘秀玲. 国际贸易实务[M]. 北京:对外经济贸易大学出版社,2011.

[20] 吴薇. 国际贸易实务[M]. 北京:对外经济贸易大学出版社,2013.

[21] 吕时礼. 外贸单证实务[M]. 北京:高等教育出版社,2010.